民族传统体育文化及其传承研究

李繁荣　著

山东大学出版社

图书在版编目(CIP)数据

民族传统体育文化及其传承研究/李繁荣著.
—济南:山东大学出版社,2014.9
ISBN 978-7-5607-5137-5

Ⅰ.①民…　Ⅱ.①李…　Ⅲ.①民族形式体育－体育文化－研究－中国　Ⅳ.①G852.9

中国版本图书馆 CIP 数据核字(2014)第 220358 号

责任编辑:刘森文
封面设计:牛　钧

出版发行:山东大学出版社
社　址　山东省济南市山大南路 20 号
邮　编　250100
电　话　市场部(0531)88364466
经　销:山东省新华书店
印　刷:山东泰安金彩印务有限公司
规　格:880 毫米×1230 毫米　1/32
7.25 印张　208 千字
版　次:2014 年 9 月第 1 版
印　次:2014 年 9 月第 1 次印刷
定　价:22.00 元

前　言

一个民族的传统体育文化，深深扎根于社会历史与文化传统之中，映射着这个民族的民族性格，体现着这个民族的民族精神。伴随着奥林匹克运动全球化的过程，西方现代体育文化逐渐成为世界体育的主导，我国民族传统体育文化受到了严重的冲击。如何在不断变迁中的环境中适应，如何保护并传承自身文化，是民族传统体育文化所面临的严峻问题。对民族 传统体育文化进行研究，是解决这些问题的首要问题。

民族传统体育是中华传统文化的重要组成部分，其源远流长的历史、丰富的文化内涵、独特的表现形式，构筑了中华民族体育文化的宝库。传统文化大多是以民族的形式发展起来的，民族在其产生、发展过程中所形成的民族语言、民族性格、民族精神面貌、风俗习惯、传统与道德生活方式以及社会关系等，构成传统文化的特征。所谓中国文化指的是中华民族的传统文化。它对民族传统体育的产生及发展带来了巨大影响。文化不是抽象的、空泛的，传统文化很大程度上就是民族文化，民族传统体育是它的一种折射。

长期以来，民族传统体育在培养各民族的优良品质、强健体魄、规范社会行为和加强各民族团结的社会实践中发挥着巨大的作用。要传承和发展这些优秀的文化遗产，使之在新时期能够延续其生命力，我们就必须要了解民族传统体育文化的历史发展和变迁，从中寻找总结出其历史发展规律，寻找更适合于民族传统体育文化的未来发展之路。民族传统体育，有着悠久的历史，丰富的内容和浓郁的民族特点。除汉族外，中国的55个少数民族，在自身的发展过程中，形成了独有的文化特点。各具特色的中国民族传统体育，源于同天、同自然环境、同封建势力斗争而进行强身健体、习武保家活动，源于祈福、娱乐怡情活动，源于长期生活方式和社会实践中各族人民创造和形成的丰富多彩的民族体育项目。由于民族分布的特点，也决定了民族传统体育的根部情况是相互交错、错综复杂的。本书将从以下几个方面进行研究：

第一章 绪论；

第二章 民族传统体育文化概述；

第三章 民族传统体育文化的历史嬗变；

第四章 民族传统体育项目；

第五章 民族传统体育文化与其他文化；

第六章 民族传统体育文化传承方式与途径；

第七章 民族传统体育文化传承与非物质文化遗产保护；

第八章 当代民族传统体育文化传承的反思与超越。

民族传统体育文化遗产是一种活态人文遗产，具有活态性、民俗性、地域性、群体性等特征。非物质文化是指无须以物质形式来表现和传承的文化。它们存在于人们的口头传说和表述中，存在于各种民俗、节庆、礼仪、健身、休闲、娱乐之中，存在于传统体育技术技能实践之中。中国民族传统体育文化是中国传统文化的重要组成部分，是中华民族文化的瑰宝，中国人独特的思维方式、行为规范、审美观念、心态模式、价格取向、人生观和宇宙观等在传统体育中都有集中的反映。随着社会的发展和进步，当前民族传统体育文化传承与发展面临着新的形势。但目前我国的传统体育文化在一定程度上呈现出弱化与衰颓之势，面临层层危机，举步维艰。

全球化是一个人类不断跨越民族、国家地域的界限，超越制度、文化的障碍，在全球范围内相互联系和交往，互相影响和整合的历史发展过程，从而使全球经济形成一个不可分割的有机整体。已成为文化、政治以及经济生活中一个决定性因素，是现代文明发展中形成的一种基本存在（包括生产和生活）模式。最基本的特征是人类社会的各个方面包括政治、经济、文化正在日益冲破传统民族国家的界限，在全球范围内全方位展开的客观现象和历史趋势。

学习与借鉴各民族优秀体育文化的发展模式是保证我国民族传统体育事业及体育文化持续发展的不竭动力。首先要在继承传统的基础上，合理吸收精华，去除糟粕，对文化模式进行合理创造与改进，对不符合我国发展阶段与国情的，需要去除；其次要在保持本民族自身特色的基础上，不断吸收借鉴西方体育竞技性核心精神，追求自身文化内涵与精神发展的价值实现；最后要积极借鉴现代体育发展模式及优秀成果，引入现代化的体育方法及科学发展理论，对中国传统体育进行理论建构与研究，借鉴现代体育成功的管理制度去管理传统体育，借鉴现代体育的组织制度和现代化传播手段宣传和发展壮大自己。

李繁荣

2014 年 7 月

目 录

第一章 绪 论

第一节 相关概念界定

概念是反映事物特有属性的思维形式，是构成科学理论的出发点和基本要素。想要认识和解释民族传统体育的本质与发展规律，就需要理解民族传统体育的概念，正如恩格斯所说："一门科学提出的每一种新见解，都包含着这门科学的术语的革命。"所以，要研究了解民族传统体育，首先要明确其概念。民族传统体育是某个或者某些民族特有的，是具备传统因素的体育活动的总称。要想深刻地理解这一概念，我们需要对其进行分解。

一、民族

民族是一种稳定的人们共同体。它诞生于国家之前，消隐于国家之后，是人类社会发展到一定历史阶段的产物和组合方式。作为一个历史范畴，民族有其发生、发展和消亡的过程，其历史漫长而纷呈各异。

民族是在人类社会发展的不断发展中逐渐形成的。原始群是人类最初也是最早的社会集团。生产力的不断发展以及生产的需要，促使人类结成稳定的集体，就形成了氏族。氏族的形成是人类发展史上的一次巨大进步。而随着人口的自然繁殖，以血缘关系为纽带，几个亲属氏族又结合成带有军事性质的组织——部落。随着部落的不断发展，氏族部落内部的血缘关系逐渐被破坏，于是出现了以地缘关系为基础、以更大的规模结合成的共同体，我们把这种共同体称之为民族。

牙含章先生在《民族问题与宗教问题》一书中指出："'部落'和'民族'严格说来并不是等同的东西；在氏族制度下，只有当结合在一个政府之下的诸部落融合为一个整体时……这时民族方始产生。"[①]因为部落联盟基本上还是属于军事性质的组织，有自己的最高军事首领和联盟议事，其主要职责是对外统一各部落的军事行动，对内处理各部落之间的纠纷。"氏族整个地加入胞族，胞族整个加入部落，部落整个加入民族，部落联盟是与民族最近的东西。"[②]恩格斯在《劳动在从猿到人的转变过程中的作用》一文中指出："从部落发展成了民族和国家。"所以说，民族是在部落联盟的基础上形成的一种比较稳定的人们的共同体。这种共同体意味着具有共同的地域、共同的经济生活、共同的语言以及建立在共同文化上的共同心理素质。这种共同体的形成要经过一个相当长的发展过程，一旦形成以后，就有其相对的稳定性，不会因为一些暂时的原因即告消失。[③]

"民族"一词是频繁出现在中国现代学术中的一个专业术语，学术界认为这一概念起源于西方。现代英文中，people，nation，nationality都有"民族"的含义，而在法文和德文中 race，ethnic group，yolk 等的含义也是"民族"。它们大多起源于古意大利语、希腊语和拉丁语。例如，英文中的 people 源于希腊文的 pallo 和拉丁文的 populus。pallo 表示嘈杂、喧哗、沙沙响、沙沙声，populus 本义为"颤抖、震动、沙沙声、沙沙响"，后 popu-lus 引申为"人、人民、市

① 牙含章：《民族问题与宗教问题》，四川民族出版社 1984 年版，第 15 页。

② 牙含章：《民族问题与宗教问题》，第 17 页。

③ 参见中国大百科全书总编纂委员会编：《中国大百科全书 · 哲学卷》，中国大百科全书出版社 1994 年版，第 255 页。

民”，一般指“在古罗马公共广场上聚会于树荫下的人”，它们与表示人、人民、民族、人类、公民、民众、种族、黎民、百姓等含义的 people 是同义的。“民族”一词在我国汉语中的出现，乃是近代末期的事情。虽然在中国古代典籍中，经常使用“族”这个字，也常使用“民”“人”“种”“部”“类”以及“民人”“民种”“民群”“种人”“部人”“族类”等词，但都唯独没有把“民”和“族”组合为一个名词来使用。1837 年，西洋传教士编纂的《东西洋考每月统计传》中《乔舒亚降迦南国》一文的作者，被认为是目前已知的汉语中使用“民族”一词的第一人。此后，王韬与康有为所编《强学报》中，分别都曾使用过这个词汇。此后，随着《辛丑条约》的签订，中华民族到了生死存亡的危急时刻，以孙中山等人为代表的资产阶级革命派，积极进行民族、民主革命活动，“民族”一词开始大量进入革命文献中，该词的使用逐渐多起来。但由于受到西欧民族概念的影响，其含义常与种族或国家相混淆。

目前，国内外对“民族”概念的界定还没有形成统一的认识。《中国大百科全书·民族卷》认为：“民族、部落是以血缘关系为纽带的人们共同体，而民族则是以地缘关系定义为基础的人们共同体。”1913 年斯大林提出：“民族是人们在历史上形成的有共同语言、共同地域、共同经济生活以及表现于共同的民族文化特点上的共同心理素质这四个基本特征的稳定的共同体。”斯大林提出的“民族”这一定义，对我国学术界的影响非常深远，是迄今为止我国绝大多数学者极力推崇的观点。因为这一定义，简明扼要地把一个民族作为独特的共同体所必须具备的最基本也是最重要的特征全部表述出来了，而且还精辟地论述了民族定义中四个基本特征之间的相互关系；这一定义同时也指出了民族与人种有着本质的区别。

中国是统一的多民族国家，除汉族外，还有 55 个是少数民族，统称为“中华民族”。作为世界上疆域辽阔的国家之一，中国也是人口最多、文化发达的国家，中华民族的形成也经过了长期的分化、融合和发展变化，其起源具有多样性。从许多远古文化遗存来看，到距今五六千年的新石器时代，已经出现了三种不同的系统特征，即北方、中原、南方。同一时期，北部草原地区被狄、匈奴开发，东北地区被肃慎、东胡等族开发，西北和西部地区被氐、羌、戎诸族开发，黄河流域、东部沿海一带和长江流域被华夏、夷、三苗等族开发，长江中下游以南地区被淮、越等族开发。不同地区的经济和文化各有不同，在不断的发展过程中，也与中原地区文化和经济交往密切，并不断融合，为我国形成统一的多民族国家奠定了基础。公元前 221 年，秦始皇建立起统一的多民族的中央集权的封建国家，结束了多年的诸侯割据。此后两千多年来，虽然中国历史经历了不断的分分合合，但统一始终是中国历史发展的本质，并不断得到巩固和发展，最终成为主流。在统一多民族中国的形成和发展过程中，中国各民族的内在联系以及与整体的不可分割性，客观地形成和发展着，形成中华各族你中有我、我中有你、密不可分的关系，也形成了各民族地区“大杂居、小聚居”的分布特点。在经历了华夏族的形成、汉民族的确立、民族迁徙与融合、中华民族的大统一等几个阶段之后，中华民族逐步形成了一个有共同地域，有统一行政建制，有共同经济生活及共同文化心理素质，基本上由同一人种组成的民族集合体，并最终形成今天汉族和 55 个少数民族并存的局面。

今天的中国是一个统一的多民族国家，总称为中华民族，人口约占世界人口的五分之一。根据中华人民共和国官方的划分，中国目前有汉族、回族、壮族、蒙古族、满族、藏族、维吾尔族等 56 个民族。其中汉族的人口最多，占总人口的 90%以上，相对汉族，其他 55 个民族人口较少。总人口超过 100 万的有壮族、蒙古族、回族、藏族、维吾尔族等 18 个民族；总人口在 10 万～100 万之间的有傈僳族、佤族、拉祜族等 15 个民族；总人口在 1 万～10 万之间的有布朗族、撒拉族、毛南族等 22 个民族。所以，我们习惯上称之为“少数民族”。从分布地区来看，汉族主要集中在东北、华北、华东、中南、甘陕以及云、贵、川、渝等地区，蒙古族主要分布在内蒙古自治区，壮族主要分布在广西，满族主要分布在东北，回族主要分布在宁夏，藏族主要分布在西藏、青海、四川和云南等地，维吾尔族主要分布在新疆。由此可以看出，中华民族大家庭的分布呈现出以汉族为主体的大杂居、各民族小聚居的特点。

无论民族的定义经历了何种演变，可以确信的是，每一个民族在发展的过程中必然会逐渐形成本民族地区特有的身体运动形式。这些运动形式经过长期的、复杂的流传过程，成为了今天民族传统体育大家庭中的一员。

二、传统

关于"传统"的概念，虽然不像文化那样众说纷纭，但不同的学者从不同的学科角度也作出了不同的解释。

美国学者爱德华·希尔斯在所著《论传统》一书中从社会角度着重探究了传统的含义、形成、变迁、传统与现代化、传统与创造性、启蒙运动以来的反传统主义、社会体制、宗教、科学、作品中的不同传统，指出："传统是围绕人类的不同活动领域而形成的代代相传的行为方式，是一种对社会行为具有规范作用和道德感召力的文化力量，同时也是人类在历史长河中创造性想象的沉淀。"①他认为传统是文化的密码，使历史阶段之间保持了连续性和同一性，给人类生存带来了秩序和意义。

在英国学者亚·卡尔·桑德斯看来，传统是储存，是过去世世代代的知识传到这一代，然后再经过某种程度的修改后再传给后代；传统是知识，这种流传是通过符号、语言、形象与概念，通过学习、传授、交感、模仿与启示等活动发生和完成的。传统的内容是储存于语言、风俗、民间传说、制度和工具等中的。它们是人类达到高级思维过程而产生的。因此，传统形成后，支配着各种精神过程运用的程度和方向。

中国人所说的"传统"，大多还是民间"风俗"，就是把前人的生活习俗和社会活动等经验统一起来，进行传承责任，让后来的人们尽量

① ［美］爱德华·希尔斯：《论传统·译序》，李家永译，上海人民出版社 1991 年版，第 2 页。

遵照"传统"生活和进行社会活动。按照《辞海》的定义,"传统"是指"历史流传下来的社会习惯力量存在于制度、思想、文化、道德等各个领域。从范围分,有家庭、团体、社区、民族、国家等区别,对人们的社会行为有无形的影响控制作用。传统是历史发展继承性的表现,在有阶级的社会里,传统具有阶级性和民族性,某些积极的传统因素对社会发展起着促进作用"①。

传统在传承和实践运用当中是非常广泛的,可以渗透到人类活动的每一领域,可以冠戴于人类过去经验所表达的每一个角落。传统就是传承和统一前人类社会经验概念的共识,其概念可分为广义的和狭义的两种。

广义的传统除包括狭义传统外,还包括建筑模式、艺术风格、语言文字、服饰装束等,包括精神、风俗、道德、思想、艺术、制度等社会因素。狭义的传统是指那些与社会政治、经济有直接关系,对社会发展有直接影响的世代相传的文化特质。人们通常所研究的传统,一般都是与社会发展相联系的,因此,本书所指的主要是狭义的文化传统。

对于体育文化而言,传统有着独特的展现方式。体育文化是有关人类身体,进而也是人类思维运动的文化,有强盛的生命力,也有很强的激活性。一些在中国历史上存在过,但已经失传的体育文化项目,经过挖掘和整理,注入一些现代体育的养分,是能够使其焕发出新的强盛的生命力的。

三、体育

体育是一种复杂的社会现象,它是人类以运动为基本手段,全面发展和占有自身力量的一种特殊实践活动,来自于人类生产和生活实践的需要。"体育"一词,最初是法国人于 1760 年在法国的报刊上

① 李自然:《试谈民族传统文化的本质、特点及其保护与发展对策》,第八次全国民族理论学术研讨会,甘肃兰州,2004 年。

论述儿童身体教育问题时首先使用的(Education Physique,简称EP)。此后,这个词相继传入欧美国家。19 世纪 60 年代以后,由西方传入的"体育"(Physical Education),按其译意是指同维持和发展身体的各种活动有关联的一种教育过程。长期以来,体育工作者和学者们对体育的概念进行了多方的探讨研究,赋予了它多种不同的定义。

一种观点认为,体育本质上是一种体育教育或身体教育,正如日本学者前川峰雄指出的那样:"体育是通过科学手段或媒介的身体活动进行的教育。"体育就是以发展体力、增强体质为主要任务的教育。美国学者布切尔认为:"体育是以身体活动为媒介,在培养身体、精神、情操等方面与社会相适应的公民。"美国《韦氏大辞典》也对体育下了一个定义:体育是采用运动活动和有关经验从心理上、体力上、道德上、精神上和社会上来使个人充分发展,使他们成为国家和世界上一个有用的公民。我国一部分学者对这种观点是赞同的,也曾指出:社会主义体育是培养全面发展的新人,为生产劳动和国防建设服务的,它是共产主义教育的重要内容之一,是社会主义建设事业不可缺少的一部分。这一观点认为任何一种事物,其目的是什么,取决于这件事物的本质,而任何一件事物的本质,起决定作用的因素,都是单纯的或单一的。而这一单一的决定因素就是,体育的实质在于增强人的体质。

另一种观点认为,体育既包括"身体教育"为主的学校体育,又包括竞技体育和群众体育,同时认为竞争意识是体育的关键所在,集中体现着竞争意识的竞技体育是体育的主要组成部分。这种观点也被称为"体育运动观"或"大体育观"。这一观点得到了国内多数体育工作者的认可,《中国大百科全书》《体育词典》等和国内体育院校的教材在给体育的概念下定义时主要遵循这一观点。

上述两种观点虽然对体育的多种属性进行了描述,但并未从哲学角度用清晰、简洁的语言揭示出体育的本质属性,也没有对体育各个属性的质的规定性进行深入的揭示和阐述,存在着不足。随着人类社会的发展，随着体育学科的逐步健全，体育这一特殊的社会活动在与其他社会事务的各种关联互动中，逐步显露出它深层次的社会价值和社会意义。在这样的背景下，诸多学者通过探讨和研究，对体育提出了一些新的认识。例如，有学者认为，体育是“人类社会群体，为了在人的肌体方面强筋骨，即增强体质、肌体机能、肌体活动技能技巧；在人体精神方面增知识、调感情、强意志，达到身心俱健，从而促进社会生产力的发展与生产关系的变革，增进人类的物质文明与精神文明，而进行的社会群众性的肌体动作体系，或称之为有目的、有意识、有计划、有步骤的社会群众性的身体训练过程，是增进人体身心健康，是建设社会物质文明与精神文明的重要内容和手段”①等，归结起来，主要代表性的观点有以下两种：

第一种观点认为，体育是一种文化，是社会文化的重要组成部分。这主要表现为以下三个方面：第一，体育是人类在生产过程中创造出来的一种社会活动。第二，体育具备文化的各种特征，如学习性、历史性等。第三，体育运动除了有其外在的身体活动形式以及设施、器材等物态体系外，还具有更深层次的价值观念、意识形态、行为规范等。这些深层的意识形态方面的内容，已经深深地被植入到人类的方方面面，并已成为人类共同理想的一部分。因此，从某种程度上来说，体育运动是文化的重要组成部分。

第二种观点认为，体育是人体科学的组成部分，体育是一项手段和目的高度统一的事物。人在体育运动中的对象就是人体本身，通过运动，达到的预期目的就是人体本身的身心变化。体育与人这一生命体的生存、发展，与人这一生物体的形态、结构、机能都有着密切的关系。体育在揭示人体奥秘、探索人体未来发展中将会起到重要作用。所以，体育概念和定义理应涵盖人体科学理论和原理。

通过上述观点，我们可以总结出，体育的本质属性是“以发展身体、增进健康、提高身体机能为目的的人类活动”。体育既有自然属

① 孙金亮：《浅谈体育概念与体育科学的属性》，《体育科学》1983年第1期。

性，又有社会属性，既反映自然界对人体提出的要求，又反映社会对人体提出的要求。体育的概念也可分为广义和狭义两种，广义的体育是依据人体生长、发育、动作形成和肌体机能提高的规律，以各项运动为基本手段，以发展身体、提高运动技术水平、丰富社会文化生活，为发展经济服务的身体运动，通常简称为“体育运动”。包括体育教育、竞技体育、身体锻炼三个部分，三者之间既有区别又有联系，共同构成了广义体育的整体，是社会文化的重要组成部分。狭义的体育即体育教育，是教育的组成部分，是全面发展身体，增强体质，传授体育知识技术、技能，培养道德品质与意志品质的有目的、有计划、有组织的教育过程。

四、民族传统体育

（一）民族传统体育

关于“民族传统体育”，迄今没有一个统一的权威的定义。但就字面上来说，民族传统体育作为民族传统体育学的研究对象，在范围上包括世界各国的民族，在内容上除了中华民族传统体育外，还包括中华民族以外的世界上其他民族的传统体育。本书这里所研究的是中华民族传统体育。

在我国，“民族”一词主要用于指少数民族，少数民族传统体育活动则被称为“民族体育”。当然，以国际流行的现代体育而论，中国民族体育应该是在中国人居住的地方开展的、具有中华民族传统特色的体育活动的总称。1988 年，人民体育出版社出版的体育学院通用教材《体育史》认为：民族传统体育是指近代以前的体育竞技娱乐活动；学者熊晓正在其论文《机遇与挑战——对我国民族传统体育发展之我见》中对民族传统体育的定义是这样的：“民族传统体育是指近代体育传入前我国存在的体育模式，即 1840 年前，我国各族人民已经采用并流传至今的体育活动内容、社会表现方式与价值观念的总和。”[①]这一观点是从历史的角度，研究西方近代体育传入我国以后，民族传统体育在社会生活特别是在大中城市和军队、学校中受到的影响之后，所给出的“民族传统体育”的概念界定。但是，有些学者持不同的意见，如熊志冲认为：“中国传统体育是指中华大地上历代产生，并大多流传至今和在古代历史长河中由外族传入并在我国生根发展的一切体育活动。”[②]还有一些研究避开了时间的限定，站在文化学的角度对民族传统体育进行了概括，认为民族传统体育是民族(包括汉族)体育的重要组成部分，是构成现代体育的“体育文化密码”。民族传统体育是各民族体育活动方式的延续和保存，是历史留给我们的宝贵的体育文化遗产。还有的研究则认为，民族传统体育是指某一个或几个特定的民族在一定范围内开展的、至今还有影响的体育竞技娱乐活动。以上这些对民族传统体育不同的认识，是站在不同的角度看待问题的结果。

我国民族传统体育，代表着古老的东方保健体系，是中华文明的一个有机组成部分。它既包括各族群众喜闻乐见的民间游戏，也包括一些少数民族的典型传统竞技，更多的是各民族中普遍开展的项目。它受一定的自然环境、地理条件和社会历史发展以及本民族自身的各种因素影响。对民族传统体育概念的理解，应注意以下几点：

首先，民族传统体育作为一个系统，一个整体，任何割裂或孤立民族传统体育系统的概念都是不科学的。其次，民族传统体育是随着社会的发展不断发展和进步的，因此其概念的内涵和外延不能过宽或过窄，而且还要符合实际。最后，要明确民族传统体育是各民族传统文化的重要组成部分，它既是一种健身和娱乐活动，又是增强体质技能训练的一种特殊教育方式。

---

① 熊晓正：《机遇与挑战——对我国民族传统体育发展之我见》，《成都体育学院学报》1988 年第 4 期。

② 熊志冲：《传统体育与传统文化》，《体育文化导刊》1989 年第 5 期。

随着人类社会的不断发展，人们对体育的认识也会在新的探索与争论中不断深入和提高。综上所述，对于民族传统体育的概念，我们认为：民族传统体育是指特定的民族在一定的范围内开展的、从传统社会沿袭下来的、具有浓厚民族文化色彩的、对人体生理特征进行改造的各种身体活动的总称。

（二）少数民族传统体育

“少数民族传统体育”是除了汉族传统体育以外各民族的传统体育。少数民族是指在多民族国家中人数最多的民族以外的民族，在我国指汉族以外的民族。

1986 年 9 月，在新疆举行了首届少数民族传统体育学术研究会，就“少数民族传统体育”这一概念问题，会上提出了四种不同的观点：第一种观点认为，少数民族传统体育是各少数民族世代相传、具有民族特色的各种体育活动的总称；第二种观点认为，少数民族传统体育是在古代体育的基础上延续下来的，主要包括近代体育传入以前我国各民族就已有的体育活动；第三种观点认为，凡是目前在各少数民族地区仍在流传的具有民族特色的体育活动（包括自娱活动）都属于少数民族传统体育范畴；第四种观点认为，少数民族传统体育是具有民族性、传统性、体育性的活动项目。综上可以认为，少数民族传统体育是指长期流传在各民族民间的，具有本民族文化特色、能够强健体魄、并能够起娱乐身心作用的各种身体活动。

也有学者提出了自己的理解，其中，刁振东认为：“少数民族传统体育是泛指某个民族世代相传并延续至今，在一定群体、一定区域内尚未形成对其他民族产生影响的体育活动的总称。”[①]而刘吉昌则认为：“少数民族传统体育是广泛而持久流传在各民族中，以达到促进身心健康、自娱自乐为目的的各种活动（或游戏）的总称。”他指出，“少数民族传统体育产生于少数民族不同的自然环境和社会环境及其生产、生活方式之中，反映着不同民族的历史、文化、习俗和风情。”

① 刁振东：《民族传统体育概念界定与辨析》，《沈阳体育学院学报》2009 年第 6 期。

同时，他还指出："少数民族传统体育具有锻炼身体、共享娱乐的特点。人们都把各自的民族精神贯注于每一项活动之中，充分表现独特的民族性格。它不仅是人们强健体魄的重要方式，而且也是人们自娱自乐，借以交流切磋、美化生活、凝聚民心的有效途径。"①

我国少数民族传统体育项目有着多种分类方式，每种方式都具有鲜明的民族特色和地域特点，均反映着各族人民的生活方式和风俗习惯，凝聚着各族人民的智慧。

第二节　民族传统体育文化的研究

全球化浪潮的不断推进，促使世界经济、政治一体化。在这一背景下，世界各国逐渐开始关注民族国家文化的发展，国与国的竞争将演变为"文化力的竞争"②，促进本民族文化的进步被普遍认识，并被提高到治国方略的地位。

一个民族的传统体育文化，深深扎根于社会历史与文化传统之中，映射着这个民族的民族性格，体现着这个民族的民族精神。奥林匹克运动全球化的过程，让西方现代体育文化逐渐成为世界体育的主导，使我国民族传统体育文化受到严重的冲击。目前，民族传统体育文化所面临的严峻问题是，如何在不断变迁中的环境中适应，如何保护并传承自身文化。而解决这些问题的首要问题就是，对民族传统体育文化进行研究。

一、研究背景

(一)国际背景

1. 全球化的影响

民族传统体育文化研究的兴起是伴随着全球化的进程的。社会

---

① 刘吉昌:《论中国少数民族传统体育的特点及功能》,《贵州民族研究》1999年第2期。

② 金元浦:《跨越世纪的文化变革——中国当代文化发展研究报告》,首都师范大学出版社2001年版,第2页。

和经济的快速发展，使全球化成为一个不可逆转的浪潮，极大地改变着世界政治、经济和文化的格局。这是一个人类不断跨越民族、国家地域的界限，超越制度、文化的障碍，在全球范围内相互联系和交往、互相影响和整合的历史发展过程，从而使全球经济形成一个不可分割的有机整体。

王岗在《体育的文化真实》一书中指出："全球化不仅是一种业已存在的社会现实，也是一种理论和文化问题。"[①]它不仅渗透到了经济、政治、科技等领域，还渗透到了思想和文化领域。受经济全球化影响，文化也在世界各地相互交往传播，文化全球化趋势日益明显。这种趋势促进了文化之间的交流，为人们的文化和生活方式提供了更多的选择，但是也打破了文化的地域和本土限制，使传统文化、民族文化面对着巨大的挑战。文化的全球化趋势伴随着经济全球化发展，在世界不同文化的交流融合中，由于文化的地位由经济的地位所决定，所以有着种种优势的强势文化必然将自己的文化价值推向世界。从目前全球文化力量对比来看，西方文化以其绝对的经济优势成为一种强势文化，在迅速走向世界的过程中逐步排挤本土文化，对其他文化造成巨大的冲击和压力，并开始占据、支配人们的思想和观念。在西方强势文化的影响下，我国的民族传统文化面临着消亡的危机，两种文化的相互交融和竞争，使我国很多富有民族特色的节日、习俗、仪式、典礼甚至语言文字逐渐被人们淡忘。我们需要重新认识本民族文化的实质，充分发挥民族传统文化的生命力，积极地参与到全球化的进程中，同时保持民族传统文化的品性。

2. 民族文化的流失

在当今世界"全球化"的形势下，发展中国家将遭遇到的不仅是经济上的挑战，也将遭受到文化上的严峻挑战。在文化全球化的进程中，随着西方文化的强势入侵以及我国对民族文化意识的淡薄和保护不力，导致越来越多的中国人对自己民族的传统文化淡漠了，甚

① 王岗：《体育的文化真实》，人民体育出版社 2007 年版，第 78 页。

至质疑和批评。

作为五千年文明古国，我国拥有的十分丰富的文化遗产，不仅构成了中华民族深厚的文化底蕴，也承载着中华民族文化渊源的基因。但遗憾的是，随着时代的不断进步与发展，特别是多元文化日益丰富，使得包括中秋节在内的诸多民族传统节日逐渐被人们忽视，中国民间文化流失情况严重。

一批致力于抢救民族传统文化的专家、学者发出告急和呼吁：无数珍稀罕见的民俗技艺和民间文艺伴随着民间老艺人的逝去而失传；去旧造新的推土机把大片大片的老城民居夷为平地，而与这大片大片民居附着的民间文化精华也随之轰然推倒碾碎；民族传统文化典型器物被盗卖，并大量流失于海外；民间年画、皮影、傩戏等经典民间文艺随着它们生存土壤的破坏和文化生态的变迁而日渐式微——许多民俗文化和民间文化遗产，我们还没有来得及记录它们，就悄然离我们而去；许多民俗文化和民间文化遗产本可以保存、继承和发展的，却过早地被人为毁灭和抛弃。

2006 年，全国政协委员、中国民间文艺家协会主席冯骥才在两会期间接受采访时，对民间文化的毁灭，痛惜地述说道："民间文化的传承人每分钟都在逝去，民间文化每一分钟都在消亡。"截至目前，我国非物质文化遗产的现状令人担忧，许多中华民族流传已久的口头与非物质文化遗产正在逐渐走向消亡或者已经消亡。

在 21 世纪的今天，每时每刻都会有很多传统的、土生土长的文化在消失。当然，对于落后的传统地方文化的消失和灭绝，不会有人感到惋惜；但如果成批的这样的文化群落都在消失，应该引起人们的反思：这是不是一种文化生态在遭到破坏？

不可否认，现代化和全球化导致各民族的本土文化受到来自域外，特别是强势文化的冲击是无法回避的世界性问题，但是对于我们这样一个封闭很久的国度，一下子突然开放，不论是经济领域，还是文化领域，这种冲击都会越发显得强烈和迅猛。

作为民族特征的重要表现形式，民族文化承载着一个民族的情感和文化认同，是一个民族融入世界的身份标志，也是民族凝聚力的所在。但是，从目前的形势来看，民族传统文化在我国还没有得到应有的重视，随着现代化、工业化、城市化、商品化、旅游化对社会、文化和生活的冲击，我们大量优秀而珍贵的民间文化正在急速地涣散或消亡。

作为中华民族的文化根基，民族传统文化是我们民族精神家园中最具有历史厚重感、最鲜活深刻的珍宝。面对强势经济的冲击和外来文化的入侵，如何守护并不断提升中华民族传统文化，使其在当今经济、文化日益全球化的大背景下找到自身出路，是历史赋予我国文化乃至全国人民的历史使命。

（二）国内背景

当今社会，文化已逐渐成为一个国家综合实力的重要衡量指标，深厚的文化底蕴和强大的文化竞争力是国家富强、民族振兴的象征，保护民族文化传统，强化文化实力是国家不断发展的重要条件。随着世界多极化、经济全球化和国际社会信息化趋势的不断深入发展，科学技术发展突飞猛进，从而带动了世界各国经济、政治与文化的不断交融。这一国际形势最主要的表现就是：经济的文化含量逐渐提高，文化的经济功能逐渐增强，文化软实力成为国家核心竞争力的重要因素。要想在国际竞争中掌握主动权，就必须要拥有强大的文化软实力，占据文化发展的制高点。

民族传统体育源于各民族的生产和生活，是一种传承的民族文化形式，它深深地扎根于各民族的文化土壤中，并在传承的过程中体现出自身的文化价值。作为中华民族优秀文化中的重要组成部分，民族传统体育文化深刻地体现了民族心理和民族精神，其注重精神和内在的和谐，天人合一、物我相融的理念所表现出来的魅力，在科学技术高度发达的今天，仍显示出独特的意义和价值。

1. 经济文明建设的需要

中国社会的经济文明需要民族传统体育文化的繁荣。民族传统体育文化和本土民族、民俗文化紧密结合，成为民俗文化的重要载体和组成部分，在现代社会，其经济价值日益凸显。我国国内民俗旅游的发展是从20世纪90年代开始的，比国外民俗旅游的开发滞后了很多。民族传统文化的符号资源价值为各民族知识阶层所认识，民族传统体育文化被发掘和展示出来，某些早已消失的文化甚至也得到了“恢复”。经济利益的驱动以及游客文化品位的提高，客观上增强了各民族对民族传统体育文化的保护意识。同时，对于传统文化的开发宣传也壮大了民族传统体育文化保护与发展的声势。

2.政治文明建设的需要

改革开放以后，我国逐渐由计划经济向市场经济转轨，市场经济的开放性特征促使中国必须面对国际社会。面对西方强势文化的入侵，我国许多优秀的传统文化面临着被同化甚至是消失的困境，对整个社会造成了很大的不利影响。执政党也逐渐认识到这一问题，第三代领导人提出了弘扬中华民族传统文化，实现“中华民族伟大复兴”的战略目标。这一目标的提出，肯定了民族传统文化的地位，得到了社会各方面的广泛关注。同时，国际上同样面临异质文化入侵困境的发展中国家，提出了“文化多样性”的口号。这种国际社会背景从某种程度上强化了我国政府和各族群众的传统文化保护意识。

3.精神文明建设的需要

随着经济和文化的进步，民族传统体育文化的价值不断得到人们的肯定，并对当代社会产生了积极的影响。主要可以表现为以下三点：

第一，民族传统体育可以提高人口素质，改善生活方式。在民族传统体育文化的发展过程中，历史已经证明了这些充满意趣的身体活动形式有利于人们的身体健康并能使人身心愉悦。民族传统体育对健康的促进功能已经逐渐为人们所认识。武术、登山、摔跤、气功、游泳等活动，在民族传统体育活动中占有相当大的比重，而现代体育中的球类等项目逐渐融入到各民族体育活动中，构成了我国丰富多彩的民族体育新格局，在丰富和改善城乡人民生活中起到了积极的作用，促使社会主义科学、健康、文明的现代化生活方式的实现，是全社会文明进步的重要标志。民族传统体育以其民族性、传统性、地区性等贯穿于体育性之中，充分体现出其所具有的文明和进步，是现代社会发展的重要内容。

第二，民族传统体育可以促进社会发展，增强民族团结。民族传统体育在历史的历练中为民族文化最深层的部分所形塑，代表了一定地区、特定人群乃至一个民族的民族特色，参与者众多，具有传承民族文化、增强民族认同感的社会功能。

第三，民族传统体育可以振奋民族精神，弘扬民族文化。由于人口众多、地域辽阔，各民族传统体育文化既有中华民族的共性，又各具特色，构成中华民族传统体育文化的繁荣局面。研究丰富多彩的各民族体育文化，保护和传承祖先留下的宝贵财富，是历史向我们提出的责任。通过民族学家、民族工作者的工作，能加强全国人民对于中华民族的认同，激发人们的爱国热情。

民族传统体育作为一种精神层面的文化，以其独特的民族风格展示着对美的追求，在生活中给人以美的享受，具有十分重要的作用和意义。

（三）自身背景

目前，我国正处于历史性转折的重要时期，社会文化正经历着重大的变革，各个社会学科的文化理论与研究实践也迫切需要进行改革以满足社会变革的要求。当前，我国社会学科的文化理论与研究实践存在的主要问题和需要作出的改革是：

第一，在文化研究中打破各学科之间的固有界限，甚至是自然社会科学与人文科学之间的界限，进行综合、交叉和比较的研究。这不仅会为学术语言的丰富开辟道路，也是文化研究本身的需要。

第二，将先前纯理论化、思辨化的文化研究转变为追求实证化、社会化乃至量化的方式，将自然科学的一些研究方法引入社会科学，突破学理层面的反复论争。

我国社会学科的文化理论与研究实践存在的主要问题影响着众多学科的研究格局与研究实践，体育学自然也包含在内。

20世纪80年代以前，我国体育科学研究仅仅把现代体育视为一种教育现象，而无法深刻全面地对种种现象和相关问题作出科学的解释，通过运用生物科学理论（属于自然科学研究领域）和教育学理论（属于社会科学研究范围）来研究体育运动，这导致了远远落后于时代和体育运动的现实。随着体育运动与体育事业的飞速发展，体育科学积极地引入社会科学的各学科理论，改变了过于狭窄和单一的视角，逐渐发展为运用经济学、政治学、社会学、哲学、传播学等社会科学的理论和方法，多层次、多方位地对体育运动进行立体、综合的研究，促使体育科学发展成为多学科的知识体系。

近二十年来，中国体育理论日渐成熟，对民族传统体育文化学的产生提出了迫切需求。1996年，中国把体育学列为一级学科，是当代我国体育科学体育建设的重要里程碑。1997年，国务院学位委员会和国家教委在体育学下设体育人文社会学、运动人体科学、体育教育训练学、民族传统体育学四个学科，这四个学科的设立标志着我国体育学学科建设的逐步完备，并开始具备较合理的雏形，也为民族传统体育文化学的产生提供了契机。

二、研究现状

受文化全球化的冲击、社会转型的加剧、人们价值观的变化等因素的影响，我国民族传统体育文化已面临着生存危机。各民族国家对传统文化的珍视，有关民族传统体育文化的研究正在逐步深入，并引起了多学科专家学者的关注。

新中国成立前，民族传统体育文化的研究基本上都集中在武术项目上，但是武术这个单一的项目，无法代表中华民族传统体育文化的整体。改革开放以后，我国民族传统体育文化的研究扩大了研究的范围，扩展了研究的方法和手段；不仅利用体育学、民族学和历史学的方法、手段来研究，而且还为民族传统体育文化研究注入了新鲜的血液，引入了社会学、人类学和经济学等知识，推动了民族传统体育文化的快速发展。

尤其是进入20世纪80年代，民族传统体育文化的研究日益受到重视。自1982年起，开始举行每四年一届的全国少数民族传统体育运动会；1997年，一级学科体育学下增设四个二级学科，民族传统体育学名列其中；1998年，国家教育部颁布新修订的高校本科专业目录，加入了民族传统体育专业，标志着民族传统体育文化研究走上了科学发展的轨道。

近十年来，国家哲学社会科学基金批准了30余项与民族传统体育文化有关的课题，民族传统体育文化研究取得了不错的成绩。例如：

2000年，芦平生的《西北少数民族传统体育发展研究》、李民安的《全民健身工程中社会心理因素对民族传统继承与发展的影响研究》等。

2001年，钟海平的《民族传统体育产业发展与西部民族地区文明进程互动研究》、饶远的《中国西部体育资源开发的思路》等。

2002年，陈婕的《民族传统体育文化的传承方式和途径》、白晋湘的《民族传统体育的现代化与现代化中的民族传统体育》等。

2003年，田祖国、白晋湘、钟海平的《论民族传统体育文化现代变迁与发展研究》以及《论民族传统体育文化现代变迁与少数民族价值意识重构》、周道平的《西部民族地区开发体育休闲旅游产业的社会经济价值与实施对策研究》等。

2004年，姜玉泽的《民族传统体育文化创新的新途径》、龙佩林的《西部民族地区全民健身体系与先进文化的同构研究》、霍红的《西部少数民族地区群众体育的现状调查及传统体育与现代体育的融合研究》等。

2005年，丁玲辉的《藏民族传统体育文化的现代化价值与意义研究》、顾晓艳的《从水族传统体育的变迁看中国少数民族传统体育文化的传承》、刘少英的《民族传统体育学学科体系及其创新研究》、陈青的《民族体育跨文化研究》等。

2006年，黄涛的《论民族传统体育文化的变迁、转型与未来走向》、郭书贤的《民族传统体育文化对构建和谐社会的作用》、武杰的《新疆多民族群众体育现状调查研究》等。

2007年,田祖国、刘少英的《加快民族传统体育发展促进我国和谐社会构建》,冯胜钢的《我国少数民族传统体育与少数民族地区和谐社会的构建》,曾杨的《构建和谐社会背景下发展民族传统体育的思考》,白晋湘的《我国少数民族传统体育项目的整理与编目研究》,梁同福的《中国民族传统体育的数字化和国际化研究》,谭华的《中华民族传统体育文化的形成与现代化研究》等。

2008年,肖宁的《论我国民族传统体育文化的传承机制》,张新中的《西部少数民族传统体育文化与高校体育教学相融合的研究》,余水清的《中国民族传统体育的现代流变与传承研究》,田祖国的《国家文化软实力与民族传统体育发展的制度保障研究》,古维秋、涂传飞的《民族传统体育文化传承与农村和谐社会建设》等。

2009年,杨柳的《贵州高校体育院系民族传统体育校本课程开发的实效性研究》,胡悦、韦晓康、王新的《论民族传统体育文化与民族地区和谐社会建设》,张惠的《新疆开展学校阳光体育对少数民族体育传承及发展的对策研究》,蔡仲林的《我国民族传统体育逻辑走向与路径选择研究》,郭风兰的《新疆少数民族传统体育文化在建设和谐社会进程中的价值分析》等。

2010年,陈振勇的《少数民族体育文化促进民族关系和谐的理论与实践研究》、杜建林的《发展民族传统体育与促进湘鄂渝黔边区农村妇女健康研究》、万义的《西部少数民族地区民俗体育的社会功能与生态补偿机制研究》、吕韶钧的《我国民族民间体育的文化本源及当代诉求问题研究》等。

值得一提的是,还有一些有关民族传统体育文化传承与民族和谐社会建设关系研究的论文。这些研究课题和学术论文为我国民族传统体育文化传承与民族和谐社会建设、发展提出了有价值的意见和建议,但是不足的是论述还不够深入和透彻,不足以指导实践。

同时,有些学者对不同地域、不同地域之间的民族传统体育文化的比较研究也有所建树。例如：吴忠义的《从中国与希腊传统体育的比较看世界体育发展走向》就是站在文化学视角上对中国与希腊不同形态传统体育的内涵及其外显特点进行了比较性的研究，探讨了二者不同的心理、文化特征，提出未来世界体育的发展将是以东方为主流的健身体育和以西方体育为主流的竞技体育。二者在其发展进程中将相互影响，互为补充。陈晋璋在其论文《从文化背景和民族心理谈古近代中国传统体育与西方体育演进历程的异同》中提出："中国传统体育与西方体育是中西方两种传统文化的产物。在长期的生活过程中中西方民族逐渐形成了各自的文化形态与民族心理。这些民族心理特征影响着民族文化的选择趋向，而文化选择趋向在相当的程度上决定着一个民族体育的存在方式和发展趋向。"①王岗在《文化结构法则与民族体育的发展趋向》等文章中就中西体育产生的根源、影响的因素，以及它们对人的不同影响作用都作了大量阐述。沿着历史的轨迹，从文化学的视角对不同地域和不同民族的传统体育进行的比较，为我们深入地认识体育的发展规律，把握其未来方向，提供了有益的启示。

这些专门的研究帮助我们更好地认识了民族传统体育，也为民族传统体育文化的挖掘、整理、传承和发展奠定了良好的基础。但是也存在着很多问题和不足，还需要进行更深入、更广范围和领域的研究。

第三节　民族传统体育文化的学科构建

一门学科的定位和分类是学科建制和发展的必要起点，也是较为困难和最容易发生争议的领域，熟悉一门学科的范畴和分类，又是从事这门学科研究的基本功和出发点。

---

① 陈晋璋：《从文化背景和民族心理谈古近代中国传统体育与西方体育演进历程的异同》，《体育文化导刊》1997 年第 6 期。

一、学科构建的必要性

民族传统体育是一种带有民族特点的文化形式的表现，是一种颇具传统色彩的文化形态。随着改革开放和人们对现代化理解的不断深化，国内学术界掀起了对民族文化和传统文化进行反思与再估价的研究热潮，这对民族传统体育领域的研究产生了重大影响。随着科学技术的发展，体育领域各个学科之间交叉、融汇趋势日益明显。因此，我们对具有民族性和传统性的民族传统体育的文化研究，是历史的必然。

1992 年，国家技术监督局发布了《中国国家标准：学科分类与代码》。“标准”中收录学科的条件是：“应具备理论体系和专门方法的形成；有关科学家群体的出现；有关研究机构和教学团体与学术团体的建立并开展有效的活动；有关专著和出版物问世等条件。”

当前我国民族传统体育文化学学科的思想比较淡薄，理论基础还十分薄弱，用上述标准进行衡量，它还存在很多不足。民族传统文化学要想成为一门独立的学科，必须具备以下三个条件：第一，必须具备明确的学科定义、明确的研究对象、独立的研究方法、自成体系的研究内容及成熟的学科体系结构；第二，具有专门的研究者、学术团体、代表作等；第三，该学科的思想、方法不仅在实践中被应用过、被检验过，还能产生效益。但是，从目前学科的发展来看，民族传统体育文化学学科刚刚起步，还属于初期阶段，仍需要进行大量的民族传统体育文化的研究，不断补充完善民族传统体育文化学的学科框架，为促进其形成自身独立的知识体系，成为一门真正意义上的学科而努力。

将民族传统体育文化的研究放置到科学领域，作为独立学科进行总结、研究，不仅对我们从理性上进一步深入地认识民族传统体育文化，而且在实践上对我们按科学方法挖掘、整理、承递、发扬民族传统体育文化的优秀传统，吸收先进的民族文化精华，进而促进、丰富、繁荣民族传统体育文化都是有意义的。

二、学科性质

文化不仅是人类区别于其他动物的本质特征，而且不同的文化，还是人类不同社会、族群得以区分的最佳的分界特征，因此文化研究是人类学、社会学的重要研究领域。民族传统体育要发展、要振兴，就必须从振兴“文化”开始。发展的必然趋势促使民族传统体育研究必须建立一门具有中国特色的以各民族传统体育文化为研究领域的新学科，即“民族传统体育文化学”。

民族传统体育文化学是在文化人类学、民族学、民间传统体育、民俗学、文化学等相关学科充分发展的基础上，根据当前民族传统体育发展的社会需要，应运而生的一门多学科交叉而成的边缘学科。民族传统体育文化学不只是简单的“文化”和“民族传统体育”两个概念的组合，所以应该根据文化的结构确立民族文化学的体系结构；它既不能脱离民族的文化传统，更不能脱离时代要求。民族传统体育文化学不仅包含着和其他体育学科一样的体育教育学、运动生理学、运动训练学等理论与方法，而且更需要借助体育人类学和体育社会学进行研究，可以说涵盖了体育学科的所有理论，更有它自身独特的一套技术和理论体系。在研究时，应该以研究传统体育文化为宗旨，因为民族传统体育文化学属于新的文化学范畴，不仅是体育人文科学的一个部门，也是文化学的一个分支。

之所以将民族传统体育文化学界定为文化学的分支，主要是因为其具有发展规律的文化性、内容的文化性和手段方法的文化性。

（一）发展规律的文化性

体育在发展过程中，是浸润在一定的历史时期并融合了这一时期内的文化和社会生活逐渐发生演变的。它以人的需要为根本原则，受约于文化和社会的发展规律，这是体育自身的发展规律。追溯体育的发展历史，我们可以知道，在体育产生初期，它主要是人们用来与大自然抗争的一种手段，是一种生存必须具备的技能。随着社会的不断发展以及人类文明化程度的不断提高，体育的功能逐渐发生了变化。由原本的“以身体活动为基本手段”的运动逐渐向多元化转型,其文化功能、教育功能、身心健康功能、情感渲染功能等变得愈发重要。作为一种培养全面发展型人才的教育形式之一,民族传统体育文化的研究必须要站在文化的视角高度,服从于文化学的规律,才能更好地发挥出文化的功效,更好地为人的发展而服务。

(二)内容的文化性

民族传统体育是民族传统文化的重要组成部分,具有独特的文化价值。研究中华民族传统体育的着眼点是民族传统体育产生的文化根由,要将其为一种特殊的文化现象进行分析。民族传统体育文化反映了一个民族的传统习俗和地域风貌,折射出民族历史的光芒。所以,要深入地探讨民族传统体育发展的规则,探讨民族传统体育及其文化在历史发展中的横向和纵向传递与传播,探讨其变化的文化制约性。在民族体育的现代化发展研究中,我们既要研究其历史和现状,也要探索其未来发展之路;既要重视表层物质文化、中层制度文化的研究与革新,也要重视其深层精神文化内涵及重要作用。

(三)手段、方法的文化性

一门学科的性质,不仅取决于它的研究对象,还取决于它所采用的学科研究方法。朱红文在《人文精神与人文科学》一书中指出:“以科学技术为根本标志的时代,一方面是物质财富的巨额增长和极大满足,另一方面是人失去对自然的优越地位。人成了技术的一个环节,而不再是历史,文化和传统中的存在,不再是自由和美的创造者。上帝死了,人也几乎不存在了。”[①]民族传统体育文化从研究方法和手段上,主要是运用文化学的原理和方法进行分析的。胡塞尔认为:“科学危机的根源或真正实质在于人文科学长期以来受错误哲学观念的指导,因此治疗现代科学的根本途径是从方法论上将人文科学与实证的自然科学、社会科学区别开来,让人文科学自己来处理自己

---

① 朱红文:《人文精神与人文科学》,中共中央党校出版社 1994 年版,第 8 页。

的问题。”[①]因此，民族传统体育在当代工业文明发展中，需要解决科学技术对人的抛弃，以改变并补充西方体育的弊端，必须从文化学的角度，高举人文科学的旗帜，对体育作出理性的分析与选择。

三、学科发展概况

近代，西方体育理论传入我国，对我国体育理论产生了重大的影响。以此为指导，我国学校体育、竞技体育和群众体育慢慢得到发展，并在此发展过程中逐渐形成了自己的理论体系。民族传统体育中的某些项目虽然早已进入学校体育、群众体育之中，但始终没有形成系统的理论体系，最基本的表现就是概念的不清晰，这导致了建立在概念基础上的理论出现了不同层次的争议。

首先是“体育”一词，这一术语是从国外传来的，不是我国固有的。我国在使用“体育”这一术语之前，常使用的代表体育含义的词是“操”。为了研究的方便，我们把诸如“养生”“导引”“尚武”“习武”等这些词汇看成类似于今天的“体育”，实际上无形中增加了民族传统体育概念界定的某种难度。由于我国历史悠久，形成了 56 个不同的民族，而汉族又是在不断融合其他民族的基础上发展起来的，所以民族传统体育与少数民族传统体育在本质上是分不开的，是紧密融合在一起的。将两者区分开来是件很困难的事，也必然会造成两者混用的现象。

其次是民族传统体育的特征。我国的民族传统体育是浸润在我国特有的历史文化土壤中发展起来的，从而形成了具有中华民族特殊品格和气质的文化，这一独特性与现代体育所代表的西方文化大不相同。但是，学者们对民族传统体育特征的总结，抛却了其本身最本质的特性——即民族性和传统性，而这些正是现代体育中所不具备的。失去了这一独特特性的民族传统体育，其他的特征与现代体

---

① 转引自王铁新:《论中华民族传统体育文化学的研究对象及任务》,《山西师大体育学院学报》2004 年第 1 期。

育没有太大区别。这种探讨,忽视了民族传统体育文化的本质特征,缺少了文化本源的回归。

传统体育文化是否能在现代社会制度和中国人的生活中确立价值,焕发出原有的独具魅力的生命力,必不可少的是理论的学术支撑。然而,直到目前,这一学科体系的自身建设仍处于荒芜状态。在国内该学科的目录上,民族传统体育学的内容体系中只出现了“武术(含气功)”这样的表述,显然,这种表述太过于片面,民族传统体育几乎成了武术的代名词。即使将武术看作是一门具备独立体系的学科,但是,在众多的武术论著之中,至今还找不到一个能为大多数人所接受的武术定义,这门学科的内涵及外延至今仍没有明确的界限。以学科建设的严格原则和标准进行具体规范和落实,武术作为民族传统体育学的主干仍需要做大量深入的工作。

关于民族传统体育项目,我国已经成功地挖掘、整理出民族传统体育 977 项。但从总体上看,民族传统体育由于种类繁多,相关研究仅限于肤浅层次,且多数是单纯地从民族传统体育的内容、功能、项目特点、表现形式等进行分类,没有进行更深层次的挖掘。最主要的问题是,民族传统体育并不是一成不变的、僵死的,而是一直不断发展变化着的,多数项目已经发生了相应的改变,大多表现为内容或形式上的改变,有一些项目在内容和形式上甚至都发生了变化。例如,端午竞渡、重阳登高以及斗牛、放风筝等,这些在古代具有浓厚法术、宗教性质的仪礼、俗尚,经过长期的历史发展变迁,其性质逐渐发生了变化,由原来的带有浓厚的原始迷信意味的活动,慢慢演变成人们的一种娱乐方式,或是人们消灾纳福的一种祈祷方式。这些变化还会随着社会的发展而继续,所以有些分类的研究,在现在看来,就失之偏颇,缺乏科学的严谨性。特别需要注意的是,我国民族传统体育项目有自身的特点,与现代体育追求人体极限是有本质区别,不能单纯地按照现代体育的标准来划分我国的民族传统体育项目,而是要因地制宜,提出合理的分类准则,建立一个可供操作的体系。

虽然从总体上看,民族传统体育文化学的理论建设依然相对薄弱，学科规范还有待进一步加强。但是毋庸置疑的是，民族传统体育文化学在近年来取得了一定的发展，从其表现出的特点就可以看出来了。民族传统体育文化发展的特点表现如下：

首先，通过学术结构上的不断调整，民族传统体育文化学与其他相近学科的差异正在增多，学科界限更鲜明。其次，研究者逐渐认识到，只有抓好学科基础理论和专业规范，才能使应用研究更加深入，才能使民族传统体育文化学更好地为现实服务的必要条件。因此在目前的研究工作中，更多地强调专业学术规范；并且，田野研究在操作上减少了随意性，逐渐走向规范化。再次，民族传统体育文化的研究更接地气，学科与现实之间的对话意识加强，利用专业优势进行现实问题的研究正成为学者努力的共同目标。最后，学术队伍的专业理论研究的兴趣不断高涨，且消化能力不断提高；中青年学者队伍开始形成并显露出一定的潜力。

随着社会的现代化，民族传统体育所面对的自然环境、文化环境等都发生了变化，在与各民族的密切交往中，民族传统体育已经融汇了多民族的文化，其功能也向着多元化的方向发展，具备了多重社会功能和价值，必将成为人们未来日常生活中不可缺少的一个组成部分，但现在的研究只是停留在体育这一层面，因此，我们不能仅从历史或是体育意义的角度来审视民族传统体育的地位和作用，而应该用发展的眼光进行长远看待，更深层次地挖掘民族传统体育所具有的价值和社会意义。

民族传统体育不仅可以折射出各民族发展的轨迹，是剖析体育起源和发展各阶段诸形态的活化石，而且也是挖掘和创造新的体育项目和形式的源泉，可以具有不可低估的价值。只有充分挖掘出这些价值，才能更好地在当代社会和文化发展中发挥其作用。我们需要用现代科学的思想观念和理论方法，站在时代的高度去研究。

第一，应拓宽民族传统体育的研究范围。不仅要研究其活动过程，更要研究其文化内涵，要研究其社会科学和自然科学的内容，要重视其民族性和世界性。

第二，应加强民族传统体育理论体系和学科体系的建设，建立起逻辑严谨的学科研究体系，使民族传统体育的研究更加科学、标准，并在此基础上不断加强和完善。

第三，应根植于现实的土壤，从实际出发。本着严肃、认真、严谨的科学态度，立足于现实，使研究方法、对象、环境融为一体，走向“田野”，结合自然条件、地理环境、人口分布与经济发展水平，建立多维研究观，实施评估、筛选、分类，建立客观的评价指标体系，使之得到多民族的认同，并在其发展中，构建新的理论和方法。[①]

第四，应培养从事民族传统文化研究的专门人才，把具有民族性和特殊性的中华民族文化向世界传播，同时又淡化其狭隘的地域性，向大众化方向发展。这是民族传统体育教育和适应新时期多元化文化发展的必需。

近千项的中国民族民间传统体育运动项目，蕴藏着深厚的文化宝藏，不能将其简单地视同于现代体育，而是要上升到传统文化的层面，开辟新的视角，需要我们进行深入的阅读和审视，深入其精髓，才能真正地形成具有中国特色的民族传统文化研究的基础理论体系。

---

① 参见芦平生等:《少数民族传统体育的传承与演进》,《成都体育学院学报》2003 年第 3 期。

第二章　民族传统体育文化概述

第一节　民族传统体育的文化性

一、文化与体育文化

（一）文化

“文化”一词，在世界各民族的早期词汇中便已出现，关于其定义，古今中外可谓是众说纷纭。在中国，先秦诸子散文及史传文献，都有不少关于文化的论述和记载。《周易·贲卦》中有“观乎人文，以化成天下”之说，文化就是由其中的“人文化成”简化而来的，意思是“以文教化”，指人类区别于动物的一切活动及其成果。西汉刘向在《说苑·指武》中将两字并联使用，构成今天的“文化”一词，其文曰：“凡武之兴，为不服也，文化不改，然后加诛。”晋代束晰《补亡诗·由仪》中有“文化内辑，武功外悠”，这里的“文化”与“武力”“武功”相对立，被理解为统治者的施政方法，是“文治”和“教化”的总称，指与国家军事手段相对立的文教治理手段。继而发展到唐代，大经学家孔颖达在注解《周易》中“观乎人文，以化成天下”这段话时认为：“圣人观察人文，则诗书乐之谓。”这里，孔颖达将“文化”一词上升到精神层面了，扩展为文学艺术、礼仪风俗等属于上层建筑的东西。它表示对人的性情的陶冶、品德的教养，属于精神领域的范畴。这种从精神化的层面谈文化的思路是中国古人沿袭的基本趋向。

而今天我们使用的“文化”一词是外来词汇，相当于英文和法文的 culture、德文的 cultura，它们来源于拉丁文的 cultura，原有神明崇拜、耕种、练习、动植物培养及精神修养等意思。与中国古代偏重精神教化的“文化”相比，西方的“culture”更多地展现了逐渐由物质生产活动引入精神生产活动的特点。正如罗马思想家西塞罗所指出的那样：“精神文化是哲学”，强调对人的理智也要进行加工。同时，“文化”一词又在知识水平、教育程度、思想修养的意义上使用着，并被引申为一定时代、一定地区的全部社会生活内容。

在西方古代，哲学曾包容了一切自然科学、社会科学和人文科学。欧洲中世纪，一切科学都是神学的婢女。文艺复兴之后，随着自然科学脱离哲学走上独立的道路，其他多种人文科学、社会科学也逐步脱离哲学建构自己的体系。法国大革命时期的启蒙思想家伏尔泰、蒙田、卢梭、孟德斯鸠等都曾对有史以来的文化现象作了初步探讨，但是这种探讨只停留在表面状态。18 世纪末、19 世纪初的德国古典哲学家们则从道德意识、审美意识及宗教观念的角度出发去认识人类文化发展的历史与现状，仍然没能从文化的规范、文化结构、文化功能及模式等对文化科学有至关重大关系的问题去思考。

“文化”成为人们普遍使用的概念是在 19 世纪，19 世纪中后期，一些学者开始将学术视野拓宽至两个或两个以上的学科，出现了交叉性学科，黑格尔首先提出了“文化科学”。1843 年，德国学者克莱姆(1802～1867)的著作《普通文化史》以及十年后的《普通文化学》敲开了文化科学的大门。1871 年，英国学者泰勒在《原始文化》中，将文化定义为“包括知识、信仰、艺术、道德、法律、习惯以及其他人类作为社会的成员而获得的种种能力、习性在内的一种复合的整体”，这一里程碑式的著作不仅首次对“文化”概念进行了限定，而且探讨了文化的起源、文化的区域划分等问题，对创立文化科学贡献最大。泰勒的这一定义在得到学术界广泛认同的同时，也掀起了定义文化的热潮。其后一百多年间，又有弗雷泽、克鲁伯、汤因比、施本格勒、列维·斯特劳斯、本尼迪克特、李凯尔特、卡西勒等学者的努力，使文化科学形成了一门包含考古学、民族学、历史学、宗教学、哲学、社会学、人类学、民俗学、神话学、语言学、心理学等多学科的交叉性学科。

综观18世纪末以前的观点，西方学者对"文化"的解释总体上可分为三种。第一种是从方式论入手，认为文化是一定民族的生活方式，这种生活方式包括人们的兴趣、爱好、习俗、习惯等，强调了文化的继承性。第二种观点强调了文化的演变性，认为文化是人类学习和制造的工具，包括了人类智力和创造能力的不断进化，这一观点也被称为过程论。第三种也就是复合论，认为文化是作为社会的一个成员所获得的能力，包括知识、信仰、艺术、习俗、法律及其他种种能力的复合体。

进入20世纪70年代，"文化"的概念出现频率高，同时歧义也多。现代意义上的"文化"内涵已经与"文化"的初始用法相去甚远，不同民族、不同学科，对"文化"的理解和界定虽然依然存在着明显的差异，但却有着共同性，即文化是由人创造的、为人所特有的东西，一切文化都属于人的文化，这也就意味着排除了"自然"的东西。人类区别于动物的本质特征可以说就是文化，它也是人工产品同自然物品相区别的根本标志。

马克思主义理论家对文化作了一种新的解释，我国1979年出版的《辞海》也基本上沿用这种说法，即把文化分为广义和狭义两种。

1. 广义的文化

广义文化是指"人类创造的物质财富和精神财富的总和，特指精神财富"。这种文化又被称为"大文化"，涵盖面非常广泛，是着眼于人类社会与自然界的本质区别。文化哲学、文化人类学等学科的研究工作者多认同这种看法。梁漱溟在《中国文化要义》中指出："文化，就是吾人生活所依靠之一切。——文化之本义，应在经济、政治，乃至一切无所不包。"任继愈在《民族文化的形成与特点》中也认为，广义的文化包括文艺创作、哲学著作、宗教信仰、风俗习惯、饮食器服之用等等。文化反映的是历史发展过程中人类的物质和精神文明所达到的程度和方式。按领域的不同,文化可分为物质文化、制度文化和精神文化等。今天我们所使用的文化概念就是广义上的文化概念。

2.狭义的文化

狭义的文化是指“以社会意识形态为主要内容的观念体系,是由政治思想、道德、艺术、宗教、哲学等意识形态所构成的领域”[①]。狭义文化又被称作“小文化”,是因为其排除人类活动中关于物资创造活动及其结果的部分,而专注于精神创造活动及其结果。作为意识形态的产品,狭义文化是对社会的政治和经济的反映,同时又反作用于一定社会的政治和经济。不同的社会形态都有着各自适应的文化,每一种文化都会随着社会物质生产的变化而发展,不断丰富。

(二)体育文化

1.概念

目前,关于“体育文化”一词的定义还有达成统一的共识。尼克·阿莱克塞博士在其著作《体育运动词汇》中将体育文化定义为:“广义文化的一个组成部分,它综合各种利用身体锻炼来提高人的生物学和精神潜力的范畴、规律、制度和物质设施。”1980年,我国体育学界认为,“体育”有广义和狭义两种解释。广义的体育是指体育文化或身体文化,狭义的体育是指教育过程,在文中用“身体教育”来表示,我国习惯上有时也使用“学校体育”这个词。体育文化是“以身体练习为基本手段,增强人的体质,提高运动技术水平,丰富社会文化生活的一种有目的、有意识的活动”及其赖以实现的物质手段、社会思想、社会关系的总和。张国力认为:“体育是指任何一种通过身体运动谋求个体身心健全发展的社会活动。体育文化是一种以人的体育行为为特征的社会现象。”他还特别强调:体育文化是人类在

① 李秀林等主编:《辩证唯物主义和历史唯物主义》,中国人民大学出版社1995年版,第407页。

社会各种体育活动之上建立起来的一整套规范体系。[①] 卢元镇教授对体育文化作过如下阐述：体育文化由心理、行为、物质三个方面（三个不同层面）的要素构成，是人类体育运动的物质、制度、精神文化的总和。它主要包括体育认识、体育价值、体育道德、体育情感、体育制度、体育理想和体育物质条件。

综上可以认为，体育文化就是人类社会活动中和体育活动中所建立起来的一整套规范体系和价值体系，以及体育活动的方式和设施等。它不仅要满足人的自然本能的需要，还要满足人们对体育文化的社会心理需要，是改造自身的文化类型。

2. 特征

体育文化来自于体育生活和体育实践，与其他文化一样，它反映了一个时代、一个国家或民族的特征。它通过身体形态、动作技能、运动器材、物质等有形态势以及与社会属性相关的意志、观念、时代精神等无形态势反映出来，显现出各具特色的存在方式，以此来规范人们的体育行为和社会行为，影响并改变人们的价值观念。

体育文化具有如下四个特征：

第一，体育文化与人的体育生活密不可分，紧密相连。

第二，体育文化反映了具有本民族特色的、传统的体育特征，这些体育文化不仅规范着本民族的体育行为，也影响着人们不同的体育价值观念。

第三，体育文化与一个地域或民族的社会文明、物质文明及自身的发展，具有相互影响相互作用的关系。

第四，从文化学角度看，体育文化既具有共性也具有个性。首先，体育文化是人类整体文化系统中的一个分支，这是其共性；其次，体育文化有其特有的个性，它的产生和发展有着自身的变化规律，具有独立性的一面，这是其个性。从科学分类看，体育文化是一门自然科学和社会科学相结合的综合性科学。

---

① 参见席久焕主编：《体育人类学》，北京体育大学出版社 2002 年版，第 162～170 页。

二、民族传统体育的文化内涵

民族传统体育是中华传统文化的重要组成部分，其源远流长的历史、丰富的文化内涵、独特的表现形式，构筑了中华民族体育文化的宝库。传统文化大多是以民族的形式发展起来的，民族在其产生、发展过程中所形成的民族语言、民族性格、民族精神面貌、风俗习惯、传统与道德生活方式以及社会关系等，构成传统文化的特征。所谓中国文化指的是中华民族的传统文化。它给民族传统体育的产生及发展带来了巨大影响。文化不是抽象的、空泛的，传统文化很大程度上就是民族文化，民族传统体育是它的一种折射。

（一）民族传统体育是人类生存的一种方式

考古学、人类学和民族学研究证明，由于物质生产能力低下，史前时期的体育是与劳动过程相同的。这一时期的体育，其特有的运动手段和形式还没有表现出来。人们为了满足一定的物质生活资料，必须运用肢体的各个部位以及工具来改造自然界，这种简单的劳动过程，实际上是由于物质生活的需要和劳动需要而产生的。人们通过观察自然界的某些表象，以感性、质朴的思维方式进行加工和改造，将自然力人格化和形象化。在实际的动手和自由活动过程中，得到了身体的锻炼，在一定意义上发挥了体育运动的作用。随着生产力的发展，体育逐渐与生产劳动分离，其功能和作用进一步扩展，逐渐演变为一种有目的有意识地提高和改善身体机能的特殊教育过程。

综上所述，原始体育的产生与发展，是以生产劳动、军事活动、宗教礼仪和娱乐活动为基础的，充分体现了体育是当时人类的一种生存方式。

（二）民族传统体育是一种自然、生产及文化心理的体现

L. 怀特认为，“在其他因素保持不变时，文化发展程度与所用工具的效率成正比例变化”。也就是说，生产工具在一定程度上决定着社会结构和人们的思想意识。我国地域辽阔，自然地理差异较大，

在自然地理环境的长期影响下，形成了以农牧为生的北方民族和以渔耕为业的南方民族的不同格局。随着这种生产方式的形成，生产工具也在不断的发展过程中演变成适合于本地地理环境的工具，南北方的生产工具由此分化。中国各少数民族的生产工具都有着很明显的差别，长期居住于此的民族生活方式也随之逐渐“特化”，由此增大了各民族性格和思维方式的差异，在一定地理和文化环境中产生的体育活动也必然会受到影响，并因地制宜地继续传承和发展。综观我国民族传统体育的项目、器材、风格以及流传范围，从中我们可以发现，各民族自然地理条件和生产生活方式的不同，为民族传统体育赋予了鲜明的特色及独特的文化心理。

1. 自然地理环境

一定地域的地理和自然环境不仅是一个民族长期生息、繁衍的物质基础，也为各民族体育的生存发展提供了物质条件，决定了其基本特性。例如，我们常说的“北人善骑，南人善舟”，就反映了地理环境对人们生产方式以及体育的影响。在各自的生存环境中，各民族人民找到了本地特有的运动器材，并在运用中不断改良这些器材，逐渐形成了本民族特有的体育项目。例如塔吉克族、蒙古族、哈萨克族等民族，由于生活在草原上，主要从事畜牧业生产，他们的体育活动也离不开马和草原，骑射、赛马、马球、叼羊等许多骑术项目都是在这种自然环境和生产方式中孕育出来的。显而易见，传统体育项目是深受自然地理环境的影响和制约的。

2. 生产方式

社会生产力水平的低下，导致了人们在征服大自然方面能力非常有限，交通的闭塞和不便利，使得一定地域内的民族生产方式相对稳定，在发展和沿袭过程中，由于长期受地理环境的影响，已经形成的原有的生产方式很难得到改变，表现出了明显的区域性。各地区生产方式的不同，直接影响造成了各民族体育之间的差异。例如，漠北少数民族载货和骑乘的工具——“沙漠之舟”的骆驼，由此产生了“赛骆驼”这一体育项目。新疆的哈萨克族、塔吉克族、蒙古族等少数民族都以畜牧业为主，马是他们主要的生产、生活工具，从而产生了很多与马有关的体育项目，如赛马、骑射、马上角力、叼羊、姑娘追等。高山族的挑担赛、南方的划船比赛、壮族的打扁担等，无不是与当地人民生产方式息息相关的体育项目。这些形式多样、生动活泼、具有鲜明地域特色的民族体育活动，为我们展现了丰富多彩的地域体育文化。

3. 文化心理

受各自文化的自然环境下的生产方式的影响，各地区人民逐渐形成了与之相适应的相对稳定的心理结构，正如所谓的"南方好傀儡，北方好秋千""南拳北腿，东枪西棍"，这些都是文化心理学差异在民族传统体育活动的显现。它集中体现着当地人民的文化心理特征。例如舞龙，就明显地反映出了南北方民族传统体育风格的差异。南方以文为主，突出龙的灵活敏捷，展现出其变化自如的灵巧；而北方以武为主，强调龙的威武豪迈，展现出气势山河的气概。

（三）民族传统体育是人类文化生活的重要组成部分

1. 民族传统体育是中国体育文化的丰富资源

据不完全统计，我国的民族传统体育项目达 977 项之多，其中汉族有 301 项，少数民族有 676 项，内容丰富，形式多样。我国是一个统一的多民族国家，以汉族为主体，55 个少数民族共同发展。各民族都有着勤劳、勇敢的特质，富有悠久文化传统，各类传统体育项目源远流长，极具浓郁的地方特色。这些民族传统体育运动项目各自伴随着本民族的历史，与其风俗习惯紧密相连。它们既能增强体质，又有益于精神，是祖国灿烂文化的一部分，是我国社会主义体育事业的一项重要内容。民族传统体育运动项目是各民族智慧的结晶，是各民族在体育实践中创造出来的，有着丰富的文化底蕴、深厚的群众基础、鲜明的地域色彩，承载着悠久的中华民族传统文化，是当代体育文化发展的基础和庞大资源系统。它不仅是富有民族特色的中国文化，也为世界文化的发展提供了丰富的养分。

2.民族传统体育与社会相互作用

民族传统体育虽然多通过个人的行为方式体现出来的，但作为人类社会一项特殊的文化活动方式，其本质是物质文化的产物，既产生于社会同时又受制于社会。此外，民族传统体育还受到社会政治、经济、文化等的制约和影响，其发展始终处在一定的社会关系中。这种社会关系参与活动的行为包含着社会以人为中心所形成的血缘、地缘、行业的组织关系以及宗教信仰和风俗习惯，表现出固定性、规定性的链接方式，以使社会的人按照一定社会所提供的条件，按照一定社会特有的体育方式进行各种活动。

3.民族传统体育是人类精神生活领域的文化

民族传统体育活动是人类精神生活领域的文化，是民族体育文化的核心部分，反映了民族意识、宗教信仰、价值观念、哲学思想、伦理道德规范、文化心理、审美心理等。这主要表现为以下三个方面：

首先，民族传统体育反映了人们浓郁的宗教情结。宗教文化在民族传统体育中占有重要地位，许多的民族传统体育项目起源于宗教，这些体育项目一般与传统节日紧密联系在一起，成为节日的主要内容。原始社会，由于生产力水平的低下，人们对一些自然现象无法解释时，通常通过祭祀活动中的舞蹈、竞技、角力来进行祈祷，娱乐神祇，祈求庇护。于是，这种具有体育和艺术双重属性的舞蹈与宗教祭祀活动结下了不解之缘。宗教祭祀活动对体育的发展与丰富有着不可估量的影响。例如，壮族尊崇蛇、龙图腾，他们的龙舟竞渡就是综合图腾的象征信仰。又如，各民族进行的舞狮活动与佛教有关。壮族、傣族、白族、水族等民族民间流传的龙舟竞渡其真正的宗旨在祭河祈年。

其次，民族传统体育反映了人们形神统一的审美情趣。以武术为例，中华武术强调形神兼备、内外合一的和谐美，既注重外在的"形"，又注重内在的"神"。"形"是指武术运动中人的整体外部形象或形态，是初级的、肤浅的；"神"是指人的精神、心志、意向等内在活动，是更高一层的追求，表现出"虚"和"静"的审美特征。实际上，练神的过程就是一种求“虚”“静”的过程。例如，太极拳本技法中要求“运动如抽丝，迈步如猫行”，即要求太极拳运动要像抽丝那样既缓又匀、又稳又静。又如十三势歌中要求“静中触动动犹静，因敌变化示神奇”，即要求身体要保持放松静和，心静则体松。这种强调内外联系，内形于外，达到筑其内、强其外的追求，充分体现了形神统一的审美情趣。

最后，民族传统体育反映了中华民族的价值取向与追求。以我国民族传统体育的精粹——武术为例，它要求内外兼修，不仅对对形体和内在神韵有着严格的要求，同时还对练武之人的武德和修养提高了严格的要求。武术既注重人本主义价值取向，又注重群体本位价值取向，是理想的人格价值取向。

受“大一统”文化哲学思想的影响，无论中国传统的养生活动还是健身活动，都特别注重形神兼备，要求“以心会意，以意调气，以气促形，以形合神”，讲究在“天人合一”的思想指导下，通过悟道，从而达到与“天、地、神”相通的最高境地。中国传统养生术和一些传统拳术、功法在练习时都要求与季节、时辰等相对应，以达到“天人合一”的境界，充分体现了人与自然以及身心和谐统一的生命价值追求。

（四）民族传统体育是中国体育文化兴盛的发力点

人们普遍认为，文化对人类文化贡献的大小是由其吸收他种文化和更新自身文化的能力决定的。欧洲文化发展到今天，之所以有强大的生命力正是由于它能不断地吸收不同文化的某些因素，使自己的文化不断得到丰富和更新。由此可见，中国文化想要获得大的发展，就需要在不断吸收外来文化的过程中更新自身文化。在21世纪，哪种传统文化最能自觉地推动不同文化传统和不同学科之间的对话和整合，哪种文化就会对世界文化的发展具有更大的影响力。

一个民族的文化以其自身的民族文化的特性为精神主体，是对自身民族的独立和尊严、进步和发展的体现。如果丧失了自己在精神上的主体性，就失去了独立存在的价值，就不可能自立于世界文明之林，就会成为人家的附庸。以奥林匹克文化为例，它虽然在向世界推广的过程中不断融合其他文化、融入外来元素，但始终保持着西方的竞技精神及传统规则等因素，保持着西方体育的系统构架。

本民族文化是体育文化的根源。民族传统体育体系的核心在于：将人的身体、精神及客观自然界视为锻炼过程中一个整体要素加以考虑，强调个人身心同步和谐发展，注重人的心理意识和内部生理功能的全面提高。因而，从某种程度上讲，不仅仅人的身体活动是运动，当形体处于静态而人的内在生理由于意念的作用而发生变化时也是运动。因此，运动不仅有"动"的体育方法，还有"静"的体育方法。这与西方现代的体育概念和理论方法存在着明显差别。这一传统体育体系越来越显示出其独特的健身功能，越来越受到世界的重视。如瑜伽等非竞技性体育活动，瑜伽与中国养生体育有着极强的共性，也是一种"静"的体育方法，强调身心同步发展。近年来，瑜伽以其独特的运动方式和良好的健身功效获得了世界的普遍认可，成为在世界范围内广受欢迎的健身方式。

一个民族的传统体育文化不仅仅是自身的历史文化，而且是现代体育发展的丰富资源，是国家或民族与世界进行体育文化互动与交流的基础，是自身体育文化在未来发展中的发力点。中国体育文化的发展要以发展自身文化为本，积极学习、借鉴、吸收世界上其他民族的文明成果。凡是对我们有价值的体育文化，都要有分析地学习和借鉴，博采众长，在交流中更好地丰富自己的民族体育文化，促进自己的民族体育文化的发展，并将自己的民族体育文化推向世界，从而将自身的优秀成果发扬光大，和世界上别的民族一起，共同推动人类体育文化的进步。

（五）民族传统体育是人类文明社会的显著标志

随着科学技术的不断发展，越来越多的体力劳动被机器代替，人类社会的文明进程大大加快，正在逐步进入全面现代化的伟大时期。在这一时期，民族体育也呈现出前所未有的发展水平和高度，进入了崭新的发展阶段。体育社会地位的不断突出，是文明社会的显著标志。

随着经济的发展和科学的进步，人们的物质文化生活不断得到改善和提高，并由此产生了更新更高的需求。人类社会需求的不断增长，使社会生活日益丰富多彩，在一定程度上刺激并促进着体育的职能向多样化发展演变。当社会进入高度自动化、信息化以后，体育必将成为现代社会文明、科学、健康生活方式不可缺少的组成部分，成为提高人们生活质量、满足人的机体需要和精神享受的一个重要手段。

随着体育功能和价值的不断向多元化发展，体育在人类社会中凸显出越来越重要的作用。体育不仅是劳动力再生产的一种形式，而且还是一种重要的学校教育和社会教育的途径，更是丰富人类文化生活和精神生活、完善人自身的重要手段。同时，体育在政治生活中也占有重要地位，作为提升文化软实力的重要方法之一，体育在国际交往和国际竞争中发挥着不可替代的重要作用。

现代社会是科技迅猛发展的时代，科学技术的发展达到了前所未有的速度和高度。科学技术的影响渗透到人类生活的一切领域，给整个社会的发展和人类生活带来了深远的意义。科学技术对体育领域的影响，是使体育科学化，而体育化是民族体育发展的一个重要特征。

第二节　民族传统体育文化的内涵与特征

一、民族传统体育文化的内涵

与其他任何文化一样，体育文化是指体育文化系统内部相互联系、相互作用的诸要素之间在一定的排列组合后形成的一种相对稳定的、可以识别形貌的整体。在这一有机整体中，物质文化、精神文化和制度文化是民族传统体育文化系统的构成要素，我们也可以称之为“子系统”，它们是民族传统文化中可被人们直观看到和感知的基本形式。其中，物质文化是基础，是精神文化和制度文化的前提条件;精神文化是主导,指引物质文化和制度文化的发展方向;制度文化是关键,协调物质文化和精神文化的发展。三者缺一不可,密不可分。

（一）物质文化

郑杭生在其著作《社会学概论新修》中认为“物质文化”是“物质世界中,一切经过了人的加工,体现了人的思想的东西”。美国社会学家戴维·波普诺在其《社会学》中将“物质文化”界定为:“一个社会普遍存在的物质形态——机器、工具、书籍、衣服等,称为物质文化,一个特定社会所产生的物质文化,其实质是技术水平可开发资料和人类需求的结合体。”民族传统体育作为人类社会一项特殊的文化活动方式,也不是孤立存在的,它存在于自然和历史环境中,它随着自己的发展变化而发展变化,它始终离不开社会政治、经济、文化等的制约和影响,是物质文化的产物。

物质是通过制度和精神而物化的产物,民族传统体育物质文化是为了体育目的和需要而作用于自然客体的文化,它不仅包括各种体育器材、用品和场地,还包括具有深刻思想内涵的物质成果。可以说,一切由于体育的目的和需要而作用的物质对象及人类生活方式都可以视为体育物质文化。民族传统体育物质文化可以分为以下三个部分,各个部分之间的联系是十分紧密的。

1.创造的各种体育器材和场地设施

在整个人类发展的进程中,把自身力量作用于客观物质是最基本的一项活动,这是人类为了满足自身的各种需要而进行创造的产物。但是,体育活动的特点决定了这类体育物质文化比其他物质文化更具有象征性。相比于人类的其他需要如吃饭、穿衣、住宿等,体育的出现要稍晚一些。可以说,体育作为一种以精神为内核的需要,在科技和信息含量方面占据着优势,但这并不影响人类满足自身全面发展需要的创造欲望。随着人类需求的丰富和升华,满足高层次的精神需要的创造动力会更加强劲,这会极大地推动体育物质用具以及设施的发展。

2.进行的民族传统体育活动方式

运动是人类发展的生生不息的灵魂，各种运动方式是人类改造和完善自身的理想所系。插秧、耕田、锄草、纺织、印染、锻造等各种工业和农业的劳动动作是人类满足基本生活的活动方式。所以说，以追求身心健康为目的的体育活动方式不能脱离人类的劳动方式。为了获得食物，早期原始人的奔跑、跳跃、攀爬、投掷等行为既是一种劳动方式，又是一种孕育体育活动的方式。而随着人类文明的不断进步，为提高劳动和工作效率与能力作准备的纯粹体育活动方式不断繁荣，体育活动方式已经成为满足各种精神需要的极具生命力的一种活动方式。如拉祜族的射弩，水族的赛马和耍狮子，傣族的丢包、打陀螺、跳竹竿等，都属于体育活动的方式。

3.创造且形成了物质的各种思想物化品

为促进民族传统体育发展而创造且形成了物质的各种思想物化品，是民族传统体育物质文化中最高层次的部分。人类的文化成果是在人类意识支配下所创造出来的产物，若是从历史和逻辑相统一的角度看，那么一切人类活动及其产物都可以看作是人类思想的产物。但是，在所有的人类物质成果中，其受思想支配的程度深浅和影响大小是不一致的，因此也是可以区分的。体育物质文化中由人们体育意识和观念直接形成的物质产物也归属于体育物质文化的范畴，它高于直接充当体育活动方式载体的体育设施和用具。如体育法规制度、裁判法、体育歌曲录音带、体育比赛录像带等都属于这一类体育物质文化。

（二）精神文化

精神文化是人类在从事物质文化基础生产上产生的一种人类所特有的意识形态，是人类各种意识观念形态的集合。精神文化居于文化结构的内层，是最稳定、最保守的层面，是文化的核心和灵魂，是不同类型文化的标志。精神文化和物质文化一样，也是由人们在日常的生活中总结出的经验理论。精神文化具体表现为人的伦理道德、对美的事物的感受、对于艺术的品味和我们对精神世界的追求。

体育精神文化是人类围绕着或依托着体育而改造主观世界的活动方式及其全部产物，又称为体育意识和观念文化。

民族传统体育精神文化是指精神因素占主导地位的体育文化，是人类借助或通过体育改造主观世界的活动方式及其精神的产物。它包括体育文化中传承的民族风情、道德规范、宗教信仰、科学、哲学、社会心理、审美评价和文学艺术等思想意识形态领域的反映等。民族传统体育精神文化可以分为以下四个部分：

1. 民族传统体育体现的精神世界的物质内涵和行为准则

体育精神文化与一般文化有所不同，它的物质文化与精神文化、制度文化之间的联系更紧密，因为它本身大多是一种身体活动行为。民族体育服饰、体育谚语、运动训练、体育选材等都属于这一层次的体育精神文化。它属于行为文化的范畴。当我们看一件民族运动器材或服装，对它的颜色、质地、形态等进行鉴赏时，注重的是体育物质文化；当我们注意其展示的民族个性、审美情趣等因素时，注重的是体育精神文化。当我们谈及该项目的运动训练，注意它的外在身体运动的场面表现时，关注的是体育物质文化；注意它的教学传授方式与人的规则时，关注的是体育制度文化；注意它的指导思想和民族思想时，关注的是它的精神文化。总之，传统体育的物质、制度、精神文化从一个角度和层面是无法将其区分清楚的。

2. 民族传统体育体现的思想观念及理论体系

人类活动领域的划分与活动方式的形成都受到人类思想观念的指引，各种具体的学科往往就是针对人类活动的某一个或大或小、或宏观或微观的领域进行探究的理论产物，这是人类有意识指导和改造自身实践的思想观念的结果。传统体育作为一项改造人的身心进而促进身心适当发展的活动，无疑需要在多个方面和层次上作出科学的阐释。民族传统体育学就是在民族传统体育活动的理论需要背景下产生的。民族传统体育学研究的传统体育基本概念、相关理论以及形成的理论体系都属于民族传统体育精神文化的组成部分。

3.依托民族传统体育改造人的主观世界的各种想法和打算

人类的文化中的物质文化和精神文化是并行不悖的。但在诸多的人类文化中,改造人的主观世界的文化的程度和范围是存在较大差异的。文学和艺术直接指向人的主观精神世界,它的产生源于人类精神世界的需求,它的实现方式往往贴近人的悲喜情感、欢愁情绪等精神内容,这些文化被认为是属于意识形态领域的文化。而民族传统体育文化一度不被认为具有改善灵魂的作用,因为它的直接表现形式是身体运动。但实际上,民族传统体育文化改造主观世界的可能性是十分巨大的。因为它较少限制人们的思维和情感,具有广阔和深远的精神展限力。民族传统体育道德、民族传统体育精神、民族传统体育人格、民族传统体育理想等心理文化范畴的内容都属于体育精神文化的一部分。

4.民族传统体育蕴涵的艺术文化

人类把握的世界不仅仅只有物质的和精神的单一形式,还有把精神物化的产物。这些文化形式表面看为实实在在的物质,但它十分直接地蕴含着人类的情感、意志和灵魂。这类方式以文艺为杰出典范。体育活动的直观、激越、宏大等特性使它往往成为文艺表现的对象。如体育诗歌、小说、音乐、绘画、雕塑等体育文艺都归属于体育精神文化的范畴。同样必须指明的是,我们在这里所谈论的体育文艺并不是体育物质文化意义上的体育文艺。一幅体育绘画,当我们注视它的线条、构图、着色时,关心的是它的体育物质文化的方面,这属于体现民族传统体育精神文化的外在媒介;当我们探究其蕴含的体育思想、情感时,关注的是它的体育精神文化的方面。体育精神文化的这个层面属于艺术文化的一部分。

(三)制度文化

人类的行为受思想、观念、精神因素的个性支配,但同时它又是一种群体的、社会的共同行为,所以文化的精神因素必然会反映、萌生和形成习俗、法律、规则、制度等制度因素。当这些制度因素逐渐形成之后,人的精神因素就会通过制度因素转化为物质成果,人类在行为或活动中就取得了收获。因此,作为文化整体的一个组成部分,制度文化既是物质文化的工具,又是精神文化的产物,是两种文化之间的中介,在协调个人与群体、群体与社会的关系以及保证社会的凝聚力方面起着不可或缺的显著作用,深刻地影响着人们的物质生活和精神生活。制度文化是人类为了自身生存、社会发展的需要而主动创制出来的有组织的规范体系,主要包括国家的行政管理体制、人才培养选拔制度、法律制度和民间的礼仪俗规等内容。

民族传统体育制度文化是人类通过民族传统体育运动改造和完善自身的活动方式及其制度的产物,是调控和规范体育运动中人们的各种社会关系的组织机构和规章制度的总称,对体育文化的整体具有规定性。它既区别于物质文化,又区别于精神文化,主要包括体育社会组织、制度、政治和法律形式、体育伦理道德、群体风尚、风俗习惯、民族语言和民族教育等。在《体育史》一书中,体育这种复杂的社会文化现象被划分为三个层次:人们的体育行为和运动方式;分配、指导这些行为的观念和行为规范;人们为实现体育行为而形成的一定组织形式。即体育观念形态、体育运动形态和体育组织形态。所以,民族传统体育制度文化可分为以下三个部分:

1.在民族传统体育活动中人的角色、地位以及各种体育活动的组织形式

人人都有自己的社会角色和地位,也不时地在各类活动中充当临时或固定、长期或短期的各类角色。这不仅是由人的能力差异决定的,也是由活动的组织形式需要多种不同的角色所决定的。民族传统体育运动中也存在裁判、教练、队长、队员、游击手、投手等角色差异和单败淘汰制、单循环制、交叉淘汰制等赛制,它们都是体育制度文化中最基本的内容。几乎没有一生只充当一个角色的人,运动员可能是子女、父母、兄弟姊妹,教师也可能充当足球场上的队长、家庭的父母。这些各种各样的角色在一定的组织形式的制约下共同维持活动的开展。与工作、生活中的角色有所不同的是,运动场上的角色具有更大的自由度、随意性,但为人父母者的角色不能随意变更,

做老师的角色也不会轻易改变，后两者分别受制于家庭制度和学校的教育制度，而民族传统体育活动中的角色变换却可以具有变更的较大自由，因为它所依托的制度具有相对的灵活性。

2.为促进民族传统体育发展而形成的各种组织机构

作为一种人类改造自身、促进社会进步的文化产物，体育活动的各种社会组织及其自身的各种组织机构都是缺一不可的。运动竞赛组织、学校体育组织、民众健身娱乐组织、世界体育组织、大洲体育组织、国家体育组织等构成了体育制度文化的重要组成部分。一方面，体育组织机构受制于社会制度和政治制度等宏观条件；另一方面，体育组织机构也是体育运动本身发展的需要。如 1881 年成立的世界上第一个国际单项体育组织——国际体操联合会，不仅是当时合作的国际背景所决定的，也是体操运动自身国际化发展的要求；1894 年成立的国际奥委会更是当时的国际社会渴望合作的环境和世界体育交流不断广泛的结果。现在我们国家的民族传统体育机构组织发展方兴未艾，从某种程度上说尚未起到推动民族传统体育文化传承发展应有的作用，这同我国的经济社会发展水平不无关系，但民族传统体育作为我国宝贵的文化资源，其组织化程度理应并且必须受到应有的重视。

当然，在人们成立各种发展民族传统体育的组织机构的过程中，应该在考虑符合社会背景的同时更多地关注民族传统体育活动发展组织化的需要和要求，这样才能真正推动民族传统体育运动向着合乎体育文化规律性的方向发展。

3.围绕民族传统体育而创造的各种直接影响体育活动的原则、制度

每一个社会群体如企业、学校等都有自己的制度，体育社团和体育群体也不例外，一般都拥有自己特有的制度。如实用体育学说、体育法制、体育管理体制等直接指导体育组织机构行为和活动方式的内容归属于体育制度文化。这些体育制度文化成果来源于体育活动的实践和体育精神领域的思考，是体育制度文化体系中作用最为突

出的组成部分，是统领体育一般规范与体育机构的桥梁。如体育体制包括运动训练管理体制、学校体育体制、体育科研管理体制、体育市场管理体制、篮球联赛管理体制、足球训练及竞赛体制、民间体育社团管理体制等多种内容，对于调动人的主观作用具有不可替代的作用。体育体制不健全影响体育机构的建立与完善，体育产业制度不完善制约体育经营管理活动的顺利进行。因此，改善体育发展的状况，往往从改革这一层次人手。当前中国内地体育界正在进行的体制转换和机制转轨就属于这类活动。

二、民族传统体育文化的特征

民族传统体育是各民族长期历史发展的产物，体育活动形式大多与他们的生存环境、自然条件相适应，与生产劳动相联系、与民俗相依存，是各民族政治、经济、文化生活的一种特殊反映，具有典型的民族特色，它可以从一个侧面来展现民族的日常生活和心理状态，鲜明生动地反映民族的社会和历史面貌。任何一种事物都有区别于他种事物的特别显著的征象和标志，即所谓一定事物的特征。民族传统体育文化作为一种人类社会文化的补充与完善，既具有人类文化的共性特征，同时又具有体育文化的特征。它是一个民族沿袭下来的具有深远历史意义的体育文化特质和体育文化模式，是整个民族社会文化中最活跃，也是影响最直接、最广泛和最深远的部分。民族传统体育的特征如下：

（一）民族性与地域性

1.民族性

人类的族别从特定的地域中产生，在各种因素的影响、制约下，存在于一定的时空条件下的民族就创造出一定的民族文化。任何一个民族都具有一些不同于其他民族的风俗习惯和生活方式的特点，这些习惯和特点升华为代表民族的标志。民族性是指民族传统体育体现在特定类别的民族文化中，并作为其基本内核而存在的民族文化心理素质的特征。而民族传统体育文化的民族性，是指一个民族的体育文化在其发展过程中，由于生存区域、生存环境、生产和生活方式以及文化的积累和传播等各方面的不同所形成的一种民族群体共有的、区别于其他民族体育文化的特征。

我国是一个多民族的国家，各民族都有自己独特的传统体育项目，所体现出来的体育文化的民族性也非常明显。如蒙古族的赛马、朝鲜族的荡秋千、满族的珍珠球、壮族的抛绣球、侗族的抢花炮、苗族的跳芦笙，等等，这些传统体育项目与民族文化等密切相连，深刻反映了各民族独特的民族特性。

民族性渗透在文化的各个层面，作为一种规约、民俗、精神传承下来，教育本民族的成员，使之作出符合民族体育价值观和民族体育心理的文化选择。在民族传统体育文化的物质层而、行为制度层面和精神层面都能反映出民族传统体育文化的民族性。

2.地域性

民族传统体育文化的地域性，主要指民族传统体育在内容、形式等方面受到地理环境的影响而表现出的区域间差异。中国地大物博，人口众多，各民族的地理环境、自然条件、生存方式等方面存在着较大的差异，因而起源于生产劳动以及与自然条件紧密相连的体育便有了相应的独特性。这种差异是一个民族区别于另一个民族、一个地区区别于另一个地区的主要标志，也是民族传统体育文化最大、最突出的特点。

各地区不同的生产方式，直接造成了各民族间体育的差异。如：蒙古族自古以来就繁衍生息在中国北方辽阔的草原上，“逐水草而迁移”的游牧生活使得蒙古族人精骑善射，摔跤、赛马、马术、贵由赤（蒙古语：赛跑）等体育项目都具有浓郁的草原民族特色。大理白族居住在云贵高原西南峡谷区，其传统体育有赛马、赛龙舟、霸王鞭、秋千、仗鼓等。而居住在东北地区的鄂伦春族，在绵延数千里的原始森林中，从事狩猎业生产，独特的生活环境使得鄂伦春族人性格豪放、勇敢强悍，其骏马、猎枪、猎犬世界闻名，射击、赛马、皮桦犁、桦皮船、斗熊是他们所钟爱的体育活动形式。俗话说“十里不同风，百里不同俗”,这种地域性民族风俗习惯的差异体现,正是由各自的历史、经济、文化等因素在各自不同地域长期综合反映的结果。同时,民族传统体育活动的内容和形式,也从某个侧面反映了某一地区的生产、生活方式与社会风尚。

民族传统体育文化的地域性还表现为即使是同一运动项目,也因其产生的地域、民族不同而表现出方式和方法上的不同,其中所包含的内涵、技艺等也有较大的差异,如中国各个地区都保存有赛龙舟的传统体育活动,但是各地的龙舟文化有着极大的差异性。

(二)竞技性与娱乐性

1.竞技性

从国际体育运动项目来看,竞技性是体育运动的最本质特征。虽然东西方体育文化存在着较大的差异,但是民族传统体育项目也具有竞技性的特征,只是相比于西方的直接和外显,中国民族传统体育文化的竞技性表现较为含蓄、内敛一些。

我国民族传统体育项目繁多,运动形式千姿百态,每个项目都有着浓郁的民族特色,有的对抗性突出,有的强调技巧,有的偏重趣味性,数量和形式都是现代体育项目难以相比的。很多体育项目只要加以改造,强化其竞技性、完善其比赛规则,就可以作为竞技项目加以普及、推广。例如,一些体育项目经过不断改造、提高,已制定出较为完整的比赛规则与胜负评判标准,且正在逐步适应国际体育竞技的要求,代表性的有武术、摔跤、赛龙舟等。另外一些体育项目,诸如抢花炮、射弩、陀螺、木球等,经过完善和改革,已经成为全国少数民族传统体育运动会的正式比赛项目,成为全国各族人民共同理解、乐于参与的体育竞赛活动。

2.娱乐性

民族传统体育具有娱乐性,它是一种以闲暇消遣、健身娱乐为主要目的,有一定模式的文化活动。民族传统体育的内容丰富生动,形式活泼多样,符合人们好奇、参与的社会特点并集锻炼、休闲、娱乐、趣味于一体。民族体育运动除了具有强身健体的功能外,还可以自由娱乐，从而尽享其中的快乐。许多民族传统体育都与文艺活动结合在一起，在节日、集会日举行，具备很大的观赏价值。例如，苗族的划龙舟。龙舟就是雕刻、制作成“龙”的样子的船，涂有红、绿、金、银、白各种颜色。划龙舟的人有鼓手、锣手、水手之分，分别负责指挥、敲锣和划水，他们穿着不同颜色、式样各异的服装。比赛时，几十个披红挂绿的龙舟在大江中直奔，锣鼓声声，烟花阵阵，再加上两岸的观众的助威呐喊，更是气势不凡。

民族传统体育是人类在具备起码的物质生存条件的基础上，为满足精神的需要而进行的文化创造活动。无论是简单易行、随意性较强的项目，还是技艺精巧、有严格规则的竞技；无论是因时因地、自由灵便地嬉耍，还是配合岁时节令的大型文体生活广场，无一不体现了体育运动项目娱乐性和趣味性。这些项目将体育融汇于宗教礼仪、生产劳动、欢度佳节、喜庆丰收之中，使参与者与观赏者都置身于自娱自乐与娱乐他人的氛围，增强了民族传统体育发展的生命力，使众多体育项目得以流传至今。作为体育起源要素之一的娱乐成分在如今民族体育运动项目中占据着相当的分量，逐步成为民族传统体育发展的重要动力。

（三）历史性与传统性

1. 历史性

民族传统体育文化的历史性是指其经过长时间的发展和传承，它包括历史上存在、现在仍完整地保留着的民族传统体育文化。而现代社会产生的体育项目、体育手段即使具有一定的民族特色，也不能将它们称为民族传统体育。

民族传统体育是各种文化交融构成的复合体，民族传统体育的发展进化是各民族历史发展的必然结果。随着历史的发展进步，文化内容也会随之发生变化，无论是增加还是减量，都会引起文化系统结构、模式或风格的变化，而民族传统体育文化在这种大的历史环境和文化背景下，必然会发生改变。这种改变表现为：有些民族传统体育项目由于环境的变化而消亡，而有些民族传统体育项目则会因具有生命活力而得以沉淀、保存并延续下来，最终成为我国人民喜爱并受国外友人喜爱的传统体育项目，如武术、摔跤、风筝、龙舟、舞龙（舞狮）、赛马等。

2. 传统性

张岱年先生指出："文化发展的一个基本的规律是文化的积累性和变革性。每一代都是在继承前人文化知识的基础上，增加新的知识内容，这是文化的积累性；同时，文化又随着社会经济变革发生变化和更新，这是它的变革性。当我们考察历史上文化的积累和变革时，我们会发现一些相对稳定、长期延续的内在因素，它们在文化积累中一再被肯定，在文化变革中也仍然被保留，因此把这样的东西称为传统。"①

民族传统体育的传统性是指在社会发展的特定历史阶段上体育所受的根源性影响及其结果。传统性是民族传统体育的基本属性，它决定着民族传统体育的实践形态和观念形态的构建；在民族传统体育各种特性中，它是最基本的、主导的，是基本性质的理论前提和基础。

民族传统体育的体育传统可以分为有形和无形两个部分，前者指体育运动项目、器材设施、组织方式等，与民族的生产生活、宗教活动密切相关，即古人所谓形而下的"器"，易于发生变化；后者则指体育的审美观念、价值取向、认知原则等，反映出民族的精神风貌、伦理道德、思维方式、心理特征等，最不容易发生变化。

（四）哲学性与人文性

1. 哲学性

东西方体育文化所蕴含的哲学思想的不同，使东西方在体育运动的方式上也出现了极大的差别：中国传统体育注重行气，讲究动静结合；而西方体育则主张通过外在身体的运动恢复和超量运动来达到锻炼身体的目的。

---

① 张岱年：《中国文化传统简论》，浙江人民出版社 1989 年版，第 45 页。

“天人合一”的哲学体系是传统体育的指导思想和基本原则。学者李力研在《体育的哲学宣言》中指出:“中国传统体育是一种哲学体育,其实质是人对宇宙的把握。”①中国传统哲学注重人与自然的和谐相处,强调“天、地、人”之间的关系问题,认为人和天是合一的,人是天的产物,人们的生活行为应该遵循自然法则,顺应四季,不能违背自然规律。

在生命本源问题上,西方传统哲学分为唯物派和唯心派。“唯物派”认为,宇宙本源为“水”“火”“原子”等物质,他们强调绝对运动。这种观点在体育上体现出来的就是从冒险、竞争、刺激中充分体现生命活力。唯心派认为宇宙的本源是“数”,“宇宙本身是一个和谐的数的合唱,和谐是一切事物不变的真理,而人的身体本身就是数的和谐”。因而,这种观点在体育运动中体现出来的是讲究通过体育锻炼使人体的每块肌肉、每一个器官都得到锻炼,使人体的每一部分与整体协调一致。

2. 人文性

民族传统体育作为民族文化的重要组成部分,有着深厚的人文特征。所谓人文,指人类的社会历史发展过程中所创造的物质财富和精神财富的总和,特指精神财富。

中国传统体育人文精神源远流长。在民族传统体育中,可以看到中国传统文化许多特征的渗透,东方的传统生命观、健康观和与此相适应的保健体育,都蕴含着有关人体科学的丰富内容,里面所包含的重要辩证思想,如注重天人合一、身心统一、内外协调、动静配合等,对当今人类的保健活动仍然具有重要的指导意义。中华民族传统体育人文文化中的“重人”是指将个体融入群体中,通过人与自然、社会、人际和人自身心灵诸关系合乎中庸平和的协调,强调人对宗族和国家的义务,这种文化特质在某种程度上弥补了西方文化的不足。

民族传统体育蕴含了丰富、深刻的文化内涵,挖掘、提炼其中所

① 李力研:《体育的哲学宣言》,中国社会科学出版社 1998 年版,第 230 页。

蕴含的人文精神特质，弘扬和塑造民族传统人文精神，为当前民族传统体育的发展提供支撑和驱动力，是发展和振兴民族传统体育的历史必然。

（五）传承性与交融性

1. 传承性

作为一个民族物质与精神文化的纽带，民族传统体育文化是在原始的生产、生活方式演变及宗教祭祀过程中保留下来的，并在长期的社会历史发展中被每个民族自觉或不自觉加以继承和发扬，这些传承保存了许多民族传统文化中的精粹。民族体育文化的传承性是指民族传统体育文化在时间上流传的连接性，这种连接性也就是历史的纵向延续性，是民族传统体育的一种传递方式。

民族传统体育文化的传承性是民族传统体育文化中一个非常重要的特征，也是其发展不可缺少的一个条件。因为民族传统体育文化的传承不仅在于本民族对生活内容的继承，更在于对其所积淀的文化传统的继承，只有这样，才能使民族传统体育文化在传承的过程中保留一种潜在生命力，并对其族群起到导向和规约作用。受经济发展水平和教育水平的制约，少数民族传统体育文化成为该民族传统文化的一个重要传承方式，通过各种类型的传统体育文化活动，将传统体育活动中所隐含的该民族制度、习俗、审美情趣、价值趋向等进行有效的传承，从而达到民族文化传承之目的。例如，火把节是我国西南地区彝、白、傈僳、布朗、纳西、拉祜、普米等少数民族的传统节日，在节日期间，将会举行各种传统体育活动。无论男女老少，大家都排着火把的长龙一路高呼着，走遍田野地角，他们用火把把邪气祛除，祈求吉祥、平安幸福。在参加传统的庙会和宗教祭祀活动的同时，人们既受到本民族传统文化的熏陶，加深对传统文化的了解，又受到本民族传统文化的教化，从而使民族文化得以传承。

民族传统体育文化的传承性表现为两种方式：一种是某些体育项目是历史上曾有过的、从形式到内容并没有多大的改变就承袭下来；另一种是在变化之后被承袭，即从内容到形式都有较大的改变，但还保留着其重要的内容。前一种形式受宗教习俗和祭祀、禁忌等影响,往往都是一成不变地承袭;后一种则随着生活环境的改变,有些民族体育活动的形式会发生变化。

民族传统体育文化的传承性是民族传统文化得以发展延续的内在规律,从根本上符合本民族精神文化的内在需求。一种民族体育项目一旦形成,就会具有一定的稳定性和延续性,并进行世代的沿袭和传承,这种传承性对维系一个民族的凝聚力和趋同意识具有重要的作用。

2.交融性

每一种传统体育项目最初总是从某一地区、某一民族中首先发展起来的。随着社会的进步和文明程度的提高,不同文化模式与类型的相互碰撞和交流以及民族之间的渗透,使民族文化进一步融合,民族产生时所具有的共同地域、血缘关系等都发生了不同程度的变化。在逐渐被不同自然条件的民族接受和改造中,民族传统体育项目渐渐成熟起来。这体现了民族体育发展规律中的一种交融性特征,此现象被某些学者称为“文化辏合”。

民族传统体育项目的交融性分为两种情况:一种是同一项目在不同民族间的融合;另一种是不同项目间的融合。例如,原始社会末期,在中华大地上各部族的体育文化交融中,黄帝部族的干戚舞、蚩尤部族的角抵等活动,逐渐为各族所接受。这种交融是同一项目在不同民族间的融合。而清代乾隆年间满族人把足球与滑冰结合起来,发明了一种称为“冰上蹴鞠之戏”的冰上足球,作为禁卫军的训练内容。这种现象则是不同项目间的融合,通过融合又产生了新的体育项目,丰富了传统体育文化。正是这种交融,使民族传统体育由简单到复杂、由单质到多质而不断地向前发展,具有了强大的生命力。

(六)阶级性与适应性

1.阶级性

马克思和恩格斯说过:“一个阶级是社会上占统治地位的物质力量,同时也是社会上占统治地位的精神力量。支配物质生产资料的阶级，同时也支配着精神生产的资料，因此，那些没有精神生产资料的人的思想，一般的是受统治阶级支配的。”[①]国家作为统治阶级统治其他阶级的工具出现以后，体育文化同其他文化一样被统治阶级所支配，体育文化的阶级性特征出现了。

人类社会的发展经历了奴隶社会、封建社会、资本主义社会，各个统治阶级享有的特权同样体现在支配体育文化的生产和分配上。我国周代的“射礼”，因为等级制度的不同分为大射、宾射、燕射、乡射四类，不同统治阶级有不同的器材和仪式。唐朝盛行马球运动，但这些都是王侯将相们的游戏，一般老百姓没有马球运动必需的条件，很少有打马球的。西方体育史上也有类似的情况。古代埃及社会等级森严，狩猎是法老的特权。在体育对抗赛时，法老依仗社会地位能获得特殊待遇，从而体现其权威性。古代印度的骑马、武器练习以及瑜伽只有雅利安人才可以接触，非雅利安人出身的首陀罗阶层不能参加，不同种姓之间也不能进行体育比赛。这些都充分说明了民族传统体育是具有一定的阶级性的。

2.适应性

民族传统体育文化的适应性是指民族传统体育其有深厚的群众基础和很高的普及程度，适合于各类人群，作为满足人们需要的一种方式，不同阶级、阶层、地位、职业的人们都有自己的体育生活。民族传统体育内容丰富、形式多样，其动作结构、技术要求、运动风格和运动量也各具差异，个人可根据需要从中选择适合于自己的项目进行健身活动。民族传统体育经久不衰的根本原因就在于它的普遍适应性特点。它有着很多别的体育项目不可比拟的优势：其一，不受人数限制，人数的多少没有明确规定。其二，不受场地、器械限制，对场地器械的要求不高。所用器材可以自带，它对场地和器械有极大的灵活性和随意性。其三，无论男女老少都可以参加，而且不受专业技巧

① 转引自易剑东：《论体育文化的本质与特征》，《南京体育学院学报》（社会科学版）1999年第3期。

制约。它的动作一般要求精雕细琢，程序也不要求严禁规范，有的项目甚至连动作也不求一律，允许表演者自由发挥。这种广泛的适应性，可以满足不同年龄、不同性别、不同层次、不同人群的需要，是传统体育发展推广的内在动力，推动着民族传统体育的发展。

（七）时代性与全球性

1.时代性

民族传统体育文化的时代性是指体育文化对时代特征的反映，直接或间接地反映一定历史时期社会政治、经济和文化的发展水平，同时也反映了世界各民族在相同的时代或相同的社会发展阶段上的对体育文化的共同需求。民族传统体育文化，尤其是体育文化的精神层面依赖于时代的主流文化，受时代主流文化的影响和制约。

例如，我国古代汉朝和唐朝的人体健美观分别是“以瘦为美”和“以肥为美”，二者恰好相反，这也影响了两个朝代不同主流文化影响下的体育文化。又如，我国在20世纪五六十年代受到在政治领域中出现的极“左”思潮和经济工作中盲目“大跃进”的影响而实行“劳卫制”，到现代社会，由于人类对友谊、和平、团结的向往，使奥运会发展成为人类其他任何形式的活动都无法取代的全球盛宴，而奥林匹克运动正是由于追求人体健康、人体美的古希腊民族传统体育的结果。

2.全球性

民族传统体育文化的全球性是通过民族传统体育的全球化反映出来的。全球化进程的主要动力来自于日新月异的技术革新、世界市场的扩大和各个国家对世界文化的渴求。技术的革新使地球成为日益“缩小”的地球村，使文化的传播克服了自然空间的阻隔，可以日益自由地流动。部分民族传统体育文化项目经过历史的考验和积淀，已经具备了成为全球体育文化构件的条件。全球范围的文化市场为中华民族体育文化提供了更多的机会和适宜的舞台来展示自身独特的魅力。

不同的民族传统体育文化在结构和表现形式上有很大的差别，但不可否认的是，它们的本质是相同的，都是一种以增强体质、娱乐身心为目的的体育文化。民族传统体育文化的这种不同结构但相同本质的特性，使各民族体育文化的交融成为一种可能。在不同的地区发展不同的体育项目，使其具备相应的地域特征，保持原有的文化性格，是体育文化持续发展的根本所在。民族传统体育文化只有具备了这些特性，才有独立发展的基础，才能在世界文化交流中走得更长远，才有可能为全人类服务。

综观当前形势，民族传统体育文化已成为奥林匹克运动的"基地"，它为其提供着源源不断的体育资源。伴随着奥林匹克运动会每四年一次的举办，每个主办者都提供一些自己国家发展成熟的、被全球范围内一定数目国家和地区人们所认可的民族传统体育项目。奥林匹克运动发展到今天，与第一届现代奥林匹克运动会 9 大项 43 个小项相比，其项目的数量已成倍地增加。可以说，民族传统体育文化与体育文化全球化两者之间是互相促进的关系，民族传统体育文化是体育文化全球化的基础，体育文化的全球化反过来又为民族体育的发展提供适宜的舞台。民族传统体育文化的发展要面向全世界，面向未来，必须以民族传统体育文化为基点，不断对自身精华和现代体育文化优秀成果进行创造性的吸收与借鉴。

第三节　民族传统体育文化的价值

民族传统体育来源于各民族的生产和生活，它深深地扎根于各民族的文化土壤中，是中华民族灿烂文化的重要组成部分。作为一种传承的民族文化形式，民族传统体育深刻地体现出民族心理和民族精神，并在传承的过程中体现自身的文化价值。在不断的发展演变中，民族传统体育逐渐成为现代体育的重要来源和有机构成。我们要紧跟时代的潮流，用发展的眼光去看待民族传统体育文化，根据现代体育的观念重新认识其价值。

一、强身健体，身心兼练

民族传统体育项目主要来自于人们的生产、生活方式中，与身体活动有着密切的联系，它要求人们直接参与运动，在娱乐身心的运动中逐步改善民族体质，提高各民族人民健康水平。民族传统体育强调以健身为主，以强身健体、益寿延年为最终目的，强身健体就成为其主要的功能之一。通过参与运动锻炼能促进有机体的生长发育，提高运动能力，改善和提高中枢神经系统的机能，调节人的心理，提高人体对环境的适应能力。

在我国民族传统运动会中开展的16个竞技项目，均对身体素质有着较高的要求，能全面提高身体的各项机能。像拔河、打手毽、跳绳、跳皮筋、爬杆、荡秋千以及其他具有民族特色的各种娱乐游戏类项目作为健身的手段更适合广大群众进行锻炼。经常参与这些运动，不仅可以培养身体良好的感知器官，达到锻炼心肺功能的目的，还能提高身体的柔韧性和轻盈性，达到愉悦身心的目的，促进身心全面发展。

民族传统体育的健身价值是由民族传统体育的各类活动的基本属性、早期民族各项活动较多依靠自然力的特点以及人们日益增长的健身需求所决定的。当今社会，生活水平的不断提高和交通工具的便捷，导致人类进行身体活动的机会越来越少，加之现代社会的高压力，导致"文明病"频发，追求身体素质的改善和体质的完善将成为越来越多人的主动选择。而民族传统体育有着独特的健身功能，能最大限度地满足人类健身的需求，其健身价值将得到更加深广的开发，在未来社会中发挥更重要的作用。

二、丰富精神生活，提高生活质量

体育运动不仅对增强体质、提高肌体活动能力和发掘人的潜力有极为明显的作用，而且对调节人的心理、满足人的精神需求、保持健康的精神状态和提高人们的生活质量也有极为明显的作用。作为一种以娱乐身心为主要目的的活动，民族传统体育着重于人的身心需要和情感愿望的满足，以自娱自乐的消遣性与游戏性的活动方式展现在大众面前，使人们的身心都尽情参与其中，从而得到情感的挥发和精神的愉悦。各民族不同的民族传统体育项目，不仅将民族体育融合进了宗教礼仪、生产劳动、欢度佳节、喜庆丰收之中，而且还将民族体育与文化艺术形式、民族舞蹈等融合在一起，丰富了民族传统体育的多样性，更充分地体现了其娱乐性。

我国各少数民族在长期的历史发展中，创造出许多丰富多彩的传统体育项目。各种民族体育项目不仅具有高度的技巧性，还具有精美的艺术性，以其极具特色的魅力吸引着广大人民群众。在各色各样的民族体育活动中，人们在民族文化的熏陶下，享受着体育所带来的欢愉和美好。这些体育活动不但使参与者感到其乐无穷，而且还可以拓宽社会交往，增进相互间情感交流，使人们形成积极向上、乐观开朗的心理状态。随着体育运动形式的日益丰富和多样化，体育功能也朝着多元化的方向发展，在一定程度上推动了体育的整体发展，为满足社会成员的精神需求和提高人们生活质量发挥了重要作用。

三、发展民族心理素质

体育运动具有的广泛性和社会性使体育成为国家中最强有力和最直接的宣传鼓动工具之一。当今时代，要想在世界政治、经济和文化的激烈竞争中获得主动权，就必须要振兴民族，使国家不断强盛。民族的振兴，离不开民族精神的发扬。作为传统文化和民族精神的象征，民族传统体育项目具有鲜明的民族特色，能传承民族文化、增进民族的团结和凝聚力。更为重要的是，民族传统体育项目还可以起到振奋民族精神、维系民族感情、增强民族凝聚力的重要作用。我国少数民族传统体育的绝大多数项目由于都具有广泛的群众性，因而举办少数民族传统体育活动是进行民族文化教育的生动的大课堂。一次重大国际比赛的开展，能使国民的民族感得到很大的提升，使民族精神得以升华,爱国激情得以张扬,这些都会为国家的腾飞、民族的昌盛提供无法估计的精神力量。

民族心理素质是由民族情感、意志、性格、气质及民族自我意识等诸多要素构成的。民族文化背景的不同,决定了兴趣、情感等个性特点的不同。各民族人民通过感知、思维和行动接受不同的教育,从而形成自主的世界观和人生观。民族心理素质的差异,将会阻碍人际交往的良好运行,不利于改善各民族关系,对世界不同经济和文化的交流产生不良的影响。作为一种全球化的社会文化活动,体育运动有着通用而固定的体育规则和体育道德规范,在这种约束下,有利于人们发展良好的人际关系,拓展更广阔的人际交往渠道。比如,通过练武和比武,可以消除各族人民因地理环境、文化传统和生活方式的不同所带来的隔阂,为广大人民群众提供文化交往的社会环境和丰富的情感交流,有利于改善民族关系,促进各民族地区的经济与文化交流。

四、传承教育与文化

从产生到发展,我国民族传统体育始终与教育有着非常密切的联系。民族传统体育作为教育的内容和手段,在历史发展的过程中发挥了积极而重要的作用。

在人类的早期教育中,民族传统体育是通过娱乐游戏、舞蹈等身体活动的方式来实现的,在那个时代,由于没有文字和书本,因此其教育主要靠口传心授、模仿等达到传授知识的目的,它具有早期启蒙的功能。据《中国古代教育史》载:"人们不仅能在生产实践、劳动活动中受到教育,还能在政治、经济和文体活动中受教育,他们利用游戏、竞技、舞蹈、唱歌、记事符号等进行教育。"[①]到了西周时期,教育内容得到发展和扩大,"礼、乐、射、御、书、数"六艺成为学校教授的内容;春秋末期,我国著名大哲学家、大教育家孔子将"礼、乐、射、御"等

① 毛礼锐:《中国古代教育史》,人民教育出版社1983年版,第17页。

与体育有关的内容列入了教育的范围；唐代创立了武举制，武举考试设有骑射、步射、举重等项目；宋、明、清时期，武技都是教育的内容；近代，以武术为主体的民族体育被正式列为学校体育课程，从而进一步确立了民族体育在教育中的地位；中华人民共和国成立后，民族传统体育在学校教育中得到了快速发展，部分高等院校为民族体育专业的学生开设了武术、八段锦、五禽戏等课程。与此同时，摔跤、围棋等也作为民族体育项目进行教学。除此之外，骑竹马、跳山羊、秋千、蹴鞠等被编入幼儿园和小学的体育课。

把民族传统体育的教学融入到学校体育教育中，不仅可以丰富和充实教学内容，激发学生学习的积极性，还可以培养学生坚强的意志品质和团结、合作、勇敢的精神，使中华民族谦虚、善良的传统美德通过学校教育得到更好的继承和发扬。民族传统体育也是培养民族认同感和民族精神的有效方式，在文化传承的过程中，充分体现着自身的教育价值。

五、促进经济发展

体育需要物质的消耗和支撑，各类民族传统体育活动需要人力、物力和财力的支撑，因此，民族传统体育的广泛深入开展，具有巨大的经济价值，可以培植产业门类、带动经济振兴、促进经济发展。民族传统体育的广泛开展所带来的大量关注人群，是民族传统体育的经济价值得以发挥的社会市场。

可以说，几乎所有的民族传统体育所创造出来的观赏效应和愉悦效果都可以作为产业来开发。对外，它以其神秘的样式和新奇的感受吸引人；对内，它以惯常的形式、亲和的感受感染人。无论是参与者还是观赏者，都有可能从中获得无可替代的乐趣。正是借助这样的关注度、参与面、辐射力，民族传统体育活动的组织者可以在商业开发的基础上获得显著的经济效应，进而带动村寨乃至整个地区和民族的经济发展。

宋代城市中的瓦肆就为广大的体育艺人提供了施展自己能力、

获取经济报偿的条件，它在获取经济效益的同时也有力地推动了古代传统体育活动的开展。而20世纪80年代后期以来，中国一些逐步走向国际化的民族传统体育项目也在大力拓展各自的活动空间，由此带来的联动效应推动了民族传统体育的产业化。中国100多家武术用品生产厂家就是在这样的群众基础上产生和发展起来的，而遍布全国各地的上万家武术馆校每年平均的习武收入据说也超过100万，由此带来了良好的经济效益。还有，像中国武术打擂台赛的广泛影响，也同样蕴藏着巨大的经济利益。全国几千万武术爱好者的关注和投入是支撑武术这个庞大市场的基石。据报道，20世纪90年代以来，中国举办的一系列武术节产生了良好的经济效益，部分城市因举办某个武术节而获得上亿元资金已经不是什么新鲜事了。至于国内各族人们参与的其他民族传统体育节日也聚合了大量的人流、物流和资金流，成为拉动地方经济增长的重要因素。

随着时代的发展和社会的进步，人类对内在的精神实质和自我生命质量的追求日益提高，民族传统体育将迈出新的步伐，一定会越来越凸显其在人类社会生活中的重要地位和价值。

六、培养民族认同感，增强凝聚力

民族传统体育由于其普遍性、亲和性、地域性、民族性等特点，使得参与民族传统体育的人们很容易进行情感的交流、思想的交锋、意志的考验，不断增进相互了解和理解，达到培养民族认同感，增强民族内部认同的效果，从而实现一个国家和社会和谐的目的。

例如，能够体现民族群体认同的凝聚力的活动是祭典仪式的图腾舞，图腾舞模仿各种图腾动物的动作及搏斗场景，它的宗教意义在于：重申血浓于水的道理，让共同祖先的子孙们更紧密地联系在一起。又如歌颂英雄和祖先的功绩以及训练战阵的战舞，通过整齐划一的动作，让族民们增加认同感，同时也在整齐划一的动作规律变换的阵形中培养族民们的群体意识，使每个参与者更深地体会到群体的伟大和不可战胜。再如舞龙、舞狮、踩高跷、赛马、拔河、斗牛、摔跤等活动，多是以集体为参赛单位，参与者除具有强烈的竞争心外，还有着集体荣誉感。著名的蒙古族“那达慕大会”就是一种培养民族文化认同极有效的群众性集会，对于栖息于草原上、过着游牧生活且一般集会机会不多的蒙古族人来说，这是一个极好的接触他人和互相交流的机会。这不仅有效地增进了民族成员间的感情，也促进了蒙古族内部的文化认同。

通过参加集体性的民族传统体育运动，可以培养人们的团结、协作精神，使人们的群体意识得到加强，对增强民族认同感和凝聚力起到重要的作用。

一些节日和特定季节里的民族传统体育活动是在以家庭、社区、村寨等为单位参加的体育活动中进行的，各个参与单元共同体验同一种体育活动的乐趣、感受同一种体育活动的意境。尤其是一些竞争性较强的运动，往往能够培植参与者的集体荣誉感，将个人的荣誉与集体的荣誉融为一体，达到群体成员间相互认同的效果。

民族传统体育作为一种文化载体，起着民族间相互联系和交流的桥梁与纽带作用。加快民族地区体育事业的发展，大力开展民族传统体育活动，对加强民族团结、政治统一，实现富民、兴边、康体、强国、睦邻具有十分重要的意义。

七、增进国际交往

体育运动作为一种全球化的社会文化活动，促使人们在一定的体育规则和体育道德规范的约束下，拓展人际交往的渠道，发展良好的人际关系。由于民族的文化背景不同，各民族人民因此而形成自主的世界观和人生观。我国 20 世纪 70 年代对美开展“乒乓外交”，用小球转动了“大球”，就是体育作为一种社会文化活动增进国际交往的典型例证。通过体育比赛，人们相互学习、沟通和交流，从而为国家、民族间的相互理解和联系创造条件，缓和文化冲突，促进文化交流，加深不同国家、民族人民间的相互了解，减少和消除国家和人民间的隔阂。

第三章　民族传统体育文化的历史嬗变

长期以来,民族传统体育在培养各民族的优良品质、强健体魄、规范社会行为和加强各民族团结的社会实践中发挥着巨大的作用。要传承和发展这些优秀的文化遗产,使之在新时期能够延续其生命力,我们就必须要了解民族传统体育文化的历史发展和变迁,从中寻找总结出其历史发展规律,寻找更适合于民族传统体育文化的未来发展之路。

第一节　民族传统体育文化的起源

任何文化包括中国文化在内都有其特定的生长土壤,都与一定社会的政治、经济结构相联系。我国自古以来就是一个多民族的国家,各族人民共同创造了光辉灿烂的华夏文化,有着与世界其他族类文化的迥异其趣的内在特质和精神风貌。民族传统体育文化的产生和发展与华夏民族人类社会的进步和发展息息相关,密不可分。

人类的生产和生活实践都是由于需要而引起的,民族传统体育文化源于民族的各种生理需要和社会需要,是与民族认识水平的发展及他们的自然经济相适应的一种文化形态。这些需要跟人类的生产、生活实践密切联系,包括生活需要、防病治病、战争练武,还包括节庆娱乐和宗教信仰。民族传统体育文化的起源归纳起来有劳动起源说、自然起源说、战争起源说、娱乐起源说和宗教信仰起源说。

一、劳动起源说

劳动起源说在我国被认为是比较合理的一种论说，占主导地位。这是根据马克思主义的科学原理总结出来的。恩格斯说："劳动创造了人本身。"[①]他指出：人类之所以从动物界分化出来，是由于劳动的结果。人类正是通过劳动，在改造自然的同时，也改善了人体的生理机能。从这个意义上讲，劳动创造了人，也为体育的产生提供了前提。生产劳动是原始人类最主要的社会活动，劳动及生产工具的使用技能是体育文化产生的重要因素。

人类在进行高度的文化创造的同时，也发展了自己的劳动生产力，对体育文化的欲望、需要、要求也愈加迫切；反之，劳动生产力的发展，又促进了社会文化和体育文化的再创造。生产劳动是原始人类主要的社会活动，因此，萌发了体育因素并推动其向前发展的首先是生产工具和生存技能的提高。在生产劳动中，体力和生产工具的运用技能都依赖于合适的动作和方法，这便是产生体育的重要因素，同样也是体育文化产生的重要因素。

原始社会初期，人类的主要敌人是大自然，要生存不仅要取得食物，战胜各种自然灾害，而且时刻都面临着各种凶猛野兽对生命的威胁。原始氏族部落由于生产力低下，人们必须通过采集、狩猎、捕鱼等活动来维系生存和繁衍，在这些活动中也逐渐学会了一些跑得快、跳得高、投得远以及攀登、泅水等的生活技能，这些生存的基本技能，就是未来体育的起点。

考古学发现证实了这一点。在丁村人文化遗址中，考古学家们发现了少量石球，经研究证实：这些石球乃是约 10 万年前的原始人类狩猎的工具；在许家窑人类文化遗址中，考古学家们发现了大量的约 4 万年前的石球；在西安半坡人文化遗址中，考古学家们不但发现

---

① [德]恩格斯：《劳动在从猿到人转变过程中的作用》，《马克思恩格斯全集》第 3 卷，人民出版社 1972 年版，第 508 页。

了大量六七千年前的石球，而且还发现了一种为小孩殉葬的石球及若干陶球。这种石球与近代我国纳西族人打猎时所用的“飞石索”非常相似。这种石球是一种用一根绳子拴住石头并能将石头抛掷出去的狩猎工具。原始社会后期，由于生产力的提高，人们在生产劳动之余为了丰富其生活，便逐渐产生了以手抛脚踢或两球相碰为内容的游戏，将石球从生产工具演化成游戏用具。这便是体育的萌芽。

随着生产力的发展，这种发生于劳动的体育逐渐脱离生产劳动，从而派生出许许多多丰富多彩的体育运动项目。这些民族传统体育活动内容都直接反映了当时人们生存、生活、生产的需要，是生存能力的具体体现，是生产、生活的组成部分。如蒙古族独特的狩猎工具——布鲁，最早是用来打击飞禽走兽的，为了提高打击的准确性，掌握娴熟的打布鲁技术，猎手们经常练习并进行投准和投远比赛，从而逐渐使这项古老的狩猎活动演变成一项传统的体育运动项目而沿袭至今。如湖南土家族人民，每年谷黄稻香时节，都要带着木棒、弓箭守候在田边地角，驱赶鸟兽，这种驱赶鸟兽的活动称为“打飞棒”并世代相传，如今已成为土家族人民喜爱的一项体育活动。又如拉祜族的过桥爬竿、普米族的划猪梢船、塔吉克族的叼羊、鄂伦春族的皮爬犁、瑶族的独木划水等传统体育运动项目均是产生于各民族的生产和生活之中。

考古学发现，人类社会初级阶段的“体育锻炼”更主要的是生产和生活的需要，而并非仅仅是为了防止猛兽的袭击。经过不断的发展，最初用以谋生的基本运动逐渐演变成一种“本能”体现，即人们在劳动之余，通过身体活动来抒发、宣泄自己的感情和欲望。他们通过身体的形式来表达不同的内容，或美好的愿望，或劳动的欢乐，或丰收的喜悦，以此减轻或解除肉体的疲劳，增加精神上的快感，如舞蹈、娱乐等。据《诗经·大序》记载，原始人类常借助手舞足蹈来抒发自己内心的情感。如：“情动于中，而形于言，言之不足，故嗟叹之，嗟叹之不足，故咏歌之，咏歌之不足，不知手之舞之，足之蹈之也。”随着原始人类生活和生产方式的进步，人类的体育活动开始发展为具有一定规律的身体活动，而不再是具有狩猎生活的自发性，在此基础上，人们逐渐地认识到这种活动对身体能产生良好的作用，发现了不同组合形式的体育活动可以使身体素质增强及愉悦身心。

传统体育是人类有意识的社会活动之一，产生的基本前提是生产工具的改进、思维的发展、语言的产生等，而这一切前提条件的出现则源于劳动。从这个意义来讲，劳动在创造了人、创造了人类社会的同时，也成为我国传统体育文化的起源。

二、自然起源说

民族传统体育象征着人类与自然和谐的统一，它体现了人类对自然的适应。无论是基本的需要还是发展的要求，人类和自然总是息息相关、密不可分，各民族通过对自然现象的观察、认知，创造了各自的传统体育项目。

在茹毛饮血的原始社会时期，人们的生活资料是飞禽走兽，生产方式是狩猎。在与大自然的长期斗争实践中，古人逐渐体会到一定的动作、呼吸及发声的声调，可以调节人体的某些机能，于是在生产劳动之时，他们自然而然地模仿自然现象、动物的声音和动作形态以及在猎取食物时的种种情状。《易经·系辞传》载："古者包羲氏之王天下也，仰则观象于天，俯则观法于地，观鸟兽之文与地之宜，近取诸身，远取诸物，于是始作八卦，以通神明之德，以类万物之情。"《中国戏剧简史》中有这样的论述："这种模拟舞，倘行之于事前，大都是狩猎和搏击技术的练习，倘行之于事后，大都是表示衷心的欢悦。"①1965年在云南发现的描写氏族原始生活的"沧源岩画"和在各地陆续发现的一些原始岩画中，除球类活动和叠罗汉以及类似军事操练等内容外，也有不少模仿打猎的舞蹈场面的画面。

部落是一个集体，人们共同捕猎、共同劳动，一旦获得食物，整个部落就会为之欢腾，结集舞蹈庆祝。先民通过对自然现象的观察、模

① 董每戡：《中国戏剧简史》，商务印书馆1949年版，第5页。

仿、认知，创造了各种各样的强身健体的舞蹈。除文舞、武舞、乐舞、巫舞外还有歌舞，无一不是人们情感的自然流露。这些舞蹈可以愉悦精神，还能起到强身健体的作用，是人类为了抵抗自然界的侵袭以维护自己的生命安全而产生的，是对自然的再现和追求而产生的原始体育的雏形。

通过史实可知，民族传统体育的产生除了与生产力发展水平、民族习惯、宗教信仰有关外，还与地理环境有着千丝万缕的联系。中国幅员辽阔，南北方差异明显，因此形成了不同的民族传统体育文化形态。我国北方广袤的草原和平原为当地生活的人们提供了纵马驰骋、弯弓射雕的天然场所；而南方湖泊江河遍布，先民们为了扩大生存空间和获取更多的食物来源，很早就进行游泳、操舟等身体活动，逐渐形成了以水为主要活动场所和空间的体育文化。以傣族为例，傣族先民们居住在群山环抱的河谷平坝地区，这里雨量充沛，土地肥沃，宁静的田原生活以及含蓄沉稳的民族性格造就了傣族民族传统体育柔美、纤细、典雅的风格。模拟鸟兽的各种舞蹈，创造了"孔雀舞""鱼舞""大鹏鸟舞""蝴蝶舞""大象舞""马鹿舞""鸡舞"等，这些舞具有柔韧起伏的舞步动律，展现了傣族舞所具有的东南亚文化和佛教文化的风采。

这种对于自然界的模仿，体现了人们在对自然现象的观察和认知中不断创造的成果。这种创造不仅仅体现在舞蹈上，也体现在其他传统体育活动中。例如，人们由模仿牛、羊动作发展而来的摔跤运动；春秋战国时的飞鸢(即后来的风筝，当时以竹木制成)源于人们对风这种大自然现象的认识和想象："公输子削竹木以为鹊，成而飞之，三日不下。公输子自以为至巧。"(《墨子·鲁问》)东汉后，医学家华佗创制具有健身作用的"五禽戏"，就是按照锻炼身体的要求，模仿虎、鹿、熊、猿、鸟五种动物的形态动作、活动特点而来的。再如，传统武术，它肯定人与自然的统一性，主张天人一致或天人合一，要求顺应自然，追求人与自然关系的和谐，追求人向自然复归，进入一种绝对自由的有如自然本身的境界，从而融化到自然之中。武术讲究表现“精、气、神”,“气”即构成宇宙万物的物质本原,武术的各种招式无一不是对自然的再现和追求。

三、战争起源说

人类的史前期,由于生活资料匮乏,经常为此发生争斗,此外血亲复仇也经常发生,这就导致了人们之间力量和智慧的较量,原始社会的战争也就由此产生。为了获得胜利,各氏族部落纷纷采取各种手段对士兵进行训练,以提高其身体素质和掌握兵器的使用技能,从而使得武器的研制和战斗技能的提高得到飞速发展。例如,古代传说中“蚩尤作五兵”,“五兵”是指戈、殳、戟、酋矛、夷矛;又如“轩辕习用干戈”,“干”是防御的盾牌,“戈”是进攻的武器。这些兵器对后世的传统体育项目——武术,有着极大的影响。从某种程度上来说,部落战争推动了传统体育的产生和发展,同时也产生了军事体育。不过,这种体育运动从一开始就建立在强壮自己而置别人于死地的基础之上,所以,强身健体的军事体育,与现代体育的基本精神相较,是背道而驰的,它可以说是被歪曲了的体育运动。

我国的许多传统体育运动都是从军事斗争中走出来的,这在我国的少数民族传统体育文化中也能找到其踪迹。如蒙古族和满族等少数民族都视骑射为本族之根本,其地位在本族中至高无上,训练骑射是他们一项十分重要的教育活动,其手段和方法有跳骆驼、射香火、射兔、射天球等。据《清史稿》载:“弓马之利,以定天下。”由此可见,熟练弓马的重要性,有高超的技艺,才能提高军队的战斗力,才能夺取天下。随着天下的平定,这些训练骑射的手段和方法就慢慢演变成为少数民族喜爱的民族传统体育运动项目。

又如射弩,几乎所有的少数民族都使用,特别是苗、瑶、拉祜、纳西、傈僳、怒等民族更是普遍开展。许多史料都有记载,弓弩曾经是许多少数民族维系本民族生存、发展的战斗武器。在阶级社会,北方少数民族和汉族之间的矛盾较为尖锐,战争时常发生。到了春秋战国时期,随着阶级矛盾的日益尖锐以及诸侯兼并争霸,战争次数增多、战争规模扩大、作战方式演变是整个奴隶制时代战争的主要特点。

从夏代到春秋战国，弓箭始终是战争中的主要武器。射箭成为主要的军事技艺之一，传授射箭技术、进行射箭训练成为一项十分重要的活动。春秋战国时代，为了适应战争的需要，还发明了射程远、杀伤力强的弩射，弩射是当时战争中有力的远射武器。《战国策·韩策》说，韩国的强弓劲弩，皆射六百步之外，“韩卒超足而射，百发不暇止；远者达胸，近者掩心”。

我国北方以狩猎为主的少数民族，射箭是狩猎食物、防御野兽侵害的方法，也是运用于战场的军事手段，因而，他们的射箭技术精湛，不逊色于汉族；弓箭制造也十分精良，早在两三千年前就能造出工艺精细的弓箭。据记载，公元前11世纪的西周初年，今满族先民就曾向周王进献过“矢石弩”。游牧生活与自然环境密切相关，不稳定的草原生活促使他们竞相南下掠夺，以笨重的车战为主的中原农耕民族遭受了无数次的重创。赵武灵王在总结历史经验和吸收胡人长处的基础上，首先建立了一支强大的骑兵部队，提倡“胡服骑射”，习练骑射蔚然成风。从此，骑马和射箭这两项古代的军事技能在汉族地区广泛开展起来。19世纪初，英、法、德、美等国侵略者，通过各种各样的方式窃取我国边境各少数民族历史文物资料，窥视我国领土。地处中缅边境的傈僳族人民担负起保家卫国的神圣职责。他们用弩箭狠狠打击了侵略者。现在作为战斗武器的弓弩早已退出了历史舞台，但却演变成各少数民族十分喜爱的体育运动。

在长期的历史实践中，我国各族人民经过总结，提炼出了各种攻防技能，这些技能对后世的传统体育项目——武术有着非常重大的影响。部落战争不但促进了兵器的改进和兵器操练及武艺的发展，而且也在一定程度上促进了以训练体能、发展体质等多种形式的体育运动的丰富和发展。

四、娱乐起源说

娱乐性是人类的本性，因为人是兼有自然属性和社会属性的动物，除了受社会因素的制约外，人还同时受生理规律的支配，如饥思食、困思寝就是一种本能的活动。当原始人类狩猎满载而归时，由于内心十分高兴，就会自然地流露出手舞足蹈的身体动作，而这些身体动作大多数是模仿飞禽走兽，或者是与猎物搏斗时的动作。

部落是一个集体，人们共同劳动，共享欢乐。一旦获得收获，整个部落为之欢腾，并结集而舞蹈，如《吕氏春秋·古乐》记载："昔葛天氏之乐，三人操牛尾，投足以歌八阙。"意思是葛天氏之乐舞，以三人一队，握旌牛尾，脚踏着节奏，边歌边舞，其内容形式有八节之多。这些身体的活动满足了他们生理和心理的需要，可以说，原始人类的娱乐活动是萌生传统体育的重要因素。一旦人们认识到这些身体活动的意义时，就会很自然地将它们同开始的本能活动区分开来，从而形成原始的民族传统体育形态。

随着社会发展的需要，不但出现文舞、武舞、乐舞、巫舞等舞蹈形式，还出现了一种新的舞蹈形式——歌舞。所谓"坎坎鼓我，蹲蹲舞我"写的就是人们在节日里翩翩起舞的情景。21 世纪的今天，在我国少数民族中仍有这种风俗遗存，如壮族三月三的"对歌"、黔南和黔西苗族的"跳场"及"跳花"等。正如《毛诗序》记载："情动于中，而形于言，言之不足，故嗟叹之；嗟叹之不足，故咏歌之；咏歌之不足，不知手之舞之，足之蹈之也。"可以说，这些因娱乐而产生的原始的舞蹈正是原始体育的形态之一。

我国古代居民大多生活在封闭的环境中，当人们辛苦一段时间获取足够多的生活资料之后，就会需要短暂的休整，这期间需要寻求欢快的娱乐，以求得身心的健康和平衡，于是就形成了各种形式的休整日。在休整的日子里既有一定的风俗模式，也有不同的礼仪活动，同时也渗入各种形式的体育活动，体育活动便成为娱乐、休整、休闲的重要方面，不少体育项目就是从娱乐活动中产生的。如上古时代，人们在欢庆丰收时就有“击石拊石，百兽率舞”的娱乐，温饱之余也有“击壤”等游戏；汉代的宫苑中就常常举行“击鞠之会”。唐代的马球比赛、相扑比赛，起源于春秋之时的龙舟竞渡民俗活动，汉代的荡秋千活动等都是当时人们娱乐的艺术活动，是人民群众不可缺少的休闲体育活动。

各民族、地区由于风俗不同，也产生了许多不同文化形态的体育，它们伴随着社会的发展而发展，成为民族传统体育文化的重要组成部分，并和生活方式一样被流传、沿袭、应运而生。

五、宗教起源说

宗教是一种民族文化现象，它是社会发展到一定阶段的产物。我国几乎每个民族都有自己的宗教信仰，宗教意识始终受制于民族传统文化。宗教的这种普遍性无疑直接影响到了体育的产生与发展，原始的体育习俗正是在原始宗教信仰这样的前提下由客观到主观、由不自觉到自觉而发展来的，大多数民族传统体育活动都寓于民族宗教活动中。

原始人类由于科学水平低下，对许多自然现象无法理解，特别是对自然界的一些灾难十分恐惧，因而认为万物都是受神灵主宰的，由此产生了对神灵的崇拜。这种对神灵的崇拜由最初的图腾崇拜、自然崇拜，发展到后来的宗教信仰。出于迷信，原始人类举行各种祭祀活动，祈求神祇的庇护，保护人类。在祭祀活动中，人们逐渐用舞蹈、角力等身体活动来进行祈祷，用以娱神，以表示对神的虔诚和崇拜。原始的舞蹈最早往往是由酋长率领、人人均可参加的一种集体活动，除狩猎和战斗训练目的之外，主要用来娱乐。乐舞和各种技巧表演，就是祭祀司的娱神活动，娱神也就是自娱。这些身体活动，都包含了许多民族传统体育的因素，是我国传统体育文化的源头之一。

宗教信仰直接或间接地促进了很多传统体育项目的产生和发展，我国宗教信仰的多元化也丰富了民族传统体育文化的内容，对民族传统体育文化的萌发产生了深远的影响。例如《论衡・明雩篇》记载，春秋时期鲁国有一种在暮春时举行的名为“雩祭”的求雨仪式，参加仪式的人要排成队伍，模仿龙出水的样子，表明自己是龙的后裔，请龙降雨滋润大地，使谷物茁壮成长以降福于龙之子孙的意图。后世的舞龙灯等活动即源于此。我国西南一些少数民族，如纳西族、白族、彝族、哈尼族、独龙族、珞巴族等，直至近现代仍保留较为隆重的祭天仪式。白族的“本主崇拜”是其宗教信仰的主要形式，白族将凡是为他们立过功、作过贡献的人，均视为自己的保护神加以崇拜，并每年为你们举行祭奠，且形成了传统的节日，如“绕三灵”“火把节”“蝴蝶会”“海灯会”等。每逢这些节日，族人都要举行仪式，进行许多相应的运动，以娱神祇。彝族的荡秋千最初是为了纪念星神；而摔跤主要在“密枝节”和“火把节”举行，最早是为了娱神、祭祀、求雨、禳灾；武术则出现在祭祀及丧葬仪式上，其表现形式带有庄严肃穆、扑朔迷离的宗教色彩。

秦汉以后，这些存在于祭祀活动中的传统体育逐渐摆脱了宗教祭祀的束缚，与节令、节日结合在一起，游乐的气氛日渐浓重。如长江以南广大地区的赛龙舟活动，最早也是龙图腾崇拜的一种仪式，因为龙舟竞渡早在屈原之前就在古越族中盛行。古越族人为表示他们是“龙子”，有“断发文身”的习俗，还乘着刻画成龙形的独木舟在水中效仿龙的姿态竞渡。

第二节　民族传统体育文化的发展

中华民族传统体育以其历史悠久、伏根深远而著称于世。在讨论中华民族体育的历史变迁时，我们有必要顺着历史的脉流，作一些概观的鸟瞰，以展示中华民族传统体育文化的大体轨迹。

一、民族传统体育文化发展的历程

（一）古代

春秋战国时期，生产力逐渐得到提高，经济趋向繁荣，这一切促使人们的思想空前活跃，文化观念和文化需求呈现出多元化的格局，也为娱乐性的民族传统体育活动在当前的流行与发展以及民族传统体育文化的交流创造了条件。

秦统一六国，结束了四方民族与华夏民族之间及其内部长期的兼并纷争，在各族文化长期以来互相融合的基础上，以中原农耕文化为基本模式，向兼并地区大量移民，在全国范围内推行统一政策。汉取代秦而立，继续推行统一政策。同时，我国北方也建立了多民族的匈奴帝国。由此，我国多民族的统一国家最终得以确立，即北匈奴、南秦汉。在大一统的局面下，各民族的社会经济和文化迅速发展，各民族间的交往开始频繁起来。西晋"永嘉之乱"之后，中国经历了广泛的民族大融合时期。原处西北边境的匈奴、鲜卑等民族先后进入黄河流域并建立了政权，北方汉人大批南渡避乱，又引起了南方的民族变动。持续的民族交往和融合，丰富了体育活动的内容，促进了部分传统体育活动在各地区的传播，使一些地方性活动项目开始在全国各地开展。

两晋南北朝时，原本是游牧民族的匈奴、鲜卑等少数民族入主中原后，骑马射箭仍然是为战争服务，但同时也是与健身相结合的军事体育项目，后来受到中原文化的影响，骑马射箭常与汉族的传统节日结合在一起。农历三月三是汉族的传统节日，远在周代时，每年三月的上巳日，女巫要在河边举行仪式，为人们除灾祛病。自魏晋以后，这种仪式与游春结合，追求健康和欢乐，原本的仪式演化成了临水饮宴。这种起源上古礼仪的三月，在民族融合过程中，也成了少数民族的节日，只是活动内容变成了骑马射箭。

隋唐处在我国封建社会的上升时期，统治阶级具有开拓进取的精神风貌和开明民主的统治思想，对内采取平等相处的民族政策，对外来文化敢于兼收并蓄，积极发展与外邦的友好关系，从而促进了国内外各民族之间以及中外的体育交往，许多传统体育项目在这一时期走出国门，同时异域的体育文化的传入也充实了我国的民族传统体育。

繁荣强盛的唐王朝当时曾引起世界许多国家的关注，京城长安成为国际交往的城市，世界 40 多个国家的使臣先后到达大唐帝国。其中以日本和朝鲜与中国的交往最为密切。中国的投壶、蹴鞠、击鞠、围棋、步打球先后传入日本，日本射手在唐高宗年间也曾来大唐表演射技。而作为中国近邻的朝鲜，也曾多次遣使，与唐朝建立了深厚的友谊，我国的蹴鞠、围棋等传统体育项目也是在此时传入朝鲜并在朝鲜扎根、发展的。

我国民族传统体育中的许多项目都带有某种宗教内容和迷信色彩。譬如重阳登高，最初是含有避瘟神禳灾祛难的意义，元宵节的灯火是为了祭祀“太一”而创。到了隋唐时代，这些节日、节令中的传统体育内容与形式进一步向娱乐性和竞技性方向发展，赢得了更广泛的发展和变迁的空间。

例如，唐代的“寒食节”原本是我国古代的传统节日，寒食节前后，除个别地区外，正是“春风不热不寒天”，人们借着春节机会，走出户外，一面饱赏大好春光，一面参加有益的体育活动。“寒食蹴鞠”就是在这样的背景下应运而生的。最早出现寒食蹴鞠是在南北朝，至唐代时十分兴盛。白居易在《罗桥寒食日作十韵》中就写道：“蹴球尘不起，泼火两新晴。”又如围棋，南北朝及其以前，围棋以它的军事性、娱乐性、竞技性受到历代政治家、军事家和社会名流的喜爱。其中围棋的军事性受到了许多围棋名家的重视。随着唐朝社会生活的安定，人们对围棋价值观的认识开始发生了变化，从围棋著作的归类上也反映出这一变化。《隋书·经籍志》把辑录的围棋著作全部归入《子部·兵书》类，与《司马兵法》《孙子兵法》《吴起兵法》等著作同列一类。但是，专记唐朝一代藏书之盛的《旧唐书·经籍志》和《新唐书·艺文志》，则把围棋著作归入《子部·杂艺术》类。这说明围棋的价值已经完全转变为娱乐价值。

(二)近代

近代民间流传许多与武术有关的健身活动，主要有八段锦、易筋经、五禽戏等。民间的传统健身活动有杠子、皮条、石担、石锁等形式。这些场地易找、设施简单而又易于普及的健身活动，主要流行于乡间田野，具有相当的生命力，它们与传统武术一类的健身活动，成为当时民间常见的、易于推广的主要形式。而少数民族地区也有许多具有地域特征的民族传统体育项目成为人们强身健体的活动内容。譬如哈萨克族的“姑娘追”“叼羊”，藏族的碧秀(响箭)以及在蒙古族和朝鲜族等民族中广泛开展的摔跤活动等。

西方殖民主义者的向外扩展和帝国主义的入侵，冲击着中国民族传统体育文化，从西方国家发展起来的许多近代体育项目开始传入我国。在这种社会背景下，民族传统体育开始不断地重新认识、改造和发展自己。这种重新认识的过程，从洋务运动开始。洋务派与维新派认为，西方除了拥有强大的军事工业外，还重视体育、全民皆兵，于是开始大力提倡发扬光大中国的习武传统，以强国强民。

1915 年，体育界一批有识之士对民族传统体育文化的发展进行了反思，主张从我国的实际出发发展民族传统体育文化。这种观点促进了体育界开始对传统体育文化的再认识，并重新评价民族传统体育文化。当时不少人认为，由于受政治、经济、文化发展不平衡的限制，刚刚传入中国的西方体育文化尚不能完全被我们接受，因而，主张对民族传统体育进行深入研究，找出其在时间上、能力上、经济上都能合算的“适宜运动”来。由此，形成了一场关于西方近代体育与我国民族传统体育文化比较的大争论，把对传统体育的认识与反思推向了高潮，我们称之为“土洋之争”。

20 世纪 20 年代前后，体育界人士开始对民族传统体育的活动形式进行整理研究。主要是因为在对民族传统体育文化的再认识中，人们不再单纯地从练兵、娱乐、礼教等意义上认识和看待民族传统体育文化，而是认为民族传统体育文化应当受到重视。由此，对民族传统体育文化的研究和推进成为这一时期近代体育演变过程中的重要内容。以精武体育会、北京体育研究社等为代表的一些组织和人士，在继承传统的基础上对传统体育(主要是武术)进行了整理。他们的贡献在于用新形式的体育组织取代了旧式的武官等带有浓厚封建宗法色彩的组织形式，这种整理和改造促进了武术运动的推广与普及。

以马良为代表的一些人则利用近代运动形式对传统体育活动进行了改造。如“五四”前后的“新武术”、20世纪30年代褚民谊的太极操等，都采用了近代徒手操的某些形式。另外，有不少人从民间游戏中整理出一些项目，提供给中小学作为体育教学的内容。如王怀琪的《正反游戏法》和潘蜇虹的《踢毽术》等，这些著述为民族游戏的推广起到了积极的促进作用。还有滑冰、空竹、跳绳、风筝等也都得到了一定的整理与研究。在对传统体育活动进行整理和改造的基础上，以传统体育活动为内容的运动竞赛也逐渐增多，其中规模较大的有1924年长沙的风筝比赛、1933年河南的第一届民俗运动会、1933年天津的踢毽子比赛。

（三）现代

新中国成立后，党和政府“清理古代文化的发展过程，剔除其封建糟粕，吸收其民主性精华，是发展民族新文化，提高民族自信心的必要条件”这一精神，是少数民族传统文化和少数民族传统体育发展的根本方针。通过挖掘、整理，少数民族体育逐渐摆脱了狭隘的地域限制，逐步由地区向全国扩展。

1953年，我国举行了少数民族传统体育运动大会，这是民族传统体育获得新生的一个标志，也是我国民族体育运动史上的一个里程碑。这次体育运动大会意义重大，它确定了少数民族体育的发展方向，加强了全国各民族人民的团结，为进行民族体育的交流和研究打下了基础。自1949年我国对民族传统体育进行了大规模的整理和发掘以来，一些具有浓厚民族色彩的少数民族体育逐渐发展成了对抗性较强的竞技运动。例如，在第一届少数民族传统体育运动大会运动大会上，摔跤活动被列为竞赛项目，同年，成立了中国摔跤协会。随后，国家体委把中国式摔跤列为实施竞赛制度的43个运动项目之一，并规定每年举行一次单项锦标赛。1956年，北京举行了中国式摔跤锦标赛。1957年，国家体委制定了《中国式摔跤竞赛规则》。至此,我国的传统体育项目——摔跤完成了它的竞技性改造。1984 年有 21 个省、市、自治区代表队参加了全国民族体育形式表演及竞赛大会,大会期间,各队表演了蒙古族摔跤、朝鲜族摔跤、维吾尔族摔跤以及国际比赛中的古典式摔跤和自由式摔跤,交流了各种摔跤技术,充实了中国式摔跤技术的宝库。

20 世纪 50 年代后期至 70 年代后期,少数民族传统体育受到了"左"倾思想的严重干扰,给少数民族传统体育的发展造成了重大的损失。党的十一届三中全会之后,少数民族地区的经济获得了明显的改善,这为民族传统体育的发展奠定了坚实的物质基础,营造了良好的社会环境,复兴民族传统体育的时机逐渐成熟。进入 20 世纪 80 年代后,国家有关部委召开了全国少数民族体育工作座谈会,将民族体育工作重新列入工作议题,各级有关部门端正思想,积极倡导挖掘、整理民族体育文化,但民族传统体育文化的发展状况仍然不容乐观。以第二届民运会为例,虽然参加人数与第一届民运会相比有所增加,但竞赛项目只有两项,并且采取全国其他运动会的比赛规则和形式,缺乏民族特色,比赛规则、项目设置均有待于进一步完善和规范。

从 1982 年开始,我国少数民族传统体育运动大会每四年举行一次,至今已分别在天津、内蒙古、新疆、广西、云南、北京、宁夏、广州举办了 8 届。这标志着民族传统体育经历了数年的重新崛起后,进入了普及与提高阶段。通过国家的支持和各省区的共同努力,该项赛事以其民族性、广泛性和业余性为特色,成为全国较有影响力的大型综合性体育运动会之一,为民族传统体育文化的发展作出了积极的贡献。

新中国成立后,在挖掘、整理、研究和提高方针的指导下,民族传统体育项目得到了进一步丰富和完善,完成了组织建设,正确处理了继承、改造、创新与发展的关系,并通过各种形式的运动会和活动,增强了各族之间的相互了解、相互学习和相互促进。

二、民族传统体育文化发展的趋势

伴随着人类文明一直不断向前发展，社会一直不断进步，人类的体育文化也不断发生着革新和演变，体育文化的革新和演变呈现出全面、持续、深刻、进步等特征。

（一）功能由一元转向多元

民族传统体育的产生和发展，是一个历史过程，其生命力取决于其功能。民族传统体育在不断的发展演变过程中与多种文化形态相互渗透交融，并随着特定的政治、经济历史背景的变化发生着根本性的演变，其多元化的功能取向也发生着相应的转变。早期，中华民族先民出于生存的需要，既要与自然生存环境作斗争，同时还要抵御外侮，保卫本民族的利益不受侵犯，于是在这种斗争中产生了骑马、射箭、武术、摔跤等传统体育项目。当然，这种需要还是比较原始的，其功能主要是为了适应、满足生产和生活。而随着时代变迁及其整个中华民族生产力水平的快速发展，民族传统体育的那种原始功能已无法满足人民日益增长的需求。发展到现在，中华民族传统体育不仅集健身价值、娱乐价值、教育价值于一身，而且同时还承担着传承民族文化、发展民族经济、彰显人文内涵的强大的社会功能，其功能呈现出由一元向多元转化的发展趋势。

（二）意识由自然转变为自觉

民族社会心理是民族传统体育文化的重要组成部分，其对民族传统体育文化的影响是深远的。中华民族历经 2000 多年的封建社会，形成了封建、保守、自强和排外的民族心理特征。在封建社会的前期和中期，这种民族心理对繁荣封建社会经济、发展民族传统文化起着积极促进作用。然而随时社会的进步，到了封建社会后期，这种民族社会心理逐渐表现出其消极性，逐渐成为社会发展的阻力，成为社会文化传播的障碍。依附在这种民族心理特征下的民族传统体育必然会产生一种封闭、保守的文化意识。

随着社会的进步和发展，到了封建社会后期，各民族地区开始逐步脱离自然经济和自我封闭型的经济体系的束缚。到了近现代，随着全球文化一体化的来临，民族间、区域间、国际间的多渠道、多形式的文化交流更加频繁、更加密切。体育文化凭借其独特的性质和功能一跃而成为全球化意义上最为显著的文化发展成果。在这样的交流过程中，各民族文化意识在其变迁中得到加强，表现出文化的自觉。作为世界文化的一个重要组成部分，中华民族传统体育文化的文化意识也由自然转变为自觉。

（三）由引进为主转向自我发展

进入近代以来，在东西方体育文化的交流和整合中，西方社会体育文化逐渐占据了主导地位，而民族传统体育虽有发展，但是非常缓慢，并且有西化的趋势。新中国建立初期，迫于国际形势，迅速提高运动技术水平成为对外体育交往的紧迫任务和显著特征。民族传统体育文化交流较多地呈现拿来主义（引进为主）特点，与前苏联、东欧的体育文化交流中表现得最突出。20 世纪 50 年代开始，我国采用前苏联政府的管理体制，县级以上政府相继成立体育运动委员会，以全运会为主导的全国运动竞赛制度逐渐建立起来。① 当然，这种拿来主义的体育交流思想在计划经济时期曾对我国体育文化的发展起到了积极的推动作用，但是，随着我国向市场经济体制开始转变，它的缺陷也逐渐显现。拿来主义体育文化发展模式已远远不能适应由市场经济培育出来的新的生活方式，并已开始向适合本民族特点的多元体育文化转变。社会成员体育自主意识、平等意识在不断增强，体育文化上的自主性与追求个性化的主动性，促进着多元化的体育文化发展模式的形成，为我国体育文化的自我发展创造了条件。

（四）从重经验转向注重科学

在传统社会中，局限于体育水平和体育文化的落后，体育健康教育得不到普及。因此，往往依靠传统式的经验来进行体育的管理和

① 参见林淑英等：《中国与前苏联东欧体育交往及其影响的研究》，《体育科学》2000 年第 6 期。

治理，决策往往全凭个人的兴趣爱好，如唐朝蹴鞠的盛行就只是因为唐太宗个人的爱好。随着社会生产力和科技的发展，体育决策能力不仅得到了明显提升，同时也变得更加合理、更加规范。这表现为：首先，现代高科技的发展和体育教育水平的提高促进了现代化科学决策体制的逐渐形成；其次，运动训练电子化、运动处方化、体育管理信息化、国家体质检测网建成等为各级政府的科学决策创造了条件。

社会的发展和知识经济的到来，使人们对民族传统体育的关注越来越深刻，研究视角、方法、手段也日益丰富多彩。以民族传统体育为内容的论文浩如烟海，其中不少学者站在人类学、民族学、经济学、政治学、竞赛学和教育学等学科的角度，分别对民族传统体育进行了大量的研究，主要包括民族传统体育的概念、起源、特征，运动训练与竞赛、学科体系建设、全民健身、专业人才培养、发展趋势与对策、产业化等。这些研究为民族传统体育文化的发展奠定了坚实的理论基础，使其发展逐步科学化、合理化。

（五）从运动技术教育转向高素质前提下的个性化培养

民族传统体育文化在几千年的发展过程中，形成了以传统文化观念和价值取向为依托的技术主体、审美标准等，这是民族文化认同的一部分。民族精神来源于民族认同感，是一个民族的群体情感，以民族性凸显出来。民族传统体育文化教育不仅可以弘扬历史文化，而且可以使受教育者产生强烈的民族自豪感和自信心，利于民族认同感和民族精神的培养。不过，20 世纪的中国体育教育一直是在“发展体育运动，增强人民体质”的教育方针指导下进行的，传统体育教育观念的各种弊端显露无遗，片面理解体质的含义，以为受教育者学会了一两项运动技术动作就是提高了体质，并且一直沿用这种“标准”来作为评价学校体育工作的重要依据，导致这种体育教育模式培养的人才千人一面，缺乏独立见解与创新能力。

随着我国教育转变和改革的推进，传统体育教育模式已不能适应社会发展的需要，经过近几年的探索，我国已实现两次教育的大转变，第一次是从单一传授知识到传授知识和培养能力的大转变，第二次是从传授知识和培养到提高素质的大转变。这两次大转变被称为“从应试教育到素质教育的革命”。与应试教育相比，素质教育最大的特点就是思想道德素质的培养，这是素质教育的根本内容，也是实施素质教育的核心。实施素质教育，可以更好地传承民族传统文化，培养受教育者的民族认同感，弘扬民族精神。

个性教育和素质教育都是新世纪体育工作的基本要素和特点，二者互相联系、相互促进，有机结合。没有个性教育的素质教育，由于缺乏创新性和创造性，只能是千人一面的“批量产品”；没有素质教育作为基础的个性教育，所培养出来的人才不仅成不了“精品”，甚至还有可能成为“废品”，因此，受教育者个体的个性化培养必须以高素质为前提，而高素质发展应该有个性化培养为最终目标。所以，素质教育和个性化培养二者是相辅相成的，以高素质为前提的个性化培养，才是 21 世纪体育教育最主要的趋势。

第三节　民族传统体育文化的变迁

马克思主义认为，每种文化都处在一种恒常的变迁中，任何一个民族都在发展变化，体现其民族特征的文化特点也随之变化。文化的一个典型而重要的特征是稳定性，趋于稳定是各种文化的共性，但稳定性并不是唯一的和绝对的，因为文化的变化是不可阻挡的事实。这种变化理论界多用“文化变迁”一词来表述。美国学者克莱德·M.伍兹提出，文化变迁是指“不论是一个民族内部发展的结果，还是两个具有不同生活方式的民族之间接触所引起的，在一个民族生活方式上发生的任何改变”。

卢元镇教授曾指出：“我国民族传统体育文化是在一种非平衡状态中变迁发展的，从时间的结构看，时涨时消，从空间地域来着，此起彼伏。这一点对一个幅员辽阔、文化类型众多、文化模式复杂的大国来说，是可以理解的。但是，今天当我们从文化学与社会学的角度出发，重新审视我国民族传统体育文化的变迁时，我们的目光就必须在现实与历史中交换更替，在文化变迁中寻找其对各民族前进发展的意义。”①当代中国，社会历史发生了大变迁，外来文化使我们的民族文化受到冲击，民族传统体育文化因其存在环境的变迁也产生了其文化本体的变迁。

一、文化变迁的理论基础

（一）古典进化论的观点

古典进化论的代表人物有泰勒、摩尔根等学者，他们受达尔文等生物进化思想的影响，试图以单一图式为基础对各种文化的发展历程作出解释。用文化进化理论来说明文化发展的普遍性，即文化变迁。摩尔根认为生存技术的革新能够推动人类社会的进步，进而推进家族、政治和财产制度。

总的说来，进化论者主张进化是渐变的。尽管“人类心理的一致性”的前提假设有些真实因素，但并非所有文化都经历了相同的单线进化阶段，古典进化论过高地估计了独立发明的作用，忽视传播的功能。

（二）文化传播论的观点

传播学派侧重于进化论所忽视的文化的地理、空间和地方性变异，着重研究文化的横向散布，认为文化的变迁过程就是传播过程，文化主要在传播过程中发生变迁。他们否认进化论的单一发展图式，认为世界上不同地区不同民族的文化之所以类似，不是因为共同进化的原因，而是由于其是由某个地方一次产生并逐渐向各地传播造成的。

传播学派认为，从民族传统体育发展的角度来讲，不同民族的文化传播和相互借鉴是民族传统体育发展的动力。但是，此观点忽视人类创造文化的能力，对文化变迁的过程或传播时间顺序的解释就

① 卢元镇：《体育的社会文化审视》，北京体育大学出版社1988年版，第219页。

缺乏说服力。

(三)历史学派的观点

历史学派的创始人为美国人类学家博厄斯,传人多为其门生。历史学派重视单个文化特质的传播变化过程并以此来构拟文化史,还注重传播过程的调适和变化。博厄斯强调每个民族的历史和文化的特殊性,认为这种特殊性不仅受社会内部发展的制约,同时还受外部的影响,既考虑到独立发明,也考虑到传播的作用。他们强调传播,也反对极端传播论。

1920 年,博厄斯预言性地指出,美国学者开始对文化变迁的动态现象感兴趣。1932 年,博厄斯在其著作《人类学研究的目的》中说道:"人类学必须研究文化现象的相互依赖,必须通过对现存社会的研究取得资料。"他认为,应研究不同文化接触所产生的影响。

历史学派理论主要注重文化模式中一般的相同和差异而忽视不太明显的细节,但强调细致的田野调查和详尽的民族志描述,研究者可以从中观察到文化变迁的过程。

(四)功能学派的观点

功能学派的主要代表人物有英国的马林诺夫斯基、拉德克利夫·布朗等人。功能学派把功能、结构看作社会文化系统的核心。社会是一个整体系统,由各个相关部分组成,它们有自己的功能,作用于整体,一处失调可由其他部分得到调整,因而无论社会文化怎样变迁,社会最终总是趋于均衡、稳定状态。所以,功能学派认为应该把文化视为一个整体,反对美国历史学派把文化看成是由一些互不相关的文化特质构成的堆积体。

马林诺夫斯基在其著作《文化变迁的动力》中主张:文化变迁是结构性的变化。变迁的动因是独立的演化,是传播。马氏认为,文化具有满足需要的功能,把满足不断增加的需要作为文化变异的内部动力。布朗也强调文化的功能和整体性,它的功能是部分在社会整体中所起的作用,而不是满足生物需要。布朗论述了文化接触产生的相互作用,认为研究文化变迁的过程,共时性研究优于历时性研究，但同时也必须进行历时性研究，才能发现文化变迁的规律。

功能学派通过其功能的变化、消失和替代来实现文化变迁。

二、民族传统体育文化变迁的过程和途径

一个社会内部和外部的变动都会促使其文化系统发生适应性变化，从而引发新的需要。传播、涵化、创新是文化变迁的过程和途径。文化变迁过程的各个环节之间并非是单向的因果关系，而是相互作用的一种关系。

（一）文化传播

文化传播是指人类文化由文化源地向外辐射传播或由一个社会群体向另一群体的散布过程。根据传播方式的不同，文化传播分为两种：直接传播和间接传播。直接传播多指由具备文化的人们通过商队、军队等途径直接传播某种精神或物质方面的文化内容，其传播的内容多为专业性较强的文化内容，如新的农艺技术和发明创造等；间接传播主要指某一社会群体借用外来文化特征中的原理，进行文明创造活动的一种刺激传播，如欧洲最终发明瓷器是在知道中国瓷器大约200年之后。间接传播表现出一种比较复杂的文化扩散营力。有学者如此总结："文化传播指的是一个文化发明创造出来的文化要素乃至文化的结构、体系向本文化外的地域扩散或转移，引起其他文化的互动、采借以及整合的过程。"[①]文化传播是民族传统体育文化变迁的外在机制之一。

学者田祖国等人认为："我国的民族传统体育文化在原始社会萌芽，在人们的生存技能中有很多体育因子，代代相传，并在原始宗教和人们的文化生活中出现。到了奴隶社会，民族传统体育文化更多地体现出表演功能。封建社会是民族传统体育文化的繁荣时期，这一时期的民族传统体育项目增多，人们在生产、生活之余经常举行体育盛会，通过体育手段与外界交流。到了封建社会后期，随着社会的

① 孙秋云：《文化人类学教程》，民族出版社2004年版，第45页。

更替，人口流动或人口迁徙，不同文化的人群长期接触，各民族之间的交流，一些民族传统体育项目因文化存在环境的变化、社会的演变而被人们淡化甚至遗忘，如苗族的打花棍、土家族的撒尔嗬、壮族的打拐、白族的跳伟登、彝族的吉菠基仲、侗族的打泥巴仗、回族的堆人山、蒙古族的踢牛嘎拉哈等。”[①]由此可见，少数民族人民的思维已经发生了改变，文化的传播使原本居于主体文化的部分体育活动逐渐边缘化，而转变成为节日、喜庆之余的生活点缀。

文化的不断发展促使不同种族、民族之间的交流日益频繁，不同价值观念的碰撞和融通更加明显，在这种开放的条件下，任何社会、国家都不可能单一存在，都会受到来自不同的非主流文化的冲击。在经济全球化这一大气候下，具有独立个性和不同特征的各种文化，必然会出现文化的变迁。变迁和整合这一对立现象会同时存在，推动着传统文化的和平发展，文化变迁一旦发生，必然会导致最终的文化整合。在文化整合的过程中，不同的文化之间会出现互相利用、互相吸取的现象，这种现象有利于文化自身进行反思与自觉，从而获得发展，也带来文化创新的萌芽。

可以说，文化的变迁是在文化的交流和传播中诱发的，而文化交流的过程也是文化的变迁与整合的过程。在文化传播中，外来文化寻找到了融入本土文化的突破口，进一步在实质上促进了文化的互相吸引、互相渗透。所以，文化传播是人类社会关系赖以存在和发展的机体，是引起社会变迁的重要原因之一，有批判地采借和吸入外来文化是实行社会改革，推动社会进步的必要条件。

（二）文化涵化

“涵化”是文化变迁的一个核心概念，美国人类学家称之为 acculturation。acculturation 一般被译为“文化移入”或“文化触动”。而英国等地的人类学家则使用 culture contact 一词，与“涵化”一词

① 田祖国等:《民族传统体育文化现代变迁与发展研究》,《体育文化导刊》2003 年第 4 期。

的概念基本相同。culture contact 被译为“文化接触”，虽然简洁、易懂，却由于没有表达出由于接触外文化而产生了不同民族的文化相类似这一含义，因而未被广泛使用。最早使用“涵化”一词的是美国民族学局首任局长鲍威尔(J. W. Powell)，他在其 1880 年发表的论文——《印第安语言研究导论》中首次谈到在百万文明人的压倒之势的情况下，涵化的力量造成土著文化巨大的变迁。“涵化”一词现已成为美国民族学词汇中的常见词。

涵化有多种定义，其中以 1954 年的备忘录中对“涵化”作出的定义最为宽化和简洁。1954 年的《涵化研究备忘录》将涵化界定为：是由两个或多个自立的文化系统相连接而发生的文化变迁，一个自立的文化系统就是人类学文献上一般所说的“一个文化”。比(R. L. Bee)也对涵化提出了自己的定义，他在《模式与过程》一书中提出了涵化的概念的几个特点：首先，涵化是指当两个自立的文化相遇时发生的变迁。其次，涵化作为一种变迁过程，它与传播过程是存在区别的。凡是发生涵化情况的都发生传播，文化特质和思想通过传播的各种渠道被传递到接受文化的一方，从而进一步发生涵化。但传播只是涵化过程的一个方面或一步。最后，涵化和传播是密切相关的。但是两者是完全不同的，必须要把概念区分清楚。赫斯科维茨则将传播看作已经成功的文化传递，而涵化则是在过程中的文化传递。

学者林耀华认为：“1840 年，西方的坚船利炮掀开了中国尘闭的大门，对中国进行军事、政治、经济甚至文化的入侵，给中国的社会格局带来翻天覆地的变化，我们现在看到的大多的民族传统体育文化，是在新的政治、经济、文化体制下，在外来西方文化的冲击下，变迁后的非原始的民族传统体育文化。西方体育的强势侵入、强势扩张和强势占领，使我们民族优秀的传统体育文化遗产受到了极大的冲击和伤害，导致了中西体育文化在中华民族心灵中的主客体移位，民族传统体育发展陷入尴尬的境遇之中。”① 当今世界，伴随着经济全球

① 林耀华：《民族学通论》，中央民族大学出版社 1997 年版，第 154 页。

化的发展，文化全球化趋势日益明显，在世界不同文化的交流融合中，经济地位决定着文化的地位，强势的文化必然通过种种优势将自己的文化价值推向世界。从目前全球文化力量对比来看，西方文化以其绝对的经济优势成为一种强势文化，在迅速走向世界的过程中逐步排挤本土文化，对其他文化造成巨大的冲击和压力，并开始占据、支配人们的思想和观念。我国的民族传统文化也遭受着西方强势文化的影响和冲击，造成各民族对本民族特有的传统体育文化认知产生了新的价值取向，民族传统体育文化的变迁也因此而逐步形成。各地民族传统体育文化形式与西方体育文化日益接近，在发展方向上也逐渐迷失。

随着社会的不断发展，文化已逐渐成为一个国家综合实力的重要衡量指标，深厚的文化底蕴和强大的文化竞争力是国家富强、民族振兴的象征，保护民族文化传统、强化文化实力是国家不断发展的重要条件。在这种国际环境下，国家意识和民族意识不断强化。文化全球化促使世界各国力图建立多元化的文化体系，以求得世界体育文化的长远发展。如何在各民族传统文化的沟通和交流中，保持并传扬本民族优秀文化传统，以增强自身文化软实力竞争力，成为当前每个民族需要思考并解决的问题。

（三）文化创新

创新，是一个民族的灵魂，是一个国家兴旺发达的不竭动力。文化发展的实质，就在于文化创新。文化创新，是社会实践发展的必然要求，是文化自身发展的内在动力。文化在交流的过程中传播，在继承的基础上发展，都包含着文化创新的意义。学者梁自玉认为："传播和涵化是引发文化变迁的外部机制，从内部机制考察，创新才是文化变迁的根本动力，是民族传统体育文化避免同化、保留'自我'的法宝"[①]。

---

① 梁自玉：《湘西凤凰县民族文化变迁机制探析——以苗族为例》，《贵州民族学院学报》2001年第1期。

文化创新推动着社会实践的发展，而社会实践又为文化创作提供丰富的源泉。文化创新必须立足于社会实践，这是文化创作的基本要求，也是文化创新的根本途径。当前，世界文化呈现出多样性，不同民族文化之间的交流、借鉴与融合，是文化创新必然要经历的过程。要实现文化创新，一方面要着眼于文化的继承，“取其精华，去其糟粕”，对传统文化进行选择性和批判性的继承，“推陈出新，革故鼎新”；另一方面，在与不同民族文化的交流中要积极借鉴，“取长补短”，以世界优秀文化为营养，充分吸收外国文化的有益成果，并以我为主、为我所用，为传统文化注入新的发展元素。

万义等学者撰文指出：“继‘体育土洋之争’后，国人开始思考民族传统体育的出路。我国的民族传统体育文化是在农业文化中生根发芽的，民族传统体育具有很强的农业文化形态的特征，是农业文明的体育，它现今的发展趋势必然是走向工业体育文化形态，将来工业文化形态成熟以后的目标是后工业体育文化形态。我们的民族传统体育在实现现代化的过程中，也就是从农业体育文化形态向工业体育文化形态转型的过程中，必须拥有宏观、发展的眼光，创新的精神。让我国民族传统体育发展的方向要与民族传统体育发展的趋势保持一致，只有这样，我国的民族传统体育文化才能与时俱进，向前发展。”[①]古维秋、涂传飞两位学者指出：“随着改革开放的深入。科学发展观与和谐社会理念的提出为这种契合提供了契机，民族传统体育文化被提高到促进民族和谐的高度。把民族传统体育文化的独特地位具体化、现实化，这些举措都将促进民族传统体育文化的发展和创新。继承是社会发展的基础，创新是时代前进的动力，当前我们的民族传统体育文化需要在继承的基础上创新发展，对于民族传统体育文化的传承和发展来说，我们的民族传统体育文化有很深的积淀，

① 万义等：《民族传统体育综合创新发展观的质疑与思考》，《体育与科学》2007年第1期。

但是创新才能保存和发展。"[①]当今世界，西方体育逐渐全球化，在这种趋势下民族传统体育文化要进行创新，就必须要遵循文化创新的两条路子，即一方面要扬长避短，保持民族文化自主性的民族特色；另一方面要运用全球化的视野、可持续发展的思想改进民族传统体育文化的缺陷和不足。我们要加强与世界各民族之间的体育交流，汲取其他民族的优良传统，吸收不同体育文化的长处，将其作为自身体育文化的辅助因素，同时要继承传统体育文化优势，坚定本民族自身的文化底蕴，传承本民族深厚的文化内涵，并兼具开放的心态，借鉴世界各民族优秀文明成果，进行文化的自我创新，在与世界上其他民族传统体育文化的交流融合中实现自身文化的繁荣发展。

三、民族传统体育文化变迁的原因

促使文化变迁的原因，一是内部的，由社会内部的变化而引起；一是外部的，由自然环境的变化及社会文化环境的变化如迁徙、与其他民族的接触、政治制度的改变等而引起。

(一)内部因素

1.生存环境的改变

自然环境不仅仅是人类繁衍生息的空间条件，同时还是人类赖以生存和发展的物质基础。受不同的自然生态环境的影响，人们会产生不同的生产方式与生活习俗。中华民族传统体育产生于自然经济时代，由于农业经济形态居主体，其地域性明显，民族性传统文化色彩浓郁。随着人类社会的发展，民族传统体育生存的土壤必然也随着社会进化而发生质的变化。最初，人们的生存依赖于动植物，身体活动完全处于充满自然物质的世界。21世纪的今天，生产方式已发生巨变，尤其是在工业革命和新的技术革命的兴起和出现后，人类已经逐步离开优胜劣汰的自然选择，为自己创造了一个新的越来越

---

① 古维秋、涂传飞：《民族传统体育文化传承与农村和谐社会建设》，《北京体育大学学报》2008年第10期。

舒适的生存环境。然而，由于人类长期生活在人工制造的物质环境中，人类虽然已不再需要被动地去适应自然条件，然而人类也付出了巨大的代价——人类体质的弱化。

由于生存环境的异化，人类不得不用体育手段来解决自身的生物性退化问题，体育的作用变得不可取代。民族传统体育在此背景下也由满足物质生活的需要逐步演变为满足人们健身、娱乐、教育、竞技、政治和经济等方面的需要，以此来适应不断发展的生存环境。而民族传统体育功能的嬗变，势必引起人们对民族传统体育在文化层面上的认同的变迁、异化与筛选。这就使得民族传统体育必然面临时代的选择，产生内部变革与外部适应的变化，从而实现自身的蜕变。

2. 社会转型的影响

改革开放以来，我国进入经济转轨和社会转轨的双重变革时代，社会领域的多样化发展日益显著，传统的社会观念和一些价值取向开始淡化，新的价值观念逐渐增强。变革与转型造成了社会中多种事物的变迁。这种社会转型时期的多样性和复杂性，是社会进步和改革开放的必然，也是民族体育文化变迁的前提。处在社会转型期的民族传统体育文化，不仅所依赖的环境发生了较大的变化，而且随着新观念和新思想的不断涌现，民族传统体育文化的发展与传承的主体思想也发生了变化。

在社会转型期，受各种因素的影响，不同类型和模式的文化交流和传播遇到发展瓶颈，在与西方体育文化的冲击与碰撞中，部分项目因落后于时代要求而陷入无所适从的尴尬境地。受西方文化和外来民族文化同化的影响，民族传统体育文化的民族性在逐渐削弱。例如武术等传统技击术，已逐渐向竞技化发展，民族传统武术的发展前景渺茫。随着体育全球一体化的进一步加强和西方竞技体育的大量传入，人们逐渐淡化和改变了民族传统体育文化观念，从而使得民族传统体育文化的继承者呈明显减少的趋势，理论研究工作者和传统体育项目的运动员、教练员人才大量流失。

文化具有鲜明的时代性特点，处在不同时代的文化有着自己不同的特色。根据马克思主义哲学中的发展观原理，一切事物都处在不断的运动发展变化之中，新事物的产生必然导致旧事物的灭亡。因此，在旧文化中孕育出的新文化，必然具有鲜明的时代特征。目前，我国已进入全面的社会转型时期，社会转型与文化转型同向共进，在这一重大的急剧的全方位变节中，传统文化包括传统体育文化在内的一切社会文化将被赋予新的时代责任。在这一重要时期，伴随着外来新兴的体育文化的传入以及国际体育竞争的激烈，民族传统体育文化处于一种比较尴尬的地步。如何对民族传统体育文化进行保护与开发，使其保持原有的民族文化特色并在吸收外来体育文化的基础上不断地发展壮大自己，是需要尽快解决的问题。

3.大众传媒的冲击

英国人贝尔纳认为，工艺发展因素决定了文化变迁，该理论认为科学发明、技术进步和工艺发展影响了文化的变迁与发展。早期的民族体育文化由于社会生产力水平低下以及自然环境条件的隔绝，使其长期处于封闭的状态而独立存在。在现代科学技术和社会经济高速发展的今天，交通的改善、信息网络技术的形成，使得全球成为一个紧密联系的互动的整体，经济的全球化加快了信息的传播。各民族体育文化在信息技术的帮助下逐渐走向世界，同时形形色色的外来文化也走进来，冲击着人们的生活，也促使民族传统体育文化发生变迁。

世界潮流的大发展趋势以及时代的要求与变迁，使民族传统体育所赖以生存的社会环境发生了变化。民族传统体育长期以来形成的固有的文化及传承方式，已经不适应时代的要求，必须与外来文化相互适应、相互融合，不断吸纳、兼容先进的文化。社会环境的变化，也改变着人们长期以来形成的相对固定的生活方式，都市文化在民族地区的泛滥现象十分严重，撼动了民族体育赖以生存的坚实的文化基石。不可忽视的是，民族传统体育文化在博采众长、吐故纳新的同时必须保留民族体育文化自身的精髓。

（二）外部因素

1.文化全球化的大环境

当今世界，随着信息和经济的高度发展，各民族文化进行着相互沟通、互补和交流，在逐步摆脱地域限制和民族模式的前进中走向世界文化。这主要表现为以下两点：第一，各个民族文化超越自身向世界文化趋近；第二，世界文化越来越仰仗各民族文化资源的支持。这是历史的一种必然趋向，文化全球化是21世纪人类文化发展的总趋势。

传统体育文化是在漫长的历史长河中伴随着时代的进步而不断发展与丰富的，不同的历史时期民族传统体育文化的特点和表现形式也是有所不同的，带有明显的时代性特征。目前，体育文化出现全球化的趋势，民族传统体育文化必然会受到影响。体育文化全球化是一把双刃剑。近几年来，民族传统体育文化在走向世界的道路上得到了不断的推广、传承与发展，不断获得文化的认同，取得了前所未有的发展；但同时，随着国际体育竞争的愈演愈烈，民族传统体育文化也容易失去自我，失去自身的发展特色，渐渐地在这种环境中被同化。

体育文化全球化是历史的潮流，也是世界的发展趋势，我们只能顺流而行，不能逆流而泳。在体育文化全球化的浪潮中，保持自身民族体育文化所独有的民族性是每个民族的历史重任与义务。民族传统体育文化要想在体育文化全球化的大环境中永久地生存与发展是一件比较困难的事情，这种环境使民族传统体育文化发生变迁。

2.奥林匹克文化的冲击

现代奥林匹克运动从诞生之日起就将自己定位为世界性的文化，奥林匹克全球化是其价值普及的结果。伴随着经济全球化的到来，体育全球化形成了一种对民族传统体育的围攻之势。在体育全球化的过程中，由于西方工业文明所带来的经济等领域的巨大优势，当今的全球化在相当程度上过多地表现为西方化，而在体育领域中，伴随着奥林匹克运动的全球化进程，西方的体育文化已经逐渐地成为了世界体育文化的主导，世界各民族的体育文化都在不断地、盲目地向西方体育文化看齐，人们自然而然地形成了一种西方化的语境和话语系统，并且习惯性地将本民族体育与西方体育进行对比。目前，以体育文化全球化为典型标志的现代奥林匹克运动会已成为各个国家和地区展现本国和民族独特文化的世界体育盛会，奥林匹克文化在世界文化体系中占有举足轻重的地位，加速着各民族文化的世界化、全球化进程，对不同的国家及各民族都产生了方方面面的影响。奥林匹克文化的全球化影响着民族传统体育文化，使其不可避免地发生了变迁。

我国民族传统体育在经过漫长停顿后于 1982 年迎来了崭新的春天。如 1982 年民运会的重新举办列出了骑马、摔跤、射弩、秋千等竞赛项目，此外还有很多精彩纷呈的表演项目，从而揭开了中华民族体育事业整体大步向前推进的序幕。20 世纪 80 年代，龙舟被列入全国比赛；20 世纪 90 年代，风筝被列入全国比赛，从此，民族传统体育得到了飞速发展。同时，中国也确立了“奥运争光”和“全民健身”协调发展的体育发展战略，2008 年奥运会的成功举办就是一例证。但是，相比之下，中国民族传统体育的发展前景却不容乐观，“奥运会”的绝对导向，使得国家竞赛体制——全运会，甚至各地地方运动会都得围绕奥运会项目设项比赛，这一导向在一定程度上使得有着悠久历史的民族传统体育项目逐渐丧失了原汁原味的民族文化汁味而被“竞技模式化”。例如，第七届少数民族传统体育运动会上，仅一个球类运动就有 10 个项目，如湖北土家族的棉花球、重庆土家族的竹铃球，还有满族的绫球、瑶族的鹄芦球、毛南族的马革球、仡佬族的竹连球、赫哲族的叉草球、高山族的竿球等，一些具有健身价值的项目由于过分借用奥运会的模式，不仅对其他民族传统体育项目的发展起到限制作用，同时对民族传统体育文化的变迁也产生了不可估量的影响。另外，还有一些民族传统体育项目的表演技巧越来越高，已经不是民族情感的自然显露，而是表现特色的一种表层的人为造设，例如民族传统文化的瑰宝——武术，在“高、新、难、美”这一奥运竞技体育游戏规则的导向下，逐渐趋向奥运会的竞赛方式。

综观世界近代民族文化振兴的历史过程，无不把民族的优良传统文化注入新的创业之中，如果一个民族淡忘了自己的历史，其创造力必然枯萎。从目前的社会背景看，民族传统体育文化的价值已经遇到严峻挑战。面对奥林匹克文化对民族传统体育文化的猛烈冲击，一些学者开始认识到发展民族传统体育文化的重要性，并开始全面系统地着手保护它的发展，期望打造具有民族特色的民族传统体育文化，但收效甚微。

3. 外来文化因素的影响

人类社会是一个不断运动和变化的过程，文化是其中的一部分。人类的文化历史，就是一部文化冲突史，不仅有内部的冲突，也有外部的冲突，这种现象构成了人类文化的主旋律。文化是人类在长期的社会生活中创造的产物，人类的民族传统文化也是在历史的长河中不断创造与发展的，在不同的民族地区与环境中创造了不同的文化体系和形态。当一种外来文化进入时，必然会引起民族传统体育文化体系的不同反应，通过对外来体育文化因素的吸纳、交汇，使原有的民族传统体育文化结构发生某种程度的改变，或者是容纳，或者是反对，或者是冲突，而后者的状况会使民族传统体育文化发生变迁。

当今社会，文化全球化是未来发展的大趋势，这已是一个不争的事实。西方体育文化是外来文化的显著代表，它以一种强势的姿态入侵其他民族传统体育文化。在西方体育文化的传入过程中，中华民族传统体育文化必将受到极大的冲击。这种单向的西方化倾向的体育已经形成了相对强大的优势群体，如西洋体育传入中国时在洋学堂中开展体育活动，从而起到“辐射”和引导作用。在有利于西方体育发展的游戏规则下，中华民族传统体育的发展将受到许多不利于其发展的规则的制约。近代以来随着西方列强对我国的侵略，我国各地区、各民族中都布满了西方体育文化的足迹，它在我们的国土上无视我们民族体育文化的存在，不断对其排斥、撞击，民族体育文化逐渐失去了原来赖以生存的社会基础。我国部分民族传统体育项目就是因为西方体育文化的冲击而消亡或逐渐走上了消亡的道路，如侗族滚乱泥、回族堆人山、白族跳伟登等。

西方体育的不断传播，有力地冲击了中国各民族旧有的思想观念，也改变着中华民族传统体育方式。如果整个中华民族传统体育体系按照西方体育的模式来发展，最终将导致中华民族传统体育丧失其最可贵的民族性。为了保住自己在社会生活中的地位，在外来体育文化的蔑视和强大的挤压下，民族体育文化不断发生变迁，与外来体育文化进行整合、吸收，以期巩固自己在社会生活中的地位不被动摇。正如有些学派认为的那样，在体育文化全球化的发展潮流之中，民族传统体育文化不断得到传播和流动，并受到外来民族体育文化的碰撞与影响，对自身造成了极大的影响，从而逐渐地使它产生变迁。外来体育文化的传入导致传统体育文化内部的变革和变迁，是民族传统体育文化变迁的一个重要的外在因素。

第四章　民族传统体育项目

第一节　民族传统体育项目的形成及分布

民族传统体育有着悠久的历史、丰富的内容和浓郁的民族特点。除汉族外，中国的55个少数民族，在自身的发展过程中，形成了独有的文化特点。各具特色的中国民族传统体育，源于同天、自然环境和封建势力的斗争而进行的强身健体、习武保家的活动，源于祈福、娱乐怡情活动，源于长期生活、生产方式和社会实践中各族人民创造和形成的丰富多彩的民族体育项目。由于民族分布的特点，也决定了民族传统体育的根部情况是相互交错、错综复杂的。

一、民族传统体育项目的形成

中华民族源远流长，博大精深，民族传统体育项目的产生和形成，大致可以归纳为以下几种：

(一)图腾崇拜

图腾崇拜是将某种动物或植物等特定物体视作与本氏族有亲属或其他特殊关系的崇拜行为，是原始宗教的最初形式。原始人相信每个氏族都与某种动植物或其他自然物有亲属或其他特殊关系，图腾崇拜的对象一般以动物居多，作为氏族图腾的动物(如熊、狼、蛇等)即是该氏族的神圣标志，被列为全族之忌物，定期举行祭拜仪式，以祈祷本氏族繁衍昌盛。

早在四五千年前，由于生产和战争的需要，人们很早就会造舟、划舟和驾舟。而由于常常受灾害性天气影响，这种原始渔猎业、农业往往会颗粒无收，甚至船毁人亡。在这种不可抵御的自然力面前，居住在水乡泽国的人民只有寄希望于神灵的庇护，于是他们把代表水神的龙图腾装饰在舟的前头，祈求上天保佑。但是，受社会因素的影响，这种仪式慢慢地演化成具有锻炼身体、民族团结、文化交流、联系友谊的“龙舟节”。图腾崇拜不仅生动地表明人类同自然界某一自然物有着亲密的关系，而且还是人类与自然界关系的最初表现，也是人对民族文化的最初探究。

(二)生产与生活方式

民族传统体育是在劳动人民的生产活动中被创造出来的。在生产劳动实践中，劳动人民不仅创造了本民族的传统文化艺术，也创造了内容丰富多彩、形式灵活多样的传统体育，使生产劳动与体育天然和谐地统一。例如，裕固族的“浩尔畏”，又称“打撂抛”，原为放牧时用来赶羊吓狼，久而久之人们便以撂得高、撂得远为标准，经常聚在一起进行比赛。又如青海省土族的大车，生产时搞运输，比赛时横过来便成为传统体育活动项目——轮子秋，竞赛者在高速轮转后下来还能唱歌，才算胜利。

中国是一个传统的农业国，人们为了扩大适于居住的环境，改善生活质量，不断对大自然进行改造。在对大自然进行改造的过程中，各种不同形式的自然难题需要人们不断地去克服，在这种克服自然难题的过程中逐渐形成了各式生产工具、生活内容、生活方式，体育活动作为社会实践活动的一部分，也是在此过程中逐渐演化而成的。如山地的竞走、江南的竞渡、大漠的赛驼、丛林的射弩、北国的冰嬉等，都保留了地域的生产工具与生活方式的烙印。先民们在传统文化中创造、选择、发明和发展起来的民族传统体育，历尽沧桑，经久不衰，推动了体育的发展。

（三）征战与狩猎

我国各少数民族无论大小都走过了一个从分散到独立、从战争到和平的历史发展过程，民族传统体育活动伴随历史的步伐深深印刻着历史的痕迹。蒙古族的起源和发展就充分地证明了这一点，原本一盘散沙的蒙古族在经历了长期的战事纷争后，最终由铁木真统一，并建立了蒙古国。可以说蒙古族的历史充满了战争的色彩。蒙古族是生活在马背上的民族，精骑善射，这使民族体育项目必然与马匹、征战有关。宋代，青海地区的藏族唃嘶啰政权为了抵御西夏的侵扰，时而用强悍的骑兵作战，时而用角绑利刃的牦牛冲杀，难以阻挡的牦牛阵使西夏兵闻风丧胆。从此，藏族更加倚重牦牛，精心喂养，大力繁殖，赛牦牛活动也更加普遍。盛夏时节，千里草原一片碧绿，藏族人民大都是选择这大好的时机赛牦牛。

又如摔跤、赛马、贵由赤等运动都与战争有着不可分割的关系，信仰藏传佛教的少数民族的射箭、套马、甩抛尕等项目虽然是在狩猎过程中产生和积累而来，但在战争中得到不断丰富和创新，在体育活动中得到永久继承和发扬。这些运动项目不仅产生于本民族，而且在本民族得到广泛的展开和普及，从而具有普遍存在和广泛流传的群众性和世代承传性。其道德准则不仅对该民族成员有着自我教育、自我尊重、自我遵循的约束性，同时还被并视为本民族的重要标志。

（四）宗教信仰

宗教信仰不仅是一种意识形态，一种社会历史现象，它还是包容性很大的文化现象。在人类社会早、中期时代，宗教在一定程度上是人类文化的主成分。宗教在每个信仰它的民族政治、经济、文化等方面都曾留下了深深的烙印。正如《云南志略·诸夷风俗篇》所记载："末些……五月十五是祭天极严浩，男子动数百，各执其手团旋舞以为乐。"又："白苗……祀祖之先必择肥壮牯牛，头角正者饲之。乃聚合寨之斗于胜。胜则吉……祭毕合亲族歌饮为欢。”[①]从以上所述中，我们不难发现，宗教内涵在这一类体育项目中占了很大的部分。

生活在西北的藏族、土族、裕固族等民族，信仰藏传佛教，其祭祀活动中的“祭鄂博”就隐含着浓厚的民族体育成分。“祭鄂博”原为祭山神、财神。庙宇设在山顶或两山连接处的山脉，喇嘛念完经，祭祀的人们都要穿上新衣，开始登山，其实这就是一种体育活动。“观经会”是土族地区各大藏传佛教寺院举行的祈愿法会。在会上，不仅有固定的宗教仪式，还有很多民族活动，如有信教群众的“滚芒茶”活动，寺院喇嘛的“跳坎”活动等。“跳坎”活动由寺院中专修音乐舞蹈的神舞院举办并演出，节目有法王舞、马首金刚舞等。表演者戴着神鬼和动物等面具，穿着式样奇特的古代服装，在打击乐和鼓吹乐器的伴奏下翩翩起舞，引得群众争相观看。随后举行盛大的内容丰富的“挑作若”“打作若”等民俗活动。[②]

可以看出，无论是藏传佛教的喇嘛庙还是寺院，都是信教群众文体活动的主要场所，人们在这里欢度宗教节日，互通信息，增加友谊，在强化宗教情感的同时，显现出民族传统体育的花蕾。

(五)民俗与婚恋

民俗是由人类社会群体生活的一种需要逐渐发展而来，在特定的民族和地域中不断形成、发展和演变，为民众的日常生活服务。例如，赛牦牛——这一民俗运动就给藏族同胞的社会生活增添了无穷的情趣。赛牦牛还有一个美丽的传说，相传唐朝初年，吐鲁番大可汗松赞干布为了迎娶文成公主，特地派遣了由大批骏马组成的马队来到赤岭(今日月山)迎亲，并且举行了隆重的欢迎仪式。仪式上黑、白、花各色彩牛组成的赛牦牛活动，让文成公主感到非常高兴。自此以后，松赞干布便规定每年赛马的同时举行赛牦牛这一富有情趣的活动。

① 转引自熊志冲:《民族体育的特征、功能和传播方式》,《上海体育学院学报》1992年第1期。

② 参见穆赤・云登嘉措主编:《青海少数民族》,青海人民出版社1995年版,第322页。

哈萨克族是一个以牧业为主的民族，因而其民族传统体育活动也就与骑马和放牧紧密联系在一起。最受哈萨克男女青年喜爱的"姑娘追"就是他们长期劳动和草原生活的结晶，使婚恋与民俗在传统体育活动中体现得更加充分。

二、民族传统体育项目的分布

在我国960万平方千米的版图上，分布着56个民族，55个少数民族以"大杂居、小聚居"的格局分布在我国64%的疆土上，而且主要分布在我国的边远地区，交通不便、居住分散、土地贫瘠、资源缺乏的生存环境造就了其体育文化具有明显的地域性特征。根据民族传统体育的地域性特征，我们把全国民族按地区分成五大板块：西北板块，主要包括维吾尔、撒拉、哈萨克、土、回等14个民族；西南板块，主要包括藏、彝、傣、苗、侗、白、独龙、阿昌、纳西、哈尼等25个民族；东北板块，主要包括满、蒙古、赫哲、朝鲜、鄂伦春等7个民族；中南板块，主要包括壮、瑶、京、黎、畲、仫佬、土家、高山等9个民族；东南板块，主要是汉族。

由于自然环境、风俗习惯、宗教信仰等方面的不同，不同民族的人民创造出了内容丰富、形式多样、特色鲜明的传统体育文化以及种类繁多具有鲜明民族特色的传统体育运动项目。其分布及基本情况如表4-1所示。

表4-1　中国民族传统体育项目及地域分布

地区	民族	主要分布地区	民族传统体育项目
西北地区	回族	宁夏回族自治区、甘肃省、河南省、新疆维吾尔自治区、青海省、云南省、河北省、山东省、安徽省、辽宁省、北京市、黑龙江省、天津市、吉林省、陕西省、海南省	踢毽，打铆球(拦子)，木球(打篮子)，墙球，打抛俩，打梭儿(打尖)，洒蛋蛋，打抛(打毛球、打毛弹)，打石头，打得拷，踢毛毽(踢线球)，拔河，报牛，拔腰，胖跤，抱小腰(抱腰拔河)，打权杨，对棍，花式跳绳，顺风扯旗(爬杆、顺风打旗)，掷子(扬石锁)，耍中播，赛马，抱杆，方棋，跳格，跳皮筋，扔包，赶老牛，斗鸡赛，滑冰车，打砖，弹腿，回民七式，回回十八肘，护身拳，通背拳，白猿通背拳，八极拳，阴拔枪，查拳，心意六合拳，八门拳，八门驯拳，环子锤，汤瓶拳，十三太保气功

续表

地区	民族	主要分布地区	民族传统体育项目
西北地区	维吾尔族	新疆维吾尔自治区、湖南省	达瓦孜(走索、走软索),萨哈尔地(轮转秋千),切里西(摔跤),赛马,叼羊,骑射,帕卜孜,打嘎儿,奥都卡尔,顶瓜竞走,抢花帽
	哈萨克族	新疆维吾尔自治区、甘肃省	叼羊、赛马、姑娘追、摔跤、掷白骨头、躺倒拔河、拍打毛线球
	东乡族	甘肃省、新疆维吾尔自治区	赛马、压走马比赛、压走骡比赛、巴哈邦地、"咭咭土"、跑火把、三连石击目标、当尕达至拿杜(打土块仗)、一马三箭、打鞭子比赛、羊(牛)皮(袋)筏子竞渡、骑木划水、夹木过河、人牛泅渡
	土族	青海省、甘肃省	轮子秋、拉棍、拔腰、踢毽子、打毛蛋、帝王走
	锡伯族	新疆维吾尔自治区、辽宁省、吉林省	射箭、摔跤、欻嘎拉哈(欻子儿)、滑冰、打瓦(把靶)、踢熊头、打螃蟹、射古斯
	柯尔克孜族	新疆维吾尔自治区、黑龙江省	追姑娘(姑娘追),飞马拾银,叼羊,走马,射元宝,狩猎,奥塔热希,马背拔河,跨驼比武,月下赛跑,奥尔达(打皇宫),昂克尔代(扔木棒),科力布卡(牛式拉力、劲力拔河),二人翻(翻跟斗),莫西拉西,包考(牛毛球),二人秋,"狼吃羊"棋,交安尼希,奥尔托托甫,阔容铁,阿尔罕塔尔提希(拔河),棒击球
	撒拉族	青海省、甘肃省	拔腰、打缸、打蚂蚱、打日斗来(耍哑铃)、蹬棍(儿)、放木筏、赛瓦、游泳、骑术、溜道、滑柴
	塔吉克族	新疆维吾尔自治区	叼羊、赛马
	乌孜别克族	新疆维吾尔自治区	赛马、叼羊
	俄罗斯族	新疆维吾尔自治区、内蒙古自治区	嘎里特克(击木)
	裕固族	甘肃省	赛马、摔跤、射箭、赛骆驼、打蚂蚱、拉棍、拉爬牛、顶牛、浩尔畏(打撂抛)

续表

地区	民族	主要分布地区	民族传统体育项目
西北地区	保安族	甘肃省	抹旗(挥旗)、夺腰刀、抱腰、拔腰、甩抛尕打石头、羊皮筏竞渡
	塔塔尔族	新疆维吾尔自治区	爬杆、赛跳跑
西南地区	苗族	贵州省、云南省、湖南省、广西壮族自治区、四川省、重庆市、广东省、湖北省、海南省	荡秋千、划龙舟、爬坡杆、爬花杆、上刀梯、手毽(麻古)、掷鸡毛、赛马、跳鼓、猴儿鼓舞、拉鼓、踢毛菌、接龙舞、舞狮、跳狮子、打泥脚、打禾鸡、踢角架、布球、打"草蛇"、穿针赛跑、织麻赛跑、穿花衣赛跑、穿花裙赛跑、踢枕头、摔跤、芦笙刀、射弩、射背牌、打花棍、金钱棍、舞吉保、苗拳、贵尤拳
	彝族	四川省、云南省、贵州省	摔跤，赛马，射弩，射箭，互布吉则(蹲斗)，皮风子，抽陀螺，打磨秋，跳火绳，跳牛，跳板凳，跳小单门，跳大单门，棕球，皮球窝，小包团，撤实威威，青木拉(跳鸡毛球)，十六赶将军，月亮棋，吉菠基伸，设渡比拉，字过〔勒自若里(称抓石子)〕，阿勃难(弹豆)，跳大海，舞龙，耍狮子，老虎抢蛋(偷狐儿、老虎踢子)，日尔吸(赶老牛)，杠术，顶头，对手拉，抵肩，扭扁担和顶扁担，尔满古，拔萝卜，跳高脚马，爬油竿，绵羊拉绳，辣地，阿克登登土(斗鸡)，刀术
	藏族	西藏自治区、四川省、青海省、甘肃省、云南省	赛牦牛，赛马，马术，跑马打枪，骑马点火枪，射箭，射击，藏棋(密芒，为多眼棋或多目之戏)，尼格尔，吉布杰曾，甲波得雪，"略之把"棋，加哲(角力)，抱腰(互背)，大象拔河，"朵加"(抱石头)，举皮袋，赶唆哄(赶猪)，吉韧，娃郎得，击球，俄尔多(抛、打抛兜)，打牛角，套圈，跳高，跳绳，游泳，蹬棍，放风筝，射碧秀(射响箭)
	布依族	贵州省	丢花包，花棍舞，打格螺，划竹排比赛，荡秋千(十字秋—秋观音、夹板秋—摩秋)，赛马，耍狮，铁链械
	侗族	贵州省、湖南省、广西壮族自治区	抢花炮、哆毽、踩石轮、草球、骑木马(踩高脚)、学斗牛、舞龙头(跨颈龙)、耍春牛、踩芦笙、投火把、摔跤、三三棋、侗拳

续表

地区	民族	主要分布地区	民族传统体育项目
西南地区	白族	云南省、贵州省、湖南省	赛马、赛龙船、场王鞭、荡秋千、仗鼓、登山、耍火龙、打陀螺、跳伟登、跳火把、人拉人拔河、“老虎跳”、跳花栩、洱海龙舟赛
	哈尼族	云南省	磨秋、打陀螺、摔跤(辣把则,俗称“干跤”)、赛蒙抬、打石头架、鸡毛球、跳竹竿、爬树追逐游戏
	傣族	云南省	赛龙舟、象脚鼓对踢、丢包、藤球、跳竹竿、打陀螺、赛舟、青蛙赛跑、鸭子赛跑、游泳跳水、堆沙、傣拳、傣族武术
	傈僳族	云南省、四川省	弩弓射箭、泥弹弓、尼昂急、傈德德(跳高)、德细来火(跳远)、爬树、爬竹竿、逮来火(爬山)、拉肚夺、扭扁担、划爬子比赛、拉绳、爬绳比赛、四方拔河、皮球得来火、皮球丢、赖地、“背什”(踢脚)、滑板子、跳牛、砍竹竿、投掷
	仡佬族	贵州省、广西壮族自治区、云南省	打蔑鸡蛋球、打花龙、高台舞狮
	拉祜族	云南省	射弩,蜡河毕,卡扒(陀螺),打马桩,投茅,鸡毛球,丢包,嘎克依峨达,迈切切,扁达(摔跤),阿浅(秋千),夏水夏都(高跷),卡扎吸峨(跳绳),哈呜郭,瓦逮,贾祖巴(瞎子摸鱼),扎底戛打,拳术器械(自由拳、老虎拳、鸭形拳、鸡爪拳、拉祜棍术、单刀防兽术、防身单刀九步法、小刀术、双刀术、双棍术、链夹术)
	佤族	云南省	射弩,布隆(摔跤),抽陀螺(布冷),爬竿,能顿,牛尿泡球,布球,藤球,莫海亚,重章撒(高跷、竹脚),顶杠,卓威达威(拔腰力)
	水族	贵州省、广西壮族自治区	赛马,狮子登高,翻桌子,水族武术(刀术、链夹、坦耙、三须叉)
	纳西族	云南省、四川省	东巴跳、荡秋千、赛马、占占夺、飞石锁、丽江球、跑罐子、偷狐儿、拨拨拉、内窝扑(射箭)
	羌族	四川省	推杆、摔跤、骑射、观音秋、扭棍子、跳盔甲、气功、武术、顶竿、跳棋、抱蛋、扳手劲、抽陀螺

续表

地区	民族	主要分布地区	民族传统体育项目
西南地区	景颇族	云南省	火枪射击、荡秋千、刀术、爬滑竿、跳高、拉拉、扭杆、顶杠、摔跤、蛇龙、赶猪、走子棋
	布朗族	云南省	藤球(托球)、亚都都、斗鸡、爬杆、射箭、跑马
	普米族	云南省	射箭、射弩、磨秋、摔跤、击鸡毛球、板羽球、布球(堵鲁)、跳高、赛跑
	阿昌族	云南省	耍象龙、荡秋、车秋、蹬窝罗、射弩、猫赖过(刀术)、阿昌拳术、晃赖过
	怒族	云南省	溜索、跳竹、怒球、虎熊抱石头、踢脚(脚斗)、划猪槽船、滑草、摔跤
	基诺族	云南省	跳嘎(跳牛皮鼓)、竹竿比赛、"羊打架"、摔跤、高跷、藤条拔河、游泳、射弩、射箭、打毛毛球、泥弹弓
	德昂族	云南省	射弩，梅花拳，左拳，武术(左震脚、北足拳、簸箕拳、拨大压拳、二十一步套门拳、狗拳、德昂棍术、五刀半、十二动双刀、十七步刀、十二步棍、双剑、三叉、勾镰)
	门巴族	西藏自治区	赛马、射箭、射弩、跳绳、举石头、摔跤、火枪、狩猎
	独龙族	云南省	射弩、溜索、登独木天梯、绳梯、跳高、撑竿跳、摔跤(阿扁)、老熊抢石头、滑草、拉姆、网石(响石)、掰手劲、刀术、标枪
	珞巴族	西藏自治区	射箭、碧秀(响箭)、摔跤、掰手力、举石头
东北内蒙古地区	满族	辽宁省、吉林省、黑龙江省、河北省、北京市、内蒙古自治区	冰嬉、马球、跳马、双飞舞、溜冰车、溜冰、雪地走、采珍珠、射箭、步射、追射、射柳条、射香火、射鸽、射米团、射簇、举重石(刀)、摔跤、跳骆驼、狩猎、赛威呼、放风筝、满族秋千、骑马战(赛马)、跑马城、绳飞(跳白索)、踢毽、踢石球、赶石弹、击石球、桦皮篓、插鸡毛翎、打牛毛球、夹兽跳、铜锣球、玩嘎拉哈、拉地弓、穿树林、中幡、揶子、打冰嘎、射兔、立射

续表

地区	民族	主要分布地区	民族传统体育项目
东北内蒙古地区	蒙古族	内蒙古自治区、辽宁省、新疆维吾尔自治区、吉林省、黑龙江省、青海省、河北省、甘肃省、	沙塔拉(蒙古象棋),布鲁(打布鲁),摔跤(搏克),套马,击石球,布木格,打唠唠球,踢牛嘎拉哈,鲍格棋(鹿棋、狼吃羊、李根吉拉嘎),赛马,马术,射箭,贵由赤(蒙古长跑),赛骆驼
	朝鲜族	吉林省、黑龙江省、辽宁省	摔跤、荡秋千、跳板、顶罐走、高丽象棋(朝鲜象棋)、铁连极、投般
	达斡尔族	内蒙古自治区、黑龙江省、新疆维吾尔自治区	寻棒、萨克、射箭、骞马、摔跤、滑雪、陶勒塔日喀贝(陶力棒)、掷坑、打枕头、波依阔(曲棍球)、颈力
	鄂温克族	内蒙古自治区、黑龙江省	套马、狩猎、滑雪
	鄂伦春族	内蒙古自治区、黑龙江省	斗熊、拉杆、射击、夏巴、桦皮船、耶路里得楞(赛马)、皮爬犁毛皮球、撑竿跳、滑雪、班吉(鄂伦春围棋)、刻耶处、拉棍、尼开米那基塔尔格谔
	赫哲族	黑龙江省	冰磨、叉草球、叉草人、射箭、恰尔奇刻、击木轮赛、木枪射击赛、打爬犁、游泳与潜水赛、夺万岁、快马子赛、赛狗爬犁、摔跤比赛
中南东南地区	壮族	广西壮族自治区、云南省、广东省、贵州省	壮拳、洪拳、烟筒花、投绣球、抢花炮、打陀螺、跳花灯、打手键、打磨秋、舞狮、扒龙船、芭芒燕、打拐、赶猪进城、射柳、扳腰、翻歪洞(黄虎过坳)、虎抱羊、搭人山、蚂拐刀、蚂拐棍、拾天灯、跳桌、特朗(打扁担)、春榔争蛙、踩风车、跳斑鸿、翡翠舞
	土家族	湖南省、四川省、湖北省、重庆市	滚坛子、滚环、拣子、打飞棒、踢毽子、抢贡鸡、扁担劲、抢磨盘赛跑、抵杠、跑泽田、搭撑腰、肉莲花(莲花十八响)、荡秋千、打磨秋、摇旱船、舞板凳龙、脚踩独木穿急流、攀藤、撑杆跳远、拔地劲、倒挂金钩、玩抱姑、五码旗、吉么列(高脚马)、跳马儿、抱蛋、舞草把龙、地龙、双虎凳、跳红灯、拉头巾、踏木桩、潜水游戏、漂滩、楼腰带、土家族武术、举石、立阳桩、耍石碗、护身耙、火棍、鸡形拳、虎占山捶、撒尔嗬(打丧鼓)

续表

地区	民族	主要分布地区	民族传统体育项目
中南东南地区	瑶族	广西壮族自治区、湖南省、云南省、广东省、贵州省、四川省	毛莱球（木头球）、人龙、播公（打长鼓）、打陀螺、独木滑冰、独木桥、对顶木杠、瑶拳
	黎族	海南省	射击，粉枪，卡咯，打花棍（打狗棍），打狗归坡，盖洌（穿标、穿藤圈），钱铃双刀，射箭
	畲族	福建省、浙江省、江西省、广东省、安徽省	虎抓羊，操石磉，打尺寸，抢山猪头，塞海马（滑泥枚、溜板），斗牛（顶牛），站柱，打野战，舞铃刀，畲族拳
	高山族	台湾省、福建省	弄龙，弄狮，荡秋千，竿球（顶球、刺球），背篓球，斗走（赛跑），射猪，竹摔（对棍），拉竿，顶壶竞走，斗力（摔跤），拔河，打陀螺，龙舟竞渡，放风筝，钱仔球，头目棋
	仫佬族	广西壮族自治区	游泳、抢花炮、打蔑球、玩花龙、打灰包（打猎脚）、象步虎掌
	毛南族	广西壮族自治区、贵州省	同滇、同顶、同背、同拼、抛沙袋、三棋、射棋、石担和石锁、围母棋（母子棋）、簸箕棋、牛角棋、禾剪棋
	京族	广西壮族自治区	打狗、踩高跷、跳竹竿、顶竹竿、游水捉鸭

第二节　民族传统体育项目的分类

中华民族传统体育伴随着人民的生产劳动、宗教信仰、军事战争活动而孕育产生，其历史悠久、形态多样。经过历史的洗礼，民族传统体育在其发展过程中，不断相互融合、相互影响，发展到今天，传统体育项目更是丰富多彩。但是，随着全球化进程的加快和奥林匹克运动的不断发展，我国民族传统体育项目正在不断地遭受冲击，一些体育项目甚至处于濒临灭绝的边缘，抢救与保护民族传统体育将是当今从事民族传统体育研究与开发工作人员的重要职责之一。为了便于对民族传统体育项目进行认识，我们需要对其众多项目进行分类。

一、民族传统体育项目分类的依据

(一)民族的多样性

我国是一个多民族的统一的国家,具有明显的民族融合和多元文化的特征。除了汉族以外,蒙古族、回族、藏族、维吾尔族、壮族、苗族等18个民族人口较多,其次为水族、佤族、傈僳族、东乡族等15个民族;再次有撒拉族、布朗族、毛南族等少数民族。历史上的几次民族大迁移,使各民族间的文化相互渗透,相互融合。尤其是辽、金、元、清时期契丹人、女真人、蒙古族、满族进入中原,随之将少数民族文化带入全国各地,使汉文化一统天下的格局被打破,最终形成了既具有统一性又具有多样性的多元文化。近现代的民族政策,更是加速了各民族间的交流和传播,为形成具有多元体育文化形态创造了条件。

(二)文化的多元性

各民族由于受政治经济因素和独特地理区域的影响,形成了语言、宗教、文化等各方面的差异。因此,民族文化包括传统体育文化也就形成了自己本民族的特色。我国的56个民族传统体育文化形成了民族文明之林的一道独特而又亮丽的风景。例如朝鲜族的荡秋千和跳板、蒙古族的那达慕等,这些民族传统体育项目与民族文化紧密相连,具有强烈的民族性。少数民族人民的生活情趣、民风民俗、生产生活方式以及宗教信仰,为不同种类的民族传统体育项目形成奠定了基础。

(三)地理的生态属性

民族传统体育是少数民族民众的优秀文化传统的物化和表征。传统体育文化实践的主体是少数民族民众,生态气候和地理环境一定会影响到少数民族民众的活动。因此,独特的地理环境和气候就相应产生了独特的传统体育文化。

二、民族传统体育项目分类的原则

(一)以实际任务为出发点

由于各种分类方法运用的分类标准不同,所要解决的实际任务自然也不同。所以,在具体运用时,要根据自身实际任务的需要,选择合适的分类方法。

(二)坚持实用性与科学性原则

民族传统体育项目分类的实用性是指实用价值高,便于使用,总结出具有规律性的东西,反过来再促进普及推广和传承使用等实践。民族传统体育项目分类的科学性是指分类标准的一致性和分类标准逻辑关系的严密性。在对民族传统体育项目进行分类时,一定要坚持实用性与科学性相结合的原则,二者缺一不可。

(三)主次分明,运用发展眼光

由于民族传统体育项目是多元的、错综复杂的,按一个分类标准进行分类解决不了多元的任务。所以,实践中应注意主次分明,既要按照主要的分类标准,又要注意运用多元分类方法。另外,少数民族传统体育项目中既有一个民族独有的传统体育项目,也存在多个民族共有一个项目的现象,还有由于一个少数民族传统体育项目不断地融合其他各民族的文化因素,逐步演化为不同运动形式的少数民族体育项目,不同民族的规则和方法有所不同。现有的任何一种分类标准都不能涵盖全部的民族传统体育项目。在对民族传统体育项目进行分类时,要以发展的眼光研究新的民族传统体育的分类体系。

三、民族传统体育项目的不同分类

1990年,国家体委组织各省、自治区、直辖市在全国范围内挖掘整理民族传统体育,出版了《中华民族传统体育志》,搜集到55个少数民族的676项传统项目和301项汉族的民间体育项目。学者们从不同的角度对民族传统体育项目进行了分类,可总结为以下几种:

第一种,按照人类学的观点,依其内容可将其分为五大类:与民族起源有关的活动、与种族繁衍有关的活动、与生产活动有关的活动、反映种族再生或复兴的活动以及带有军事性质的身体活动。[①]但是这种分类存在着不足，随着社会文明的发展，某些传统体育的本源已经发生了较大的改变，对于一个不了解体育史的人，这仍然是个未知的领域。

第二种，根据传统体育的性质来划分，中国传统体育可以分为五大类：竞技类〔球类、射击类、技击类（含摔跤）〕，游戏类（活动性游戏），养生类（各类保健活动），游乐类（少数民族歌舞及娱乐活动），表演类（百戏、武术表演）。[②] 这种分法的优点在于突出了中国传统体育的游乐性、表演性和保健特色，具有宏观认识的意义。其缺点在于从术语上混淆了“游戏”和“游乐”，存在着一定的争议。

第三种，根据内容和形式来划分，民族传统体育可分为竞技类（武术、龙舟、射击、球类、棋类），养生类（导引气功、保健及其他），表演类（舞狮或龙、百戏与杂技及其他）和游乐类（节令类、歌舞类、游戏类）。[③] 相比于第二种分类，这一分类较为简单，但其缺点在对少数民族体育、武术等归类上存在着争议。

第四种，按照民族传统体育在现代社会中发展、成熟的过程来划分，民族传统体育可分为武术、养生导引气功、民间传统体育游戏和少数民族体育四大类。这种分类方法的缺点主要表现为以下三点：第一，虽然将少数民族体育单独分出来了，但缺乏对汉民族传统体育进行表述；第二，武术、养生导引气功与民间传统体育游戏、少数民族体育是不能相提并论的；第三，民间传统体育游戏也应包括少数民族体育中的一部分内容，分类不清楚，内容有重复部分。

当然，关于民族传统体育项目的分类，还有其他多种不同的方

---

① 参见谭华、苏肖睛：《试论民族传统体育发展的历史趋势》，《成都体育学院学报》1992 年第 2 期。

② 参见熊志冲：《传统体育与传统文化》，《体育文化导刊》1989 年第 5 期。

③ 参见曾于久：《民族传统体育概论》，人民体育出版社 2000 年版。

法，这里我们就不一一赘述了。

本书根据各个项目的基本性质和运动特点，将民族传统体育项目分为武术类、棋类、球类、骑射类、水上运动类、空中运动类、表演类以及摔跤举重、跳跃投掷和其他运动。如4-2所示。

表4-2　　民族传统体育项目分类表

运动分类	民族传统体育项目
武术类	喻家六合拳，峨眉坤门拳，意拳，清拳，养生术，导引与气功，马王堆气功，南拳，船拳，彭祖气功，青龙动气功，武当气功，天河寺硬气功，陈式太极拳，八卦掌，通背掌，孙式太极拳，吴式太极拳，杨式太极拳，螳螂拳，秘踪拳，拦手，地趟拳，五龙通花枪，华拳，孙膑拳，文圣拳，大鸿拳，劈挂拳，梅花桩，邹家拳，硬门拳，翻子拳，绵掌，形意拳，车氏形意拳，傅拳，弓力拳，五法八象，少林拳，石头拳，苌家拳，八极拳，分手拳，戳脚，内八卦，顺手拳，三皇炮捶，东乡拳，戗拳，九华山拳，五童气功拳，温州南拳，少林五祖拳，鹤拳，连城拳，地术犬法，龙尊，虎尊（又称“永福虎尊”）儒法，字门拳，内家拳，花拳，浦东拳，六合拳，岳氏连拳（又称“八翻手”“子母拳”），唐拳（又称“八卦唐拳”），武当拳，岳家拳，南京戴家功，常州气功，三线放松功龟牛拳，龙虎争巢拳，巫家拳，太乙游龙拳，梅山拳，自然门，盛氏武功，三十六闭手（又称“天罡三十六”），七步云脚拳，西凉掌（又称“阴阳掌”），高家拳，八宝拳，洪拳，刘家拳等
棋类	弹棋，六棋，插方，六博，六周，老虎吃绵羊（又称“西瓜棋”“狼吃娃”）、摆龙、摆龙镇（又称“摆龙”“清趟”），打虎棋，兽棋，对角棋，赶牛角，下褡裢，走和尚，围和尚，“华容道”，智力棋，网棋，下方，掐方，成方，三棋，三三棋（又叫“打三棋”“对三棋”），灌三壶（又称“赶牛胆”“双并棋”），三六九，四棋，五棋（又称“五夫”），加五马，五子担担（又名“五马担担”），夹挑棋，赶五湖，九子棋，三子棋，猪拇棋，斜方棋子，十字棋，四子棋，旋转棋，双转棋，“老虎吃蚂蚁”，栽秧棋，到家棋，老虎棋，打虎棋，三虎棋，四光顶，擒敌棋，翻转棋，梅花棋子，天下太平（又叫“鸡毛蒜皮”）等
球类	木球、蹴鞠、蹴球、打瓦、步打球、踢石球、棍打球、打毛蛋、击壤、木射、牧球、马棒球、蹴球、珍珠球、抢花炮、打贝阔、保定铁球、捶丸马球、松江叶榭竹编球等
骑射类	射箭、骑射（又称“射潮”）等
水上运动类	水嬉、耍水、弄水、龙舟竞渡、跳水寻物、弄潮枪、荷花船赛、摇快船、踏白船、水上秋千、放皮筏、跳水、垂钓、挠彩舟（又称“摇梢船”）、水球（也称“水傀儡”）等

续表

运动分类	民族传统体育项目
空中运动类	风筝、调吊、皮条、杠子等
表演类	斗鸡、弹球、舞狮、腰鼓、花钹、跳幡、挑兵、舞龙、拾魁、扶卢（寻撞）、秧歌、轧猪油渣、挤暖暖、玩旱船、高跷、捉骨牌、砍子、抓（石）子、枪卵子、卷席筒、推风车、散里丢丢、打宝塔、抖空竹、跳绳、跳皮筋、跳房子、踢毽子、鸡孵蛋、走羊窝、五虎杆箱、跳抬判、骑马战、旋鼓、踢鼓拉花、立马桩、扛金刚、校花棒、叠罗汉、望月亮、打髀殖、撞个与弹骨、凤阳花鼓、民间战鼓会、老鹰抓小鸡、踢鼓子（又名“踢鼓舞”）等
摔跤举重	相扑、搏克、负重、举鼎、千斤坠、中国式摔跤、角力（亦称“较力”）、五兵角抵、石担石锁抓石、千把转等
跳跃投掷	扔包、投石、拔距、掷行头等
其他运动	疾驰、拔河、信鸽、登高、爬杆、游百病、背冰亮膘、拉地棍打稍、打炮儿、扳羊头、背碌、翻石滚、走浪桥、雁荡飞渡、踩泥马、发界鸡、风帆车、滑冰车、闯马城、骑马打仗、九连环、曳石（也叫“太平石”）等。

第三节　民族传统体育主要项目介绍

一、汉族主要项目

（一）武术

武术又称“国术”“武艺”，是中华民族在长期的生活和生产实践中创造、积累和逐步完善的一项民族传统体育项目。它内容丰富，运动形式多样，风格独特，具有强身健体、防卫抗暴、陶冶情操、娱乐审美、锻炼意志等特殊功能，深受广大人民群众的喜爱。

我国武术起源于我们祖先的生产劳动，萌芽于弓箭狩猎的不断发展，发展于军事战争。封建社会，武术随着人类文明的进程，从内容到形式不断得到丰富和发展，逐渐由单纯的军事技能演变为集健身、防卫、娱乐、表演、教育、文化交流等多种功能价值为一体的体育项目，成为中国体育的有机组成部分。武术门派林立，相关论著不断增多,民间的武术社团和组织蓬勃发展起来,到近代更是进入了学校教育的范畴。新中国成立后,武术教育成为学校体育教育不可或缺的一部分,武术的竞赛规则得到完善和统一,相关研究相继开展,国际化的交流活动也日益频繁。

我国武术内容丰富、形式多样、风格独特。以技击为主要内容,以套路和散打为运动形式,注重内外兼修。按其内容以及运动形式可分为"功法""套路"和"攻防搏斗"三大类。其中功法类分为柔功、内功、外功、硬功和轻功;套路类又可分为拳术、器械、对练和集体演练。拳术包括长拳、太极拳、南拳、形意拳、八卦掌、通背拳、劈挂拳、翻子拳、查拳、花拳、少林拳以及象形拳等;器械又分为短器械,长器械和其他器械(单器械、双器械和软器械);对练包括徒手的对练、器械对练、徒手与器械的对练;集体演练又分徒手的拳术、器械或徒手与器械。攻防搏斗类主要有散手、推手和短兵等。

(二)舞龙

舞龙也叫"耍龙灯""龙灯舞"。从春节到元宵灯节,每逢佳节、盛会,人们在长街广场和街头、湾边舞起龙灯,以增添欢乐喜庆的气氛。古时候,在人们看来,龙是一种"能大能小,能升能隐,大则兴云吐雾,小则隐介藏形;升则飞腾于宇宙之间,隐则潜伏于波涛之内"的灵物。因而,民间多在喜庆节日舞龙,祈求神龙护佑。迎龙、舞龙,为的是取悦龙神,祈求风调雨顺、五谷丰登。

舞龙历史悠久,起源于汉代。据民间传说,人首蛇身的伏羲、女娲这一对人类婚配的始祖,因制人烟长期奔波于天下,最后累毙于山野。所弃之杖受日月之精华,感天地之灵气,变而成龙。龙吞吃了深以为害的鬼怪和瘟疫,使人类解脱了险遭灭绝的磨难。此后,人们在灾害来临或年关喜庆之时,总要缚草成龙,以杖高举,进行祭祀和玩舞,企望消灾祛病,万事顺遂。各地流传着在吉庆节日舞龙欢庆的传统,有的从正月初一舞至十五日,有的从十一日舞到二十九夜。

各族人民的舞龙表演,种类繁多,各具特色。舞龙分为两种形式,一种是在龙体内置灯烛在夜间而舞者,称为"龙灯";一种是龙体内不燃烛主要在白昼而舞者，称“布龙”。舞者手执龙体下的木杆，上下翻动，有序前进，犹如活龙奔腾飞跃，景象甚为壮观。

常见的舞龙有火龙、草龙、人龙、布龙、纸龙、花龙、筐龙、缎龙、烛龙、醉龙、竹叶龙、荷花龙、板凳龙、扁担龙、滚地龙、七巧龙、大头龙、夜光龙、焰火龙等近百种之多。龙灯的节数一般为7节、9节和13节。舞龙过程中，龙的每一种造型都有其规定的套路。游龙戏水、蛟龙逐浪、龙戏尾、龙抬头、飞龙在天、跃龙门等为爱“龙”各族所熟知的套路，造型华美，气势磅礴，将龙文化的内涵一展无遗。舞龙由龙珠、龙头、龙身、龙尾10个人，借助龙珠和舞龙器材，在音乐的烘托下，共同完成一个动作；它是集体性的项目，其中任何一个人出错误都将影响动作完成的质量。

（三）舞狮

舞狮也叫“狮子舞”和“耍狮子”，是我国优秀的民间艺术，同时也是一种流行很广、具有独特民族风格和特色的传统体育活动。每逢春节和元宵节，都要表演精彩的舞狮，这种隆重的喜庆仪式，预示着国泰民安、吉祥如意。这一习俗起源于三国时期，南北朝时开始盛行。

我国民间舞狮主要集中在农历正月初一到十五，一般在元宵节达到高潮，舞狮表演已成为隆重的喜庆仪式。舞狮分为两种，一种是“红面狮”，一种是“青面狮”。红面狮多出现在春节、元宵节和中秋节等一些较大的民族传统节日中，以增添喜庆气氛。在人们的心目中，狮子能镇凶压邪，所以，当某些村庄不安宁时，多请青面狮去耍弄一番。舞狮表演要求舞狮者具有灵活的步法、矫健的身法和娴熟的技巧，手法、身法、步法要协调配合，才能完成跌扑、翻滚、跳跃、翻腾以及滚绣球、过跳板、上楼台、跳桌等各种难度动作。

由于各地的风俗习惯不同，我国民间流传的舞狮在表演形式和艺术造型上形成了各自的地方特色和独特的风格，按地域舞狮可分为南方舞狮和北方舞狮两种。最初北狮在长江以北较为流行，而南狮则是流行于华南、南洋及海外。近年亦有将二者融合的舞法，主要是用南狮的狮子，北狮的步法，称为“南狮北舞”。北方舞狮的特点是:外形逼真,与真狮相像,有雌雄之分,还有文狮、武狮、成狮、幼狮之分。文狮重于表演,通过搔痒、舔毛、打滚、抖毛等舞蹈动作,表现狮子凶猛、温驯、急怒、嬉戏等情感和性格。武狮重于技巧,主要有跳跃、跌扑、登高、腾转、踩球等舞蹈动作,令人称奇道绝。舞狮人将狮皮覆盖全身,只露双脚。北方舞狮一般是两个人合舞一只大狮子。南方舞狮特点是:造型不如北方逼真,但款式多,色彩丰富。舞狮者穿各种灯笼裤,上穿密纽扣的唐装灯笼袖衫或背心。舞狮要使出浑身解数。这种舞狮由一人舞狮头,一人舞狮尾。舞狮是在花球引导下,一人或多人身披缀以各色丝束而用布缝制成的狮皮,表演翻腾跳跃的各种动作,烘托出欢悦火热的节日气氛。

(四)赛龙舟

龙是中华民族的象征,龙舟是有龙饰的船。早在3000多年前就有了龙舟,但当时是供帝王游玩迎神赛会的。赛龙舟是端午节的主要习俗,在壮、苗、傣、白、布依、土家等诸多南方少数民族的民俗节日期间甚为流行。赛龙舟最早是古越族人祭水神或龙神的一种宗教祭祀活动。但据史书记载,赛龙舟是为了纪念爱国诗人屈原而兴起的。

赛龙舟作为我国民间传统水上体育娱乐项目,已流传2000多年,多是在喜庆节日举行。赛龙舟竞赛机制为多人集体划桨竞赛。竞赛规则是在相同的距离内,同时起航,以到达终点的先后决定名次。我国各族的龙舟赛略有不同。汉族多在每年“端午节”举行,船长一般为20～30米,每艘船上约30名水手。

不管是哪一个民族的赛龙舟,虽然有很多地方不同,但有一点是相同,那就是赛龙舟时的舟都被装扮成龙的模样,并以锣鼓助阵。“龙舟船的大小因地而异,比赛时,群舟竞发,锣鼓喧天,百桨击水,舟行如飞。两岸观众欢心笑语,加油助威,充满欢乐祥和的节日气氛。”[①]在我国南方,龙舟已经成为民族地区重大节日中必不可少的

① 刘旭东:《我国正式开展的体育项目演进机制与创新研究》,南京师范大学博士学位论文,2011年。

庆典内容之一。

(五)摔跤

摔跤是两人徒手较量,以摔倒对方为胜的竞技运动,是中国最古老的体育项目之一。由于我国历史悠久,地域广阔,民族众多,摔跤的名称繁多。古代称摔跤为"角抵""角力""相扑""争跤""掼跤""摔角",到了近代才叫作"摔跤"。摔跤运动的产生与古代人生产、生活的需要有着密切关系。古代猎人不管是与凶猛动物搏斗还是参与部落战争,没有强健的体魄和计谋是万万不行。所以,古代人在丰收、打胜仗或举行祭祀时摔跤比武,并以此自娱乐自乐、练习本领和教育后代。随着时间的发展,这种游戏逐渐脱离生产而成为一种群众性的体育娱乐活动。

汉族的摔跤运动员按体重分为 10 个级别,每场比赛分 3 局,每局净摔 3 分钟,两局之间休息 1 分钟,比赛在平坦柔软的 8×8 米的垫子上进行。运动员身穿柔软结实的短上衣,系腰带,穿长裤,全身可以握抱,可以抓摔跤衣和腰带,但不许抓裤子。按照把对方摔倒的不同程度,分别判得 3 分、2 分、1 分。每场比赛得分总计多者为胜。

二、其他少数民族主要项目

(一)西北地区

1.维吾尔族的达瓦孜

维吾尔族的达瓦孜,在维吾尔语中意为"高空走索",它是维吾尔族绵延千年的一种杂技艺术表演形式,是维吾尔族人独有的传统体育活动。据史料记载,"达瓦孜"源于两千多年前的西域,汉代传入中原,曾在南疆维吾尔族聚居地盛行。达瓦孜表演时,首先选择一个空旷的广场,在场地的中心竖起一根大约 30 米高的长杆,四周用许多钢筋和绳索牵制,使之不至于倾斜和栽倒。一根长 35 米左右的粗大绳子拶木杆的顶端斜拉到地面,使之与地面形成约 45 度的角。表演宅手持长竿作平衡器,不系保险带,在唢呐、羯鼓声中表演走绳,在绳上做侧身走绳、蒙眼走绳、倒立走绳、踩碟走绳、飞身跃缚等惊险动作。保持身体重心和平衡稳定，是达瓦孜的关键所在。

达瓦孜表演包括地上与空中两部分动作，空中又分索上动作与杠上动作。表演场地大而平坦，一般长 100 米，宽 80 米。走索表演者头戴扁形皮帽，上缠彩巾，着袖子和前胸绣传统图案的圆领衫，短外套和腰带多为紫红色，内衣为石榴花色或粉红色，裤管较窄，下沿绣花边，赤脚。入场时多骑雪青马，马颈悬铜铃，鞍覆边缀鲜艳穗子的金丝绒盖布，上绣月牙形图案。马头系三色绸。表演时伴以民族音乐。曾有采用十二木卡姆伴奏的。近代用四种曲调按上索、通过三殿顶点和杠与环上表演变换演奏，以活跃气氛。表演幽默，场面热闹非凡，极富特色。

2. 回族的打铆球

打铆球也叫打“拦子”，主要流行在宁夏南部地区，是回族青少年喜爱的一项体育活动。该活动约始于清朝初期，康熙帝为解决噶尔丹的分裂活动亲统大军来到宁夏，传说途中休息时，看见一群放羊娃在地上“打拦子”，输的一方背着胜的一方人喊“合哨”，认为很有意思，便要过鞭杆和铆球，模仿牧童的动作打了几下。康熙帝回京以后，命宫人按在宁夏见到的鞭杆和铆球仿制并游戏，并组织宫廷的人比赛。

铆球场地没有严格的要求，只要地势平坦就可以，在场地两头各挖直径为 12 厘米、深约 9 厘米小坑，叫“牢坑”。铆球长约 6 厘米，直径 3 厘米，两头呈椭圆形，击球棍或板长约 81 厘米。

打铆球时，双方人数相等，一对一、二对二、或三对三均可。先用打沙锅的办法决定攻守方。攻方一人站在“牢坑”边，右手持棍一头向上。虎口上面留出 10 厘米左右一段。用下端的棍头在“牢坑”边打一下。接着说“碰牢”。然后把球放在虎口的棍前，随即抛起用下端的棍头击球，并喊“牛铺”，若是棍头击准铆球，不论击出多远，守方从落点捡起球，站在原地将球向“牢坑”掷去。攻方用棍（板）护“牢”拦击，若击准，即用棍从“牢坑”边丈量到落点的距离，两棍算一个。攻方未能击准球或守方把球投入“牢”内，为死球，变攻方为守方。决定胜负，以丈量的棍数算。最后以“合哨”结束。“合哨”就是以棍丈量的个数。按预先双方商妥的数目折合一个“哨”。“合哨”时，胜方出一人，仍如开球“碰牢”方法击球，喊“拦子”，球的落点至“牢坑”边为“合哨”的距离。负方背着胜方队员从落点到“牢坑”边，或单腿跳至“牢”坑边，边喊边跳，直到胜方认为“合哨”合格宣布要结束。

3. 哈萨克族的姑娘追

哈萨克族是以游牧为主的民族，马上功夫十分了得。因此，他们有句谚语：“马是哈萨克族的翅膀。”而在所有马上运动中，“姑娘追”是哈萨克族姑娘和小伙子最喜爱的活动。“姑娘追”，哈萨克语叫“克孜库瓦尔”，“克孜”即“姑娘”，“库瓦尔”意为“追赶”。它是中国新疆维吾尔自治区哈萨克族的传统游戏之一，是哈萨克青年们最喜爱的一种马上体育游戏，也是男女青年相互表白爱情的一种别致方式，多在结婚或喜庆节日举行。

哈萨克族实行氏族外婚制，各氏族之间相距较远，娱乐活动和各种集会是各氏族、部落青年男女相互认识和倾吐爱情的千载难逢的机会。传说姑娘追源自古代哈萨克族一对情侣的打赌许诺：一位姑娘对向她求爱的小伙子提出许多要求用来考验其胆识和智慧，小伙子都顺利通过了。最后，姑娘又对他说：“如果你能追上我，我就嫁给你。”话音刚落，姑娘就飞奔跃上马在前面跑，小伙子也不甘示弱，在后面飞马紧追不舍。后来，随着社会的发展和进步，小伙子追姑娘逐渐演变成姑娘追小伙子的群众性体育活动。通过这种活动，青年男女互相认识、互相了解，最终有情人终成眷属。

“姑娘追”既具有自己的民族特色，又有广泛的群众参与性，一般在夏秋季节空旷、平坦的草甸上举行，远近牧民都骑马前来参观。近年来，“姑娘追”的内容形式更加充实丰富，已成为赛马的一种体育活动。

4. 锡伯族的射箭

射箭运动是锡伯族传统的体育项目，锡伯族素有“好骑善射”之美名。古代的锡伯族是个狩猎部落，弓箭不仅是他们打猎捕鱼，赖以生存的主要工具，而且也是他们抵御敌人的武器。清代把锡伯族编入八旗。当时，每旗要挑选百名左右善射能骑的青壮年为甲兵，平时从事生产，战时皆为兵勇。在锡伯族中，除体弱病残者外，都要当骑兵，骑马、射箭成了军事训练的主要科目。他们对战马、弓箭，有着特殊的感情。谁家出生一个男孩，谁家就会在门口用红线挂上一副小弓箭，长到五六岁就开始学骑马、射箭，希望孩子长大后能成为一名弓马娴熟的勇士。

随着时代的前进，弓箭作为狩猎工具和作战武器而逐渐失去其意义时，射箭就增添了民族体育活动的色彩。每逢锡伯族的迁徙节和农闲季节，各村之间都要举行射箭比赛。双方选出相等数量的参赛者，商定好比赛的距离和箭数，如果哪一个村子比赛输了，他们就带上大米、绸缎等礼品，一路上吹着动听的苇笛到比赛胜利的村子祝贺。获胜的村子则热情的设宴招待来客，共叙友情，增进团结。锡伯族喜爱射箭运动已具有悠久的历史，察布查尔素有“箭乡”之称。

5.塔吉克族的叼羊

叼羊是塔吉克族最受欢迎的一种体育活动。叼羊活动多在婚礼、剪发礼、引水节、割礼等各种喜庆的日子里举行。

叼羊是一项比骑术、比体力、比智慧的运动，也是一项勇敢者的运动，当地有句谚语：“摔跤见力气，叼羊见勇气。”叼羊要求骑手具备健壮的身体素质、坚韧的精神和灵活敏捷的马上技术。比赛那天早上，主办者要宰杀一头山羊割去其头和蹄，再把山羊放在水中浸泡或在羊肚里灌水，这样做的目的，是使羊坚韧，比赛时不会被扯烂。叼羊比赛十分激烈，一般要进行几个小时。叼羊场内不时高潮迭起，扣人心弦。

塔吉克族的叼羊一般是在戈壁滩上进行。赛前由若干名骑手分为几队，每组一般由十多人组成。叼羊比赛时，参加者骑着高头大马，腰系一条红巾。主办者把羊向上一扔，几十名骑手如猛虎扑食，几十匹骏马如离弦之箭，几十个马头搅作一团，几十只手伸向羊羔，双方你争我夺。参赛者要身不离鞍地俯身从地上拣起山羊，拾起者把羊压在右腿底下的马鞍处，口里"噢""啾"地喊着拼命奔跑，其他参赛选手紧追不舍，奋力堵截，不让对方夺走。当持羊者跑累了，就把山羊交给同伴，或者干脆扔在地上，让其他骑手去叼。若骑手持羊飞驰远去，使其他骑手无力追上，就算获取了胜利。

（二）西南地区

1. 藏族的押加

押加又称"大象拔河"和"藏式拔河"，在我国的藏族居住地已流传千年。在四川藏区，类似的活动称为"赉牛"。甘孜藏族自治州还有一种把腰带套在脖子上、面对面站立的拔河游戏，称作"格吞"。

拔河，据说源于拉纤，最早是水军操练的项目，隋唐以后在民间极为盛行。唐代宫廷中举行过千人参加的拔河大赛，从文人的诗歌中表明，举行拔河是有祈庆丰收的意义。最早的拔河是用竹篾编的长绳，后来用大麻绳，比赛时两队用力拉一根长绳，把对方拉过"河界"为获胜。

押加的活动形式有大象拔河、颈力比赛、腰力比赛和手力比赛等。在藏区押加比赛开展得很普遍，一到节假日各地都举行押加比赛。平日农牧闲暇时，在牧场上、在田间，人们相互把两条背带或腰带连在一起，以游戏的形式练习和比赛。由于押加的基本技术、比赛规则和场地设备比较简单，因此是一项比较容易开展的民族传统体育项目。

2. 苗族的爬坡杆

"爬坡杆"是苗族一年一度的"坡会"上举行的一种民间传统体育项目，有着悠久的历史。据苗族口头流传的叙事长诗《坡杆的来历》上说："坡杆"是为了纪念苗族英雄孟子佑（一说"石孟子"）而立的。因孟子佑曾率领苗族的奴隶向反动残暴的那祖（苗语，奴隶主）进行顽强的斗争。他不幸牺牲以后，苗族群众在他墓前竖了一条又高、又滑的木杆，置酒肉其上，以示悼念。

关于"爬坡杆"，还有一个动人的传说。宋代中国的桂西一带，有一对年过七旬的苗族老人住在坡顶，他们没儿没女感到寂寞，每年正月初二至十五，都在自家的门前竖起一根长达10米高的碗口粗长杆。杆顶上挂葫芦、几斤肉，一对粽粑并插上香，以此来祭奠他们的民族英雄孟子佑。村寨里的群众闻知后，先后有数千人赶来观看。老人当即提议：今天谁能身子不贴杆，只用手与脚爬到顶就奖励醇酒一坛。结果到场的许多青年小伙子积极报名参加。其中有一名英俊的小伙子的爬法与众不同，他只用双手抓住木杆，两脚朝天，头部朝下，顺竿迅速爬到杆顶，接着双脚夹着木杆快速下滑，顺利到达地面，这时，在场的观众沸腾起来，称他为“倒杆郎”，他由此成为本民族最受欢迎的人，姑娘们还同意他任意挑选伴侣。此后，人们就在每年“坡会”开展这一活动。

赶“坡会”这一天，苗族男子身着新衣裳，头扎新毛巾，妇女穿着鲜艳的花边外衣和百褶裙，小孩也穿着富有民族特色的服装，高高兴兴地从四乡八寨汇集到坡场上来。

“爬坡杆”的传统爬法有手攀法、顺爬法、抱竿爬、转爬法、倒爬法、爬蹬杆等多种。“手攀法”是两手攀竿、两脚悬空，髋关节靠住杆，用臂力向上攀登；“抱竿爬”可手脚并用；“倒爬法”即头朝下，脚向上，手脚夹竿倒爬；“爬蹬杆”即两脚抵蹬杆两手攀住竿，像蹲在地上走路的模样。桂西一带苗民比赛，爬至杆顶后，还要打开葫芦盖，喝数口酒，然后嘴咬住葫芦的红飘带和挂肉、粽粑的绳子，脚在上，头朝下往下滑，谁到达地面不掉一样东西，谁就获胜，酒、肉、粽粑即为优胜者的奖品。

3.侗族的抢花炮

抢花炮是侗族民间的一项独特的体育活动，据考证已有500余年的历史。由于抢花炮具有强烈的对抗性、娱乐性和独特的民族风格，所以数百年来长盛不衰。“花炮”在侗族群众的心目中已成为神圣和吉祥的化身，象征着吉祥如意、民族团结，具有浓郁的民族特色。

从前，抢花炮一般在农历三月初三举行，这天又称“花炮节”，谁抢到花炮，谁就家丁兴旺，人畜平安。传统的抢花炮不限人数，也不分队数，每炮必抢，三炮结束，属于“单打独斗”。场地通常设在河岸或山坡上，无一定界限，漫山遍野皆为活动范围。

近现代的抢花炮已经变成一种娱乐性的体育活动。经过十多年的实践，抢花炮的规则逐步完善，技战术不断发展，对抗的激烈程度有增无减。为了更具观赏性和公平竞争性，人们将花炮由原来的5厘米铁环改为15厘米的橡皮扁圆形，类似田径赛的铁饼。抢花炮这项民族传统体育运动与现代竞技体育运动逐步接轨，有人称之为中国式的“橄榄球”。

4.布依族的丢花包

丢花包是布依族青年男女十分喜爱的一种娱乐活动，也是一种独特的社交方式。据文献记载，早在康熙年间，布依族青年的丢花包活动就已经开始盛行了。“丢花包”是汉语翻译语，布依语叫“规动”。丢花包是布依族男女青年传送爱情的一种形式。每年农历新春佳节，从正月初一到三十的一个月里，布依族姑娘们打扮得格外漂亮，小伙子们穿上新衣，吹着树叶，弹着月琴，高高兴兴地来到花场上准备丢花包。通过丢花包，他们可以各自选择自己满意的对象来谈恋爱，称为“浪哨”。在浪哨中如果双方情意相投，便可结成终身伴侣。

5.白族的仗鼓

仗鼓是湘西桑植白族人民喜爱的一项独特的传统体育活动。据传桑植县白族从云南大理迁来后，常受当地土司的欺侮。一次，白族兄弟三人正在家里用杵锤打糍粑，土司的一伙打手来索取财物，三兄弟便以杵锤自卫，击败了打手们。他们高兴地手拿杵锤跳起舞来。为了纪念胜利，这种手拿杵锤三人围跳的活动逐渐演变为白族仗鼓。

白族仗鼓长1.2米，两头有碗口大，用牛皮绷衬，中间一细扣，缠以红绫。打仗鼓时，至少三人，多者不拘。人们头扎白汗巾，身穿白边对襟衣，腿上打绑带，脚穿麻草鞋，手拿着仗鼓中间细扣处。表演开始，表演者时而将鼓周身转绕，时而用手拍打鼓面，发出“乒乓乒乓”的声音，周围的观众也跟着边跳边唱，热烈而欢快，运动量很大。

仗鼓除三人同打外，还有单人打、双人打、对打、集体多人打等，配有锣鼓唢呐助威。内容有闹春耕、庆丰收等套路；动作有懒龙缠身、雪花盖顶、野火烧天、满天花雨以及劳动生产中的挑担、挖地等象形动作。仗鼓内容各异，鼓点节奏也各有不同。

（三）东北内蒙古地区

1.蒙古族的赛马

蒙古族素有“马上民族”的美称，赛马是蒙古族的优良传统，深受人们喜爱。据文献记载，蒙古族赛马已有近2000年的历史了。

蒙古族的体育娱乐大会谓之那达慕，参加赛马者自愿报名，不受年龄性别限制，少则几十人，多则数百人，是人们最喜爱的活动之一。赛马比赛距离不等，由古时的20、30、40千米逐渐缩短为3000米、500米、100米等短程赛，比赛时为了减轻马的负重，不论老少，参赛者都不备马鞍，不穿鞋袜，只穿华丽的彩衣，配上长长的彩带，飞驰起来，更显飘逸。

蒙古族赛马的方式多种多样，一般有走马、跑马、颠马三种。走马，主要比赛马跑时的稳健、快速、美观；跑马，主要比赛速度和耐力，在规定赛程中先到达终点者为胜。参赛的马匹不分品种，分组抽签，分道比赛，按时间多少录取名次。比赛中，参加者只准一人一马，没有特殊情况不准换马，比赛分直线跑道和圆场跑道进行，不准用马鞭打他人的马匹；若运动员中途落马，允许上马继续比赛。规则要求起跑后100米内不准在里圈跑，过100米压过10米后方可进里圈，否则为犯规。胜利者、取得名次的马匹，在那达慕大会上集中在主席台前依次排好，由优秀的民族歌手高声朗诵“赞马诗”。赞马诗的内容丰富多彩。如描述马匹的雄骏、介绍骑手的事迹、形容比赛的特点、宣告比赛的名次等，获得第一名十分引人注目，人们在其马头上、马身上撒奶酒或鲜奶以示庆贺。

2.朝鲜族的荡秋千

荡秋千是朝鲜族妇女最喜爱的运动之一。据有关史料记载，早在公元13世纪前，荡秋千活动就已经在朝鲜族民间十分流行了，尤其流行于延边朝鲜族自治州及其他朝鲜族聚居的广大农村。传说，当时妇女忙于劳动无暇照顾家里的孩子，于是就在大门的横框上拴上两条绳子，让孩子们荡着玩，孩子们感觉荡起来轻悠悠的，很是好玩，以后妇女们也玩起来了，进而发展为大规模的竞赛项目，流传至今。

荡秋千是将长绳系在架子上，下挂蹬板，人随蹬板来回摆动。荡秋千比赛规定：只限女子参加，分设单人、双人、团体赛，项目分高度比赛和触铃比赛。高度比赛以在规定的试荡次数内荡达的最高点来计算成绩，触铃比赛是以在规定的高度上和时间内运动员触铃的次数来计算成绩，次数越多，成绩越好。

3.满族的珍珠球

珍珠球原名“采珍珠”，是满族的传统体育项目，又被称为“踢核”“采核”“扔核”。在满语里，“核”是“尼楚赫”的约简音，即“珍珠”的意思。在满族，居住地区不同“采珍珠”的叫法也不同，如在东北地区称“投空手”，在华北地区称“采珍珠球”，在胶东半岛称“打司令”，在西北地区称“扔沙包”。

珍珠球已有400多年的历史了，它源于古代满族采珍珠人的劳动情景——采珍珠。在古代，居住在松花江、牡丹江以及嫩江一带的满族采珠人将采珍珠的工具——抄网当作游戏器材，并模仿采珍珠人的劳动过程发明了“采珍珠”游戏。此游戏最初在河中进行，后来移至陆地上。居住在白山黑水之间的青年男女在采珠之余，欢庆收获之际，用布包、绣球或猪膀胱（充气）代表珍珠，竞相往鱼篓中投，或用抄网将球投入网中，投（抄）中者预示未来出海时可以采集到更多的珍珠。为了表示人们与风浪拼搏的艰险，便将蛤蚌神化，“蛤蚌精”张开贝壳，防卫着珍珠不被夺走，于是演变成一种攻防兼备的满族传统体育运动项目，显示出满族先人的聪明与才智。

在满族最重要的节日——颁金节，一般都要举行珍珠球、跳马等具有满族特点的传统体育项目比赛。珍珠球是一项具有激烈的对抗性和丰富的趣味性的运动。比赛时，水区内双方各有三名运动员负责进攻或防守，进攻者可将球向任何方向传、拍、滚、运，目的是向站在本队得分区内的持抄网队员投球得分。封锁区内有两名持蛤蚌

（球拍）的对方队员，用封、挡、夹、按等动作，阻挡进攻队员向网内投球。每队有一名持抄网队员在得分区活动，用拍网试图抄（采）中本方队员投来的珍珠（球）。每抄中一球得一分。在规定的比赛时间内，得分多者为胜队。

珍珠球这项体育活动对抗性强，又有游艺性。近些年来，经过挖掘整理，推陈出新，使珍珠球更加具有竞争性和观赏性，并在第三届全国少数民族运动会上被正式列为比赛项目。

4.鄂温克族的套马

鄂温克族最具特色的体育运动是套马，套马不仅是生产、生活的需要，也是民间文体活动最为常见的一项活动。鄂温克族以牧业生产为主，所以和蒙古族一样，爱马、离不开马，鄂温克族男孩一般从7岁就开始学习骑马，经过一段时间的熟悉和适应后，就可以开始驾驭赛马了，最后开始学习套马。

每年5月下旬，在欢度“米阔勒”节的日子里，都要举行套马比赛。届时，人们都身着节日盛装，远近的亲戚朋友汇集在一起，给牲畜去势和打标记。比赛一开始，几十名身强力壮的选手欢呼着飞身上马，挥舞手中的套马杆，如风疾电闪般，驰骋在牧场上。每当套住烈马时，强壮的骑手们一拥而上，有的跳上马背，有的拉住马尾，眨眼之间就把烈马摔倒在地，接着便开始给马剪马鬃、剪马尾、拔坏牙、打标记等活动。在“米阔勒”节套马，既是一件非常紧张有趣的劳动，也是牧民互相比武大显骑术的好机会。

5.达斡尔族的波依阔

波依阔也叫“曲棍球”，达斡尔语称曲棍球为“波列”，称曲棍为“波依阔”或“贝阔”。打“波列”、打“波依阔”所指相同。波依阔是达斡尔族最喜爱的传统体育活动，在达斡尔人的各项体育运动中居于首位。每逢节日和婚嫁喜庆之日，青年人都要组成球队进行波依阔比赛。

波依阔在达斡尔族民间有着悠久的历史，数百年前便开始流传于达斡尔族民间。波依阔运动在北方各民族中，只有达斡尔人保留发展祖先的波依阔项目。达斡尔族人从前用的曲棍，是选根部弯曲的幼柞树做的。使用的球略小于拳头，分木球、毛球、火球三种。木球用杏树根制作而成；少年们玩的毛球用畜毛团制作而成；火球是用桦树上长的硬化了的白菌疙瘩制成，球上穿透几个小孔，填以松明烯着，不易熄灭。在春天的夜晚，青年们常以村旁宽阔的草坪为场地，举行富有情趣的火球比赛。被双方争击的火球，飞来窜去，如同一道道划破夜空的火线。观看者不禁发出此起彼落的喝彩声。

今天，波依阔运动在达斡尔族中广为流行，而且有了新的发展。1986 年第三届全国少数民族传统体育运动会上，达斡尔族体育健儿的火球表演赛，赢得了各族观众的极大兴趣和热烈欢迎。达斡尔族的波依阔比赛和现代曲棍球有很多相似之处。比赛场地两端用竖起的木杆做球门，比赛场地大小与足球场地相似。两队各 11 人，1 人把门、门前 2 人守卫，其余的人进攻。将球射入对方大门得分，以得分多少分胜负。比赛时，选手用一根带拐弯的木棍运球、传球和击球，如果有一方将球打出界，就由另一方在球出界处发球，除了守门员以外，其他人不可以用手击球、抓球。技术动作有踢、挡、铲、打、挑、闪、展、腾、挪等。

（四）中南东南地区

1. 壮族的抛绣球

抛绣球是壮族人民喜闻乐见的传统体育项目，也是壮族男女青年一种表达爱意、进行沟通交流的很好的方式。它历史悠久，最早出现于两千年前绘制的花山壁画上（见《宁明花山壁画资料汇编·花山临摹》），但当时是用青铜铸制的兵器，用于甩投，称为“飞砣”，多在作战和狩猎中应用。后来，人们将飞砣改制成绣花布囊，互相抛接娱乐。到了宋代，逐步演变成为壮族男女青年表达爱情的媒介。据宋代诗人朱辅的《溪蛮丛笑》记载：“土俗岁极日，野外男女分两组，各以五色彩囊豆粟往来抛接，名飞砣。”用古兵器飞砣命名的五色彩囊，就是绣球的前身。宋人周去非在《岭外代答》中有更为明显的记述：“男女目成，则女爱砣而男婚已定。”时至今日，“抛绣球”仍在广西百色、柳州、南宁、河池等地区流传，仍是男女婚配的一种选择方式。

每年春节、三月三、中秋节等传统佳节，壮族人民都要赶歌圩，比歌赛智。在歌圩中男女青年相邀聚集在村边、野外，小伙子和姑娘们分站两边，人数大体相等，拉开适当距离，开始对歌。歌词内容涉及农事理想、情操等，他们用歌声相互了解，对歌有问有答，丝丝入扣，娓娓动听。绣球是壮族男女表达爱慕之情的信物，姑娘们在对歌时将手中的绣球向小伙子抛过去，小伙子要准确无误地接过绣球。接住绣球的小伙子将它赏玩一番后，又向姑娘抛回去，经过数次往返抛接。如果小伙子看上姑娘，就在绣球上系上自己的小礼物，诸如银首饰或钱币，抛回馈赠女方，馈赠愈重，表明小伙子对姑娘的情意愈重。姑娘若接过礼物，就说明同意小伙子的追求。

2. 土家族的打飞棒

打飞棒是土家族传统体育项目，产生的历史年代久远，在湘西的桑植、永顺、龙山等县广为开展。相传“打飞棒”的运动源于明代嘉靖(1522～1565)年间。当时湘西土家族士兵应征赴江浙沿海抗倭，长途跋涉，粮草供应不上，士兵们便携带红木瓜棒至战地，临阵当作武器，发挥了很大作用。抗倭胜利后，土家族士兵又用它作掷远的游戏，当时带领土家族士兵抗倭的明代昭毅将军彭尽臣，也操起一根红木瓜树棒打了一套“秦王扫江”棍，并说：“木瓜树真是土家族士兵的救兵粮！”从此，土家族人又称红木瓜树为“救兵粮”树，红木瓜树常常用为制作“飞棒”的材料，取其木质坚韧且富有历史意义。

每一年到秋收季节，居住在湘西桑植、永顺、龙山等县的土家族人民便都身背鸟铳、弓箭、棍棒、昼夜守护在田边地头，其以青年居多。他们的任务就是当遇有鸟兽前来偷吃粮食时，就用鸟铳、弓箭射杀，或迅速扔出手中木棒，以击走鸟兽。木棒不仅掷得远，而且能发出响声惊走鸟兽。勤劳勇敢的土家族人民，从小就练成了木棒掷远的本领。一些掷棒能手将木棒掷出 60 米开外，准确地击毙飞禽走兽。以后，掷棒逐步形成一种体育运动。

3.黎族的打花棍

打花棍，黎族人称“打狗棍”，在海南岛黎族聚居的地方颇为流行。农历的每月十五前后，在月明星稀之夜，黎族的青年男女聚集在约定的场地打花棍，往往通宵达旦地玩，尽兴而归。

传说，很久以前，有两个小伙子同时爱上一位姑娘，都托媒来说亲，姑娘的父母无法拿定主意择谁为婿。十五月圆的晚上，两个小伙子都不约而同地来到姑娘家里，姑娘的父母急中生智，让其女执一约2米长、拇指般粗的木棍居中，请两个小伙子分站在其东西两边棍子够得着的地方，并规定两人不得跑出以棍(为半径)划的圈外。接着，姑娘便开始抡起棍子，时而上下左右点打，时而来回旋转横扫。两个小伙子则随着姑娘打招数的变化，在圈内左右前后跳跃、闪避。其中一人多次被棍子扫到打着，被迫跳出圈外；另一小伙子则灵巧闪、跃，即使偶尔被棍触及也坚持留在圈内，终于被选中为姑娘的夫婿。围观者看着这扣人心弦的竞争，也在情不自禁地喊着、跳着。打这以后，村里的男女老少也都还着嬉戏，逐渐成为一种体育娱乐活动而流传开。

“打花棍”的基本打法有点打、来回扫、旋转扫等，基本跳法有左右跳、前后跳、跨步跳、转体跳等。参加人数可两人到十几人不等，一般一人站中间打、扫棍，其他人在圈内做各种跳、避动作，以始终留在圈内并被棍触及次数最少者为优胜。在流传过程中，各地的器材和跳法不一，但打法大致相同。有的用2～3米的藤条(或绳子)，一端系着0.5米长的小木棍作花棍，或以长竹竿代替。有的还在棍(或竹)上缠上五色花纸。除了一人打、一至两人跳外，还有众人围圈跳、手拉手跳、跨步跳、追逐跳等。

打花棍广泛流传在黎族地区，不仅是一种热闹有趣的健身娱乐活动，而且往往是黎族男女青年选择意中人的一种方式。

4.畲族的操石磉

操石磉是浙江省丽水地区畲族人民创造的并深受群众喜爱的一项别具情趣的体育活动。相传在很久以前，丽水地区有个畲族人民聚居的村庄，坐落在高山深谷之中，整个村庄像一支倒置的琵琶，而村庄里用卵石铺成的两条路正好像“琵琶”上的琴弦。那时，畲族人民生活十分贫困，整个村庄冷冷清清。有一天，一位风水先生经过村庄，环顾四周，对村上的人说，你们村庄要兴旺，就要拨响那两根“弦”。他向人们传授了操石磉活动，果然给这个村庄带来了欢乐，带来了生机。因为山区畲乡村庄的条件相似，这项活动也就是在畲族村庄中流传至今。

操石磉活动方法简单。石磉，就是凿打好垫屋柱的石础。操石磉就是用脚踩着石磉在卵石路上行进。参加的人数，可以单人操，可以两人操，也可以三人或更多的人操，操石磉多数用脚控制石磉行进，也有用竹竿操的。操石磉可以比赛，俗称“对磉”。比赛时，踩石磉的被称为“贫寒杆”，亦称“磉师”，另一个人或两人可抱着“健杆”的腰，或拉着“健杆”的手，或用杠子抬着“健杆”。比赛时规定地段，一般比赛速度，哪个人或组操的石磉先到目的地为胜方，负方被人们称为“烙豆腐”，需将胜方的石磉举或端回出发点上。近年来，畲族人民对“石磉”进行了改进，因为要在平地进行，就将石磉改成多面体，便于在平地上踩着翻动。另外，他们将石磉挖空装上几个铜铃，加大声响和趣味。

5.仫佬族的母鸡护蛋

母鸡护蛋又称“凤凰护蛋”。母鸡护蛋是广西少年儿童喜好的一项民间传统体育游戏。其活动方法简单，在一块稍为平整的地方，先画一个直径约两尺的圆圈。里面放三块蛋大的圆形石头当作“鸡蛋”，一般是五六人一组，其中一人当“母鸡”，其余当“鸡子”，母鸡负责守蛋，鸡子抓蛋。比赛时，“母鸡”两手支撑地面，两脚掌前部着地成俯卧撑姿势，守护圆圈内的“鸡蛋”。裁判员发令后，“鸡子”可以用各种办法取“鸡蛋”，“母鸡”则手脚围绕着圆边转动，用脚阻拦，两手和两脚灵活地转动。如果“鸡子”进圈内取蛋时，身体任何一个部位被“母鸡”触及，就被淘汰，在规定的时间内取完三个“鸡蛋”者即获胜。

第五章　民族传统体育文化与其他文化

第一节　民族传统体育文化与节日文化

我国历史悠久，是世界最古老的文明发祥地之一。中国文明的博大精深化育出丰富多彩的民族传统节日。这些传统节日形式多样、内容丰富，是中华民族悠久的历史文化的一个重要组成部分。俗语说："百里不同风，千里不同俗。"作为一个多民族国家，我国各民族生活的地域不同，风俗习惯、宗教信仰等诸方面也各不相同，因此，产生了许多丰富多彩的节日活动。众多的传统娱乐活动经过长期的历史演变，与传统的体育活动结下了不解之缘。这些节日，不管是祭祀和纪念性的，还是庆贺和社会娱乐性的，真可谓哪里有民族节日，哪里就有民族传统体育活动。节日为体育活动提供了良好的场所，体育活动又为民族的节日内容增添了纷繁多姿的色彩，相得益彰，相映生辉。

节日文化是一种历史文化，是一种民族文化，也是一种民族风俗和民族习惯。它有着非常深刻的寓意，有的是为了纪念某一重要历史人物，有的是为了纪念某一重要历史事件，还有的是为了庆祝某一时节的到来等。

一、传统节日的形成与特征

(一)传统节日的形成

节日是人类社会发展到一定阶段的产物,它的起源和发展是一个逐渐形成、潜移默化地完善并慢慢渗入社会生活的过程。我国传统节日的形成,都是从远古发展过来的,如春节、端午节和中秋节等,它是一个民族或国家的历史文化长期积淀凝聚的过程,是古代人民社会生活的精彩画面的再现。

值得一提的是,在历史长河中,历代文人雅士、诗人墨客写下了许多关于节日的千古名篇,这些诗文使得中国的传统节日渗透出深厚的文化底蕴,大俗中透着大雅,雅俗共赏。此外,中国的节日还有很强的内聚力和广泛的包容性,每到逢年过节,全国人民举国同庆,这与我们民族源远流长的悠久历史一脉相承。可以说,传统节日是我国古代劳动人民创造的一份宝贵的精神文化遗产。

大体说来,中国传统节日经历了五个发展时期:

1.先秦发生期

早在远古时代,许多节日元素就已经出现了萌芽,流传至今的春节、上巳、端午、中秋、冬至等节日元素,在先秦时代就大部分已经形成。这一时期的节日呈现出数量较少、内容不够丰富、时间不固定的特点。最早的节日表现为风俗活动,它和原始崇拜、迷信禁忌有着密切的关系;神话传奇故事为节日增添了许多浪漫主义色彩的内容;宗教信仰也对节日产生了非常大的冲击与影响;另外,某些节日还被赋予了特别的意义,那就是纪念一些历史人物。所有这些,都逐渐融合并经历史的凝聚深深地被植入到节日的内容里,从而使得中国的节日具备了深沉的历史感。

2.汉代定型期

秦朝短暂的统一中国后被汉朝取代,中国进入第一个大发展时期,大一统促进了各地区风俗的融合,先秦时期的齐鲁文化圈、秦文化圈、荆楚文化圈、吴越文化圈、巴蜀文化圈等,到汉代逐渐融为一体，强有力的国家政权对节日风俗的统一起了重要促进作用。同时，“太初历”的确立，打破了先秦时代的原始崇拜信仰，为节日风俗注入了新的活力和生机。此外，汉代儒家独尊地位确立以后，儒家伦理道德观念对节日风俗也产生了深远的影响。

汉代的繁荣昌盛为科学文化的发展提供了良好的社会条件，这都促进了节日的最后形成，中国的主要节日如春节、元旦、元宵、端午、重阳等都已基本定型。可以说，今天的许多节日礼俗大多可以在汉代找到源头。这一时期节日呈现出两个特点：第一，某些节日增加了对一些历史人物如屈原、介子推的纪念意义，取代了原始崇拜和信仰，增强了节俗的人情味和真实感；第二，在节日礼俗自身的发展中，风俗和礼俗的区别逐渐模糊，风俗和礼俗融为一体，被人们约定俗成地接受并沿袭下来。

3.魏晋南北朝融合期

魏晋南北朝时期是我国各民族大迁徙、大融合的时期，民族文化的大交流对节日文化的融合与发展起着积极的促进作用。这一影响主要表现为以下三个方面：

第一，北方游牧民族带来了节俗文化中如骑射、蹴鞠等带有杂技游艺的节日活动。

第二，宗教信仰与节日的结合使得使节日更加深入人心，从而进一步推动着节日的传播和发展。例如，农历十二月八日是“腊八节”，佛教说这一天佛祖成道，施粥于众，此传说传到民间以后，在民间就逐渐形成了吃腊八粥的节日习俗。道教讲究阴阳，以奇数为阳，节日多取奇数日子，为吉利的象征，如一月一日、五月五日、九月九日，体现阴阳均衡之意。

第三，当时的魏晋玄学和清谈之风也对节俗产生了比较大的影响，这主要表现为这一时期的节日风俗增加了新的内容，如高谈饮乐、诗酒风流等内容。

4.唐宋高峰期

唐宋社会经济、文化的繁荣大大促进了节日文化的发展，是节日文化发展的高峰期。唐代，节日文化已经完全从原始祭拜、禁忌神秘的气氛中解放出来，转为娱乐、礼仪型，节日变得欢快喜庆，成为真正的佳节良辰。例如，春节放爆竹由原本作为一种驱鬼手段逐渐演变成了欢乐的象征；元宵节由祭神灯火的祭祀活动演变成了现在流行的游艺观灯活动；中秋节祭月的祭祀仪式演变成了今天的赏月、吃月饼的习俗；重阳节由原本寓意为登高避灾的祈福活动演变为今日的秋游赏菊的休闲娱乐活动。

在节日风俗的演变中，节日内容越来越丰富多彩，从而使得节日民俗活动走向了它繁荣发展高峰时期。唐宋时期的许多体育、享乐的活动内容出现，并很快成为一种时尚流行开来，如放风筝、拔河等。这些风俗一直延续发展，至今仍深受人们的喜爱。

5. 明清稳定期

唐宋以后，节日的发展比较平缓，辽、金、元时期，融入了一些少数民族习俗。明清时期，节日风俗出现了三种变化：一是更加讲究礼仪性和应酬性，如逢年过节，人们出于礼尚往来而互相拜访送礼。二是明代资本主义萌芽出现以后，一些以小农经济为基础的节日风俗逐渐为人们所冷淡，如祭土地神习俗已不像先前那样受到重视。三是游乐性继续发展，如元宵节观灯，持续时间由宋代的 5 天增加到明代的 10 天，昼市夜灯，热闹异常。清朝入关以后，又增加了舞狮、舞龙、旱船、高跷、秧歌、腰鼓等“百戏”活动。但从总体说来，这一时期的节日风俗没有太大的变化。

（二）传统节日的特征

1. 民族性

我国是多民族国家，各兄弟民族在发展中创造和保留了许多颇具特色的节日。各个民族宗教信仰不同、生产生活方式不同，由此产生了不同的文化。节日文化使民族文化得以集中展现，表现出鲜明的民族性，是我们研究民族文化的宝贵资料。除汉族节日外，其他少数民族都有自己的传统节日，如蒙古族有“那达慕大会”，朝鲜族有“老人节”，傣族有“泼水节”，锡伯族有“西迁节”，彝族、白族、纳西族、布朗族有“火把节”，土家族有“七月会”，高山族有“丰收节”，等等。这些节日都有其特殊意义和习俗，与汉族节日共同构成了中华民族大家庭的传统节日。

2. 地域性

我国土地广袤，幅员辽阔，自然环境、生产活动、经济状况、文化发展不同，因而节日风俗也有一定的差异。节日是地域性民俗艺术大汇展的最佳时机，为人们提供了欣赏民族艺术的极好机会。利用民族民间艺术形式来扩展节日的内容和影响，更能显示其特色。有了地方特色就容易为人们所关注，以地方自然资源和文化资源为优势产生的新型节日，充分地说明了这一点。地域不同，使得在同一节日里也会有不同的文化习俗。节日文化因不同地域、不同习俗而呈现着百花齐放的繁荣局面。

3. 群众性

节日是一个群体的成员在共同生活中集体创造而成的并为群体所普遍遵循，进而得以传播。即使某一节日出自个人爱好或习惯以至有意倡导，也只有与社会大众的喜好风尚相融合、适合于群体成员的从众心理，从而得到回应和认可，才有可能形成一项为群众所接受、为大众所遵循的节日。节日是群众文化活动的高峰，特别像春节、国庆节和少数民族的某些重大节日，几乎每个人都汇入节日活动的洪流之中，受到节日文化的熏陶。唐代诗人崔液在《上元夜》诗中写道：“谁家见月能闲坐，何处闻灯不看来？”节日的热闹场面最具群众性。广大城乡特别是少数民族地区的群众文化，可以说是以节日为轴心开展起来的。随着我国经济和社会的发展，人民群众对节日文化的期望值更高，要求更强烈，参与节日活动的人更多。

4. 纪念性

以纪念为主要内容的节日文化，在节日文化中占有相当大的部分。传统节日中的清明节、端午节即属此列。新生的、影响广泛的节日，几乎都是纪念性节日，如“五一”“六一”“七一”“八一”“十一”等。在这些节日中，节日文化的主题比较鲜明。在我国革命历程中产生的节日，有益于人民群众特别是青少年发扬革命传统，再创美好未来。

5.周期性

这是由节日的特点决定的。“节”最早指物体各段之间相连的地方，由此衍生为划分岁时的节日。春夏秋冬，周而复始，年年沿袭，代代相传。在农业社会，节日几乎都与农事有关。每一个时令的交替，都有相应的节日产生。现代文明社会创造了许多新的节日，这些节日仍然遵循着周期性的原则。节日文化随节日的这一特性不断再现，那些只出现一次或数次的庆典、仪式和活动，不能称为节日。一些虽然持续久远，但呈不规则运行的文化现象，恐怕也不能纳入节日文化。

6.传承性

节日的传承，既是指时间上的纵向延伸，也指空间上的横向分布。节日一旦形成，便具有一种相对独立性和稳定性，会被世世代代传承下去。即便社会条件发生巨大变化，也仍然从中看到古老习俗的影子，这是节日传承性的重要表现。中国有数千年的农业文明，流传下来的许多民间节日都有2000年以上的历史，其中很多习俗是从远古时代传承下来的，至今还为人们所接受，表现了顽强的生命力。节日的传承特征，对维系一个民族的群体凝聚力和趋同意识具有很大的作用。

7.变异性

变异性是与传承性密切相关的一个特征。节日文化虽然表现为主题内容的不断重复再现，但在历史的长河中，节日文化在发展中会产生或大或小的变异现象。一些节日走向消亡，一些节日被更新，节日文化总的趋势是积极因素占优势地位，落后的陈规陋习不断被淘汰。

首先，这种变异受到经济的影响。随着经济的发展，节日活动会不断注入新内容，节日文化也就随之起了新变化。其次，节日文化会受到政治的影响。传统节日的风俗往往受到统治阶级的干预。中国历代统治者都很重视通过民俗活动来了解民情，都注意通过“移风易俗”来稳定其统治。有些节日民俗活动被禁止，而有些节日民俗活动又是统治者或抑或倡的。因此，统治者的干预是节日和节日文化变异的一个重要原因。第三，节日文化会受到科学技术的影响。传统节日发端于人类蒙昧时期的图腾崇拜，寄托着人们对征服自然的渴望。随着科学技术的进步，人们的思想观念不断变化，节日文化必然产生相应的变迁。当人们知道月亮只是一个无生命星球之后，玉兔、桂树、嫦娥、吴刚等自然而然地由神界回落为民间传说中的形象。人们对这些神话之继续传诵，主要是为了获得一种美好的文化享受。中秋节日习俗也自然由祭月衍变为赏月，吃月饼也仅是物质生活的调剂了。

二、民族传统体育文化与节日文化的文化渊源

每一个民族都有自己独特而稳定的民俗文化，这些富有特点的文化，还会以各种方式在这个民族中流传下去，世世代代都产生影响，于是逐渐形成了本民族的文化传统。我国西部地区少数民族的文化各具特色，是我国珍贵的文化遗产。由于受独特的地理区域和政治经济因素的影响，我国西部地区各少数民族的文化有着宗教、语言、心理、文化等各方面的差异。经过长时间的历史沉淀和累积，其民族传统体育文化和节日文化具有丰富的文化内涵，不但能较好地展现其文化全貌，同时也是区分民族的重要标志。

我国是一个多民族的国家，56 个民族都有自己的节俗，如白族的三月街、苗族的四月八、彝族的火把节、藏族的赛马会、傣族的泼水节等①，还有在节日中各民族男女老少们表演的传统体育项目，如苗族的古龙坡会，就是在激昂的芦笙和鼓乐声伴奏下举行的民族传统体育运动会，运动会活动的内容有芦笙赛、踩堂歌、斗马、斗鸟、赛马、

① 参见朱小丽：《广西少数民族传统体育项目的分析及其发展前景》，《安徽体育科技》2003 年第 1 期。

舞狮、对唱山歌等。又如，壮族在每年的正月初二至十五进行的投绣球、三人板鞋竞技赛、投绣球抓卒等体育活动，不仅有歌舞相伴，尽情欢乐，同时还是青年男女交流情感、互相了解、表达爱情的一种别致方式。除此之外，还有许多民族都有其独特的体育活动，如瑶族盘王节的“打猴棍”、侗族花炮节的“抢花炮”、京族哈节的“跳竹杠”、壮族的跳桌、土家族的耍花棍、维吾尔族的赛马、彝族的阿细跳月等。这些具有显著的民族文化特色的传统体育活动是我国传统体育的瑰宝。可以说，节日在传统体育的映衬下而逐渐丰富多彩起来，传统体育在节日的带动下传承并发展着。

从文化学来讲，每一种文化都有其文化的起源，文化及整个文化世界的价值是人创造的，是人为了实现自己的价值而创造的，是人对外部世界价值思维的一种肯定形式，或者说价值思维抽象化、客观化的结果。[①] 关于文化的起源，目前还没有一个统一的说法，通常认为，人起初的文化意识都是非自觉的或朦胧的，所有的文化诸如文学、舞蹈、绘画、体育文化、节日文化等都是模糊在一起的文化原型。民族传统体育文化作为文化的一个重要成分，当然也不例外，如侗族的“侗年”节日，日子是在农历十月或十一月择吉日决定。这个节日不仅每家每户都会酿酒、打糍粑、杀猪宰羊、屠牛，而且还要跳芦笙、踩歌堂、斗牛、以鱼祭祖、设宴待客。其实，在最开始的时候，节日文化的周期性是不明确的，只是后来随着文化的发展，人们才逐渐遵循周期性原则，同时也逐渐有了鲜明的庆祝主题。当然由于民族传统体育文化具有强烈的娱乐性和参与性，所以从某种程度上来说，一般的民族节日文化是与民族传统体育文化分不开的。

一般来说，民族节日文化与民族传统体育项目的关系是相辅相成的，民族传统体育多在民族节日中开展。节日是的民族民间文化艺术得以展现的舞台。在各式各样的节日中，民族民间的艺术家们通过将在观众面前展现他们的文化珍品，从而使得各种民间艺术形

---

① 参见林耀华：《民族学通论》，中央民族大学出版社 1997 年版，第 123 页。

式交相辉映。在节日文化活动中,最为活跃的因素是民族传统体育项目的表演:第一,表演者淋漓尽致要征服观众;第二,观赏者无拘无束自由选择,使其优胜劣汰、新陈代谢。民族传统体育项目不仅是不同社会形态的遗迹(如珞巴族原始时代的弓箭)的体现,同时也是不同的地域特点(如牧区的马术)和各民族不同特征(如藏族的赛牦牛)的表现。站在人类文化学的立场来看,绚丽多彩的民族传统体育活动与种族繁衍、生产劳动和军事等有着非常密切的关系,那些具有参与性、观赏性并具有鲜明的民族地方特色的民族传统体育活动是节日文化中展现民族魅力不可缺少的部分。

三、民族传统体育文化与民族节日文化的发展

(一)发展现状

我国少数民族众多,分布地域广,其民族传统体育文化是经过数千年的发展演变遗存下来的宝贵的民族地方文化。据不完全统计,各少数民族传统体育发展到今天共有 676 项,汉族 301 项[①],数量和形式是丰富多彩的。其形式有跑跳投类、骑术类、射击类、体操类、角力类、球类、水上类、舞蹈类、武艺类、游戏及其他等。

作为中国传统文化的重要组成部分,民族传统体育文化是千百年来各民族物质文明与精神文明交叉发展融合的结果,与各地区的人民生产生活现状有着紧密的联系。在文化历史的长河中,民族传统体育文化从不同的侧面和角度,以其独特的地理环境和民族娱乐项目,在一定时期和程度上反映了各民族的历史、政治、经济、文化、宗教、民俗习惯以及心理状态等,是悠久历史的真实写照。民族传统体育文化内容丰富、项目繁多,代表着古老的东方保健体系,是中华文明不可或缺的有机组成部分。

中国自古以来就有统一的民族文化基础,在我国历史文献资料中有大量、翔实的民族节日文化的记载,如《尚书》《易经》《礼记》《山

① 参见高占祥:《中国民族节日大全》,知识出版社 1993 年版,第 285 页。

海经》《诗经》《风俗通义》《古今注》以及历代正史和各地方志，都保存着极其丰富的各民族的节日文化的珍贵资料。作为一种重要的文化现象，节日文化中涵盖有民族人民在衣、食、住、行、生产劳动、婚姻、丧葬、节庆、礼仪等方面的风尚和习俗。俗话说。“十里不同风，百里不同俗。”各地区、各民族的节日文化也呈现出丰富多彩、各色各样的特点，直接反映着一个时代的民族精神和生活面貌，为我们直观地认识和了解传统民族文化提供了最有力的依据。

节日文化的内涵特征，主要表现为民族性、地方性、集团性和约束性。随着社会的不断发展，迎合时代要求，如今的节日文化还有娱乐性和社交性两个鲜明的特点。如傣族的泼水节、彝族的火把节、苗族的四月八、土家族的女儿会、壮族的三月三、瑶族的盘王节、侗族的花炮节、藏族的赛马会、白族的三月街、京族的哈节等等，是各民族展现民族风采和民族魅力最为集中的时期，已成为欢庆丰收、民族友好往来、开展文体活动和物质交流的富有民族特点的节日。

（二）发展方向

第一，立足民族文化本位，保护民族文化。

当今社会，奥林匹克体育已成为世界体育的主流，西方体育占据了话语权。在西方体育的强烈冲击下，我国民族传统体育文化和节日文化正遭受着严峻的考验，很多传统体育项目已经消亡或正面临消亡，尤其是西部体育文化早已整体濒危。

在西方文化的冲击下，关注民族传统体育的人数大大减少，从事相关传统体育项目的运动员更是寥寥无几。在文化的传播与交融中，外来文化与民族传统文化是一对无法回避的矛盾，面对西方强势的政治和经济条件，我国传统的民族文化的吸引力逐渐下降，被异化是无法避免的现象。毋庸置疑，民族传统体育文化与节日文化是我国优秀的文化瑰宝，在发展的过程中需要进行有利的引导发展，避免其从人类文化圈中消失。在当前的严峻形势下，要发展本民族传统体育文化，首先要加紧保护，将现存的民族传统体育项目保护起来，以防资源的进一步流失和消亡；其次，在接收外来文化的冲击时，要作出正确的调适，改被动适应为主动适应；再次，机遇和挑战都是并存的，民族传统体育项目在保护的同时，也要紧抓时机，立足民族文化本位，挖掘有利的特色传统项目，将其发展成为能走向国际、走向世界的民族传统体育项目，展现民族自我特色，弘扬民族精神。

第二，大力拓展民族传统体育文化产业，推动民族文化的发展。

文化是一种生产力，这主要表现在：文化不仅可以反映一定的生产力和生产组织方式，作为生产软件，还提供了生产力硬件赖以生存和发挥作用的氛围和环境，将一定的生产力、生产组织方式融合为一个宏大的生产力体系。文化是当今社会国家竞争的软实力，谁占据了文化的高峰，谁就取得了世界竞争中的主动权。民族传统体育文化产业和节日文化产业是一种具有深刻文化内涵和广泛文化外延的文化生产力。在新的发展环境中，民族传统体育文化和节日文化，应积极迎接挑战，把握住历史发展转折时期文化经济发展的新契机，在优越的民族政策下，转变自身发展模式和方向。通过对自身文化的筛选、改造、包装以及重组，由学校逐渐向多民族推广，大力拓展传统体育文化和节日文化产业，形成娱乐健身、旅游、节庆、产业联姻的互动发展模式，促进各产业之间的良好互动，由一个带动多个，多个互相促进，使其形成具有强大生命力的、有长期和丰富效益的巨大产业链，向有组织、有计划、有目的的方向发展，使其走向科学化、规范化和社会化的发展之路，推动民族文化的发展。

以白族的三月街节日为例，在节日中，人们不仅会进行各种各样的贸易活动，而且还会举行各种传统体育活动，如赛马表演、射箭、耍龙灯、耍狮灯等。这一节日是大理的白族人民远近闻名的物质交流大会。这种文化产业的发展，不但吸引了国内外游人纷纷前来经商、考察和旅游观光，同时也大大促进了大理经济、文化的交流，从而使得民族传统体育文化和节日文化逐渐进军经济领域，并逐渐取得一定的地位。

第三，迎接挑战，立足传统，大胆创新，批判地继承与发展并举。

民族传统体育文化和节日文化，是中华民族文化的重要组成部分，是我们的祖先在长期的社会生活中，为适应生产和生活的需要而创造并世代相传下来的。面对国际和国内新环境，在外来文化和奥林匹克竞技体育的双重冲击下，我们应站在时代的高度看待它们的继承与发展。民族传统体育文化和节日文化应迎接挑战，立足传统，充分发挥其民族特色和地域优势。在立足传统、继承历史的基础上，要加以改革以寻求更好的发展出路。不仅要去粗取精、去伪存真、推陈出新，而且要努力开拓、锐意进取，进行大胆的创新，把继承传统体育文化和节日文化与时代精神结合起来，积极挖掘整理并推广具有民族精神和时代特点的传统体育文化和节日文化，创造出既符合现代体育的发展规律又具有鲜明时代特色的民族传统体育文化和节日文化。

民族传统体育和节日文化是各民族社会文化生活的浓缩点，可折射出各民族在不同社会历史时期的发展轨迹，具有鲜明的民族特色，是研究人类传统文化发展的活化石。只有在科学的理论和方法指导下，实事求是，才能建构新型的民族传统体育文化和节日文化。

第二节　民族传统体育文化与旅游文化

一、旅游文化的概念及特征

（一）旅游文化的概念

近年来，旅游业在经济领域中地位的不断提高，使得它对社会文化发展的需求和依赖也日益明显化，旅游文化这种特定的文化形态的出现也成为必然。有学者指出："旅游文化是指那种适合旅游业发展需要的文化形态，它不仅仅决定于旅游行为的综合性、景观意态的趣味性及旅游内容的丰富性，更决定于具有能够满足游客文化需求多样化的客观性。按时间分类，旅游文化可以分为传统旅游文化和现代旅游文化两种。传统旅游文化的内容主要包括旅游者和旅游景观文化；现代旅游文化则增加了旅游业文化和文化传播。”①

旅游文化有其特定的内涵和相应的外延。目前学术界关于旅游文化的界定尚未达成一致，国内学者对于旅游文化的概念主要有这样几种观点：

> 旅游文化是一种文明所形成的生活方式系统，是旅游者这一旅游主体借助旅游媒介等外部条件，通过对旅游客体的能动的活动，碰撞产生的各种旅游文化现象的总和。②

> 旅游文化是以旅游行为为核心、旅游产品为依托、旅游环境为背景的系统性的场景文化，旅游消费与旅游服务行为文化、旅游资源文化和旅游产品文化、旅游环境文化共同组成了这一场景文化体系目。③

> 旅游文化是旅游者和旅游经营者在旅游消费或旅游经营服务过程中所反映、创造出来的观念形态及其外在表现的总和，是旅游客源的社会文化和旅游接待的社会文化通过旅游者这个特殊媒介相互碰撞作用的过程和结果。④

笼统地来说，旅游文化可以概括为人类过去和现在所创造的与旅游有关的物质财富和精神财富的总和。作为一种文化形态的旅游文化，其理论基础相当丰富，这些理论主要蕴含于旅游文学、旅游学、旅游心理学、旅游社会学、旅游美学、旅游经济学、旅游管理学、旅游资源学、旅游服务艺术、旅游营销学、旅游教育学、导游艺术等学科之中。除此之外，旅游文化还涉及一些其他与旅游相关的学科，例如文学、哲学、博物学、民俗学、体育学、艺术、饮食学、建筑学、生态学、考古学、园艺学、宗教学、公共关系学等。

---

① 张寸花：《特色文化旅游对城市旅游的影响》，《旅游纵览》(行业版)2011年第2期。

② 沈祖祥：《旅游文化概论》，福建人民出版社1999年版，第16页。

③ 张国洪：《旅游文化学：研究选位与学科框架》，《旅游学刊》1999年第S1期。

④ 马波：《现代旅游文化学》，青岛出版社1998年版，第37页。

（二）旅游文化的特征

1.整合性

文化的整合性，实际上就是文化的一种自组织能力和协调能力。它的作用主要表现在保证人们正常活动、维系社会平衡和谐、促进一定的社会文化心理结构建立、推动社会在一定文化模式下健康发展，等等。“旅游文化的整合性表现为旅游主体在移动过程中能使出发地与目的地的文化相互传播征。其特征会使旅游文化系统具有相对的不稳定性和变易性，旅游者任何一方面的变化都会使整个旅游文化系统发生相应的变化，也可以说就是文化的整合。旅游文化的整合性，是使旅游文化不断丰富和发展的因素之一。”①

首先，旅游文化的主体是旅游者，他们不同的年龄、信仰、职业、种族、情趣、习俗等都会制约影响其各自对旅游文化的接受、重温、加工与创造。作为旅游文化的主导性因素，各种成分的旅游文化主体使旅游文化带有驳杂的、内部不断运动整合的特征。旅游文化主体参与此类活动的文化消费，由此也具有丰富多彩、林林总总的特征。

其次，旅游文化的客体既包括作为物质形态的山水名胜、城乡景观，也包括凝结在人文景观之中的文化精神和民俗积存；既包括历时性的古代、近现代文化印记，又包括共时性的当地、外域不同空间范围的文化因子，还包括特定的宗教、哲学、政治、经济等其他文化分支的渗透影响。从而使旅游文化客体成为可供满足旅游者多种文化需求、多种混合旅游动机的对象。

最后，旅游文化媒体发展到现代，已具有服务于旅游主体食、行、游、住、购、娱等方方面面的设施和人员。其提供的旅游产品和各类服务，已使旅游资源得到较为全面与充分的开发。

2.民族性

不同民族在文化观念上都具有不同于别的民族的基本特点，这

---

①　田祖国、钟海平：《民族传统体育文化产业与旅游产业的互动发展研究》，《南京体育学院学报》（社会科学版）2002年第3期。

就形成了民族文化，或称为文化的民族性。旅游文化不仅涉及某一民族文化的方方面面，还是各民族文化间接触交流不可替代的纽带，它的民族性也是不应忽视的。文化的民族性深深地影响着旅游主体的旅游活动。因此，在一定意义上可以说，文化的民族性等同于旅游文化的民族性，它主要指的是旅游文化的民族特色。不同民族的旅游文化系统是不同的，存在着巨大的民族差异。

首先，旅游景点的设置建设要注意发掘民族的个性特长，要突出本民族的特色，从而用民族文化的独特性来尽可能地吸引主体对文化殊异性的追求。因为民族个性是旅游文化的精髓，浓郁的民族个性交织在旅游文化各个层面中。其次，在民族之间的跨文化旅游中，旅游媒体需要了解和尊重其他民族的文化习俗。再次，文化涵化是旅游文化最具魅力、令人心仪神往的。“文化涵化”既是一种过程又是一种结果，这是两种或两种以上文化接触后互相借鉴、影响所致。作为旅游主体可以尽情地感知体验异域风光民情，享受审美愉悦。作为旅游目的地，也会因外来游客的涌入而承纳文化新质，刺激并促进本地旅游经济的繁荣，驱动其旅游文化发展的侧重点，从而在不同文化模式的撞击整合中推动旅游文化的进步。

3.地域性

作为文化复合体的旅游文化，不论是历史传承还是空间移动扩散，都是离不开特定的地域的，因为它是众多特定地理范围空间的文化产物。尽管从历史上看，“人的地域行为之历史过程可远溯至游牧生活时代，地域行为深深地扎根于人类的进化史中，人们喜爱并且不愿离开自己及种族生活的地域”①，但现代旅游文化的观念却坚信：“只有当人们对他所居住的环境以外的事物产生广泛的兴趣时，只有出于他本身的意愿去注重与陌生而新鲜的事物建立联系，并能估价

① [美]欧·奥尔特曼、马·切默斯：《文化与环境》，骆林生等译，东方出版社1991年版，第186～190页。

和享受它们时，才有可能性。”[①]正是这种地域性差异才吸引了旅游者，旅游者对异域文化的猎奇、探险、求知心理，促成了旅游活动的实现。同时，旅游者在旅游的过程中，客源地与旅游目的地之间的文化差异会慢慢缩小，在形成新的旅游文化的同时，也呈现了旅游文化的又一个特征。

4. 大众性

文化的大众性即群体性，所谓的旅游文化的大众性一般指参加旅游活动的人数之多、层次之广。旅游活动具有广泛的群众性，旅游成为大众旅游，旅游文化就成为大众文化。它具有超文化的特点，即旅游文化的价值不受地域、阶层、人种等的限制。大众性与旅游文化的综合性有关，客体的多重“共同美”质素刺激并满足了主体多种多样的旅游动机。旅游文化具有大众性，一来因为旅游文化的“大众化”特点同旅游文化的“精英化”相比具有更多的普遍性；二来因为旅游文化一定要面向社会大众，适应时代和社会发展的需要，不能“曲高和寡”，忽视大众旅游的需求。

5. 娱乐性

旅游是人类社会发展到一定阶段时的一种最基本的活动。它的一个最明显的特征就是娱乐性，这表现在旅游根本上是一种主要以获得心理快感为目的的审美过程和自娱过程。因此，旅游文化从本质上讲是一种和谐欢乐的文化，是一种满足人类的求新奇、求愉悦、求享乐本能的文化。旅游能为参与者带来情感体验，它的基调是乐观积极的。在这种娱乐的旅游活动中作为旅游主体的旅游者满足了自己本能的需求，激发起对生活和生命的深刻而强烈的感受和体验，激发起对生命和生活的热爱，认识到了人作为社会存在的本质力量，从而更加充满自信，以更加积极乐观的态度对待生活与生命，笑傲人生，挥洒自如。旅游文化的这种娱乐性既是旅游者的追求，反过来又

① ［美］罗伯特·麦金托什等：《旅游学——要素·实践·基本原理》，蒲红等译，上海文化出版社 1985 年版，第 79 页。

极大地推动和呼唤着旅游者开展更大范围、更高层次上的新一轮的旅游活动。

6.传承性

传承性是纵向和时间角度的概念，它与地域性相对应，因为地域性是横向、空间角度的概念。任何文化景观包括旅游文化在内都是人类文化长期历史演变的结果，是逐渐演变进化而来的。

从旅游文化的物质层面说，现存的名山草地、海洋湖泊等自然景观一般都带有人类旅游文化的印记，带有人类的烙印；而现存的人文景观，既有古代社会留下的遗址胜迹，又有在古代建筑风格样式等影响下陆续构建的仿古建筑，凝结着古代旅游观赏心理。

从旅游文化的观念层面说，有不少宝贵的旅游文化观念一代又一代地启迪着后来者，还有一些可视为糟粕的观念在侵蚀着人们。

人类的意志虽然难以完全打破旅游文化的传承性，但足以对其产生影响。如今的人类，受现代旅游文化观念的支配，开始摆正对传统的态度，兴利除弊，推陈出新，在对各种旅游文化要素的选择、吸纳与加工融和中，继承人类各民族的精华，从而开拓旅游文化的新视野。

二、民族传统体育文化与旅游文化的关系

(一)民族传统体育文化为旅游业提供丰富的资源

旅游资源是一种永久和无限的知识资源，它和文化又有着密不可分的关系。民族地区特殊的地域环境、生活方式和民风民俗得以形成丰富的具有地方特色的民族文化，也创造出了灿烂的民族传统体育文化。民族传统体育文化是一种进步的文化，是崇尚科学和文明的文化，它对生活方式起到优化的作用，引导人们从人的角度去理解生活，摆脱生活中的愚昧和落后，走向文明和健康。它有利于人们的乐观生活态度的形成，有利于人的良好行为的形成，有利于人们社会责任感的形成，有利于良好人际环境的形成，有利于缓解人们的社会心理压力，是体育旅游资源永恒的魅力源泉。

民族传统体育文化作为一种民俗资源，具有深刻的文化内涵与广泛的文化外延，民族体育资源的丰富对旅游经济的发展非常重要，如果将其潜在的资源优势与生产要素转变为现实的产业优势和经济优势，势必对推进旅游经济的发展产生积极的影响。我国拥有丰富的民族传统体育文化资源，可为旅游业的跨越式发展带来更大空间，成为民族地区新的经济增长极。

（二）民族传统体育文化资源的开发促进旅游经济的快速发展

民族地区体育事业的快速发展和民族传统体育文化资源的开发与利用，促使民族传统体育文化与旅游结下不解之缘，在社会经济等方面日益显示出巨大的潜力和经济带动能力，成为旅游经济发展中不能忽视的重要方面。例如，具有鲜明民族特色和浓郁地方特点那达慕节，已由单纯的娱乐竞技活动向多功能、多角度和深层次发展，成为集体育竞赛、民族文化、旅游、经贸活动为一体的综合性草原盛会。近年来，新疆著名的旅游风景区如天池、喀纳斯等的经营者，都借助风景区的自然资源优势为依托，以浓郁的民俗风情为基础，与民族传统体育文化相结合，不断推出新的旅游产品。以民族传统体育文化为基础、融合科学的开发理念的体育旅游开发，有利于挖掘、展示、整合、传播和民族传统体育文化，有利于民族传统体育文化的创新与重构。

（三）民族体育文化的融合提升旅游景点文化品位

旅游者的出游目的主要出于审美和求知等精神需要，旅游不仅仅停留在游山玩水获得感官愉悦的层次上，也是一种满足高层次的增长知识的需求。这就要求要开发具有文化品位、能够满足旅游者文化需求的民族传统体育文化旅游产品。只有让民族传统体育文化真正与旅游融合起来，突出其民族文化内涵，让游客在观赏秀美的山水风光同时能领略其独特的民族体育文化魅力。如德夯民族风情园的上刀山、苗族武术、踩桦口和栖凤湖土家文化生态游的摆手舞、铜铃舞、毛古斯、哭嫁歌等，都向游客展示了个性鲜明的民族传统体育文化和民族风情。

(四)旅游经济发展促进民族传统体育的交流与传承

民族传统体育文化资源与人文地理资源的良好配置为旅游的开展提供了便利,与此同时,旅游也推动了民族文化的发展。作为旅游者观赏和体验少数民族体育文化的平台,旅游活动为不同社会群体的接触和民族体育文化的交流创造了良好的条件,极大地推动了少数民族体育文化的发展。同时,在民族地区旅游和民族传统体育文化的融合过程中,当地人民群众是不可缺席的,在对其进行的一系列组织、培训、排练和表演活动中,人民群众增强了对自身民族体育文化的理解,这有利于民族体育文化的传承和保护。通过旅游来展现民族体育文化,可以弘扬民族文化,在促进民族体育文化资源向经济性、娱乐性、健身性方向发展的同时,有利于民族体育文化的科学整合。

由此可见,旅游文化与民族传统体育文化的关系非常密切,旅游既是对民族传统体育文化的消费,同时还有助于民族传统体育文化冲破地域的限制向外界传播,完美展现出各民族的文化精粹,民族传统体育文化在与旅游者带来的异族文化的交流碰撞的过程中互相吸纳对方的积极因素,从而使民族传统体育文化向多元化、和谐化方向发展。

三、民族传统体育文化与旅游文化的互动发展

(一)互动发展的必要性

1.民族传统体育文化开发与保护的需要

民族传统体育文化面临着外来先进文化诸如后工业文化、生态文化的冲击,其开发与保护就日趋紧迫。将民族传统体育文化产业的发展与旅游经济的发展互动起来,就可以使旅游文化有形化,使其显在方面得到拓宽,将旅游文化深层化,使其由软文化向硬文化过渡,就可以传承其优秀的部分,因其文化存在和文化价值独特,我们对其开发与保护应用新眼光,可行的就是将其产业化发展。

2.旅游产业发展的内容拓展需要

作为一种不断丰富、不断发展的生态产业，旅游产业需要不断进行更新与拓展。目前，对旅游产业的定位是其是一种民族人文自然生态旅游，这就要求做到充分利用民族传统文化。由于是新兴产业，投入时间不够长，因此中国旅游产业目前虽然已具有一定的发展规模，且有一定的品牌效应，但仍存在民族特色不够突出、旅游服务质量不高、旅游内容单调、旅游形式简单雷同等方面的问题。而民族传统体育文化具有民族风格和地方特色，并有很大的参与性与观赏性，如其中的舞龙、放风筝、龙舟竞渡、攀岩、漂流、武术等，且它们多与民族风俗和节日风情紧紧相连，是旅游产业中不可多得的宝贵资源，因此一定要对其进行合理充分的利用，借以拓展旅游产业内容的丰富性。

3.文化产业发展的需要

在市场经济的大潮中，中国民族传统体育文化产业只有通过文化产业的发展兴旺来加强自身活力，才能适应市场经济的外部环境，使其文化的功能和地位得到扩大和提高。目前，我国众多文化产业中发展较好的就是旅游产业，因此要做到“多业助文”，就必须将民族传统体育文化产业与旅游产业“联姻”发展。民族传统体育文化借助旅游产业大踏步地进入了经济领域，从而带动我国经济向前发展。

（二）互动发展的方向

民族传统体育文化与旅游产业二者联系紧密，是一个有机结合的产业发展整体，需要互相配合，协调发展。民族传统体育文化产业与旅游产业的互动发展要建立一套符合地方实际情况、科学周密的管理运行机制，进行计划详细、目的明确、步骤有序的联合开发，避免各种不必要的浪费。

首先，要转变观念，加强民族传统体育文化与旅游的互动。目前，人们对民族体育旅游的观念仍处在浅层认识阶段，忽略了民族体育项目所折射的文化内涵。殊不知，民族传统体育表现出的与现代都市文化截然不同的文化差异性，能吸引游客的眼球并带来更大的经济效益。只有在旅游中必须突出独特的民族传统体育文化,实现民族地区旅游与民族传统体育文化的良性互动,才能保持旅游的可持续发展。

其次,政府要重视、加强对民族传统体育文化资源的传承。政府应制定相关法规政策,处理好在发展旅游中对民族文化资源的保护和开发利用的辩证关系,在发展旅游中展现本地区的优秀民族体育文化,使民族地区旅游得到发展的同时民族传统体育文化也得以传承和保护。

再次,要规范市场,加强对民族传统体育文化的生态保护。民族传统体育文化生态是民族文化的背景和依托,也是民族地区旅游可持续发展的条件,对于具有显著民族特色的民族文化生态圈,应该在开发民族传统体育文化资源的同时保护其不受外来文化的干扰,以保持其文化的独特性和与其他文化的差异性。

第三节　民族传统体育文化与奥林匹克文化

奥林匹克文化对人类社会的各个方面带来了不可忽视的影响,尤其是对各个民族传统体育文化带来了巨大的挑战。随着奥林匹克文化全球化,民族传统体育文化与奥林匹克文化的碰撞和冲突将会越来越尖锐。在这种形势下,中华民族传统体育文化应作出相应的变化,并在变化中求发展。我们应正确分析并对待民族传统体育文化与奥林匹克文化的关系,认识两者之间的融合与互补,寻求更好的发展。

一、奥林匹克文化的概念及特征

(一)奥林匹克文化的概念

《辞海》里对“文化”一词的解释是:文化有广义的文化与狭义的文化两种,广义的文化是指人类社会历史实践过程中所创造的物质财富和精神财富的总和;狭义的文化是指社会的意识形态以及与之相适应的制度和组织机构。根据《辞海》对文化的定义，我们将奥林匹克文化界定为：奥林匹克运动为人类创造的一切精神财富。当然，奥林匹克文化也有广义和狭义两种。广义的奥林匹克文化主要包括奥林匹克运动的一切活动、仪式等；狭义的奥林匹克文化主要是指与奥林匹克运动有关的一切文艺活动和思想观念等。

（二）奥林匹克文化的特征

1.鲜明的象征

奥林匹克运动表现了人类社会的团结、进步、友谊，正如顾拜旦曾经说的，奥林匹克运动是“一个伟大的象征”。在奥林匹克运动中，奥林匹克标志、会旗、会歌、会标、奖牌、吉祥物等都是奥林匹克运动与其他体育运动相区别的、独特鲜明的象征性标志。这些标志不仅蕴含着丰富的历史文化内涵，同时也运用简明洗练的艺术形象符号表达着奥林匹克思想的基本点，充分地反映着世界人民对奥林匹克运动的认识、理解和认同。如蓝、黄、黑、绿、红五环，象征着五大洲；再如奥林匹克吉祥物多为本民族传统文化中喜闻乐见、家喻户晓的动物，进行艺术的加工使其拟人化，从而变得更加诙谐而富有人情味。

奥林匹克运动的这些象征性的标志、图案、物品以其独特鲜明的形象将奥林匹克运动印入世界上无数人的心中，已经成为广为流传的“国际语言”。

2.丰富的内涵

奥林匹克运动从不同的角度和层次去挖掘展示人类社会中一切美好的事物，具有丰富的文化内涵；从物质文明到精神文明，从个体到社会，从具体到抽象的各个方面，涉及范围广泛。从某种程度上说，奥林匹克运动就是一个五彩缤纷的艺术天地，各种文化形式和艺术手段，如别具特色的奥林匹克建筑、形象生动的绘画和雕塑、旋律起伏的声乐、舞蹈、文学等，它们都能在奥林匹克运动中充分发挥作用，绽放异彩。

3.浓郁的艺术

奥林匹克运动不仅是一种人体展示的最高形式,而且其所创造和展示的更是一种美的世界。奥林匹克运动通过向运动员体能生命的极限挑战,从而最大限度地将其精湛的技术、拼搏进取的精神挖掘出来。除此之外,奥林匹克运动还是运动员通过一种在努力中求得快乐、幸福、身心愉悦的运动。这些运动不仅洋溢着浓郁的艺术气息,同时也为人们带来了极高的审美愉悦。

奥林匹克运动不仅展示着世界第一流的人体形态美、力量美、运动美,还集合了其他多种文化艺术形式的美。人们创造这些美好事物的同时也加深了自己的美感修养,而人们对这些美好事物的欣赏,也就是接受美感的过程。某种意义上说,奥林匹克运动也是一种大规模的美育过程,运用艺术美提高整个人类社会的精神风貌,这也是人文性的重要表现。

4.多元的组成

奥林匹克运动起源于希腊,历经百年,现代奥林匹克运动已普及全世界,奥运会的规模和影响力也越来越大,这就驱使奥林匹克运动展现出其文化的多元性。奥运会在哪个国家举办,奥林匹克运动的文化就要与该举办国的文化相互交融,从而组成其文化的多元性;当然,奥运会在丰富和发展举办国的文化的同时,也吸纳一些举办国的民族传统项目来丰富和发展自己,从而使得奥林匹克运动的文化不仅具有其特色,同时还有世界各国的文化特色,使得奥林匹克运动文化进一步具有兼容性,并相互包容发展成为五彩缤纷的多元文化,为奥林匹克的和谐发展及可持续发展提供更加广阔的空间和更为肥沃的土壤。

5.突出的人文

古代奥运会强调"以人为本",强调人的和谐发展。现代奥林匹克运动之父——顾拜旦复兴奥林匹克运动的目的除了推动竞技运动的普及外,其最终的目的是将奥林匹克运动纳入教育和人文范围。《奥林匹克宪章》明确表述:"奥林匹克的宗旨是使体育运动为人的和谐发展服务，以促进建立一个维护人的尊严、和平的社会。"21 世纪的今天，奥林匹克文化已经具有了自身完整的科学体系，并成为人文科学的一分子。所以，现代奥林匹克运动文化所蕴含的人文性使其具有极其良好的教育价值。

6.强烈的西方文化色彩

奥林匹克运动源于希腊，这使其不可避免地带有浓厚的以古希腊文化为主体的西方文化的烙印，可以说是典型的西方文化。现代奥林匹克运动历经一百多年，不难看出，西方国家举办的奥运会要多于东方国家；国际奥委会委员的决策层由西方人士主导，委员也以欧美国家居多；另外，奥运会的竞赛项目中源于西方的运动项目占绝对主导地位。因此，奥林匹克运动带有强烈的西方文化色彩。

二、民族传统体育文化与奥林匹克文化的冲突与融合

（一）民族传统体育文化与奥林匹克文化的冲突

中国民族传统体育文化与奥林匹克文化是随着历史发展先后出现且并列平等发展的两个文化系统，它们是世界文化中两个根本不同的体系。鸦片战争之前，两种文化各自独立发展，没有明显的冲突和融合。鸦片战争之后，随着中国逐渐融入世界，两种文化开始正面交锋，冲突和斗争日益明显化。这两大文化本体受其存在环境巨大差异的影响，从而导致它们之间的交流处于绝对的对立。这主要表现为以下几个方面：

第一，中国民族传统体育文化由于受"天人合一"、阴阳、八卦、五行等理论的影响，其整体观重人体自身的统一性及与自然界的和谐，带有某种经验、直觉、模糊的性质，它重节奏、韵律、神韵、内涵、和谐美，重朦胧、抽象、含蓄美；奥林匹克文化在西方哲学重外在、分析，重与自然的斗争等观念的指导下形成和发展，它是科学实验、解剖学、生理学、现代医学等的综合运用，其重阳刚的力量、速度之美，重外在、形体美。

第二，中国民族传统体育文化非常注重个人修养，形成以追求

"健"和"寿"为目的的民族内向性格，始终向着娱乐性、表演性方向发展，体育运动中的竞争性被弱化；奥林匹克文化注重人的全面发展，而忽视了人竞争中的道德教育，容易产生残忍与暴力，它自始至终都向着竞争性、惊险性、健美性、趣味性方向发展，而且还使体育自形体系。

第三，除了注重个人修养外，中国民族传统体育文化还非常重视人格，强调通过身体锻炼来以外达内、由表及里，由有形的身体的活动来促成无形的精神活动的升华，从而实现理想人格的塑造；奥林匹克文化则重视人体，注重人体本身的价值，更讲究从人体的培养上来考虑体育的价值，通过让人在肌肉的运动中、在各种力的交汇中去实现完美人体的塑造，进而实现理想的人生。

（二）民族传统体育文化与奥林匹克文化的融合

多元民族体育文化是奥林匹克文化形成与发展的核心，任何一个民族的文化不仅很难形成一座文化艺术殿堂的，同时也无法实现不同国家、不同民族文化的交流、创新与融合。因此，站在整体发展的立场来看，奥林匹克文化的发展与创新必须以多元民族体育文化为基点，从而促进人类文明的发展。从某种程度上来说，奥林匹克文化的发展不是一个单独民族文化的空间扩张，而是多元民族体育文化互相融合、交流、互动的过程。

第一，实现奥林匹克文化的多样化。奥林匹克文化的多样化是奥林匹克宗旨的内在要求，使民族传统体育文化与现代奥林匹克文化的融合成为可能。奥林匹克运动的全球化应该是多元文化互补、互动的过程，只有这样，奥林匹克运动才能真正成为跨文化、跨民族、跨国度的世界性文化体系。只有遵循文化多样性的原则，吸收与容纳不同文化形态，加强东西文化交流，奥林匹克运动才能取得更好的可持续发展。

第二，加强各民族文化交流。文化的发展创新离不开不同文化形态间的碰撞、交流与融合，各国、各民族文化交流的需要为民族传统体育文化的传播与创新带来了契机。随着信息时代的到来，不同民族文化间的交流比以往任何时代更频繁和迫切，因政治、经济、文化等的差异，使国际间的沟通手段尤其是大规模民间交流的沟通手段极其匮乏。奥林匹克运动成为彼此间文化交流的舞台，成为跨文化交流的有利渠道，来自世界各地不同肤色、文化背景的人们在共享奥运激情的同时，不经意间为对方的文化、风俗、民情所折服。因此，奥林匹克运动不仅仅是展示各国文化的“窗口”，而且还是民族传统体育文化融入奥林匹克文化大家庭的“熔炉”。

第三，促进奥林匹克运动可持续发展。传统体育文化与奥林匹克文化融合是奥林匹克运动的可持续发展的动力。这是因为现代奥林匹克运动是各民族文化碰撞、交流与融合的结晶。如果传统体育开始逐渐消失的话，那不仅仅意味着人类共同的文化资源在缩减，而且也意味着奥林匹克文化单一化趋势的步伐在逐渐加快。众所周知，只有在多元文化共存的环境下，奥林匹克文化才能找到其发展、创新的文化土壤。营造一个多元文化共存的文化生态对丰富奥林匹克文化资源，实现奥林匹克运动的可持续发展有着举足轻重的作用。

第四，促进和谐社会的构建。根据《奥林匹克宪章》和奥林匹克运动的实践以及文化的性质和概念，“和谐发展，团结友谊，公平竞争，重在参与，奋力拼搏”和“为国争光”是奥林匹克文化内涵的外在体现。通过在不同国家或地区开展奥林匹克运动，不但可以激发人们的爱国热情、振奋民族精神，而且还可以加强各国之间文化交流，增进各国人民友谊，从而维护国际社会的安定和团结。民族传统体育非常注重对人身心的关注，强调自我完善。这与构建和谐社会的理念及奥林匹克文化的内涵保持着高度的一致性，在构建和谐社会中发挥着积极的推动作用。构建和谐社会理念的提出，为民族传统体育文化与奥林匹克文化的融合提供了有利的社会基础和国际环境。

三、奥林匹克文化冲击下的民族传统体育文化发展

(一)发展现状

文化是时代精神的反映,随着时代潮流而前进,成为时代的号角。当前世界进入现代化时代,文化也要现代化。民族传统体育文化既要继承和发扬优秀文化传统,更要通过与以奥林匹克文化为代表的西方文化的接触,通过创新,逐步向现代文化的方向发展。

受不同价值观念的影响,不但不同类型和模式的文化之间会发生冲突,即使是同一文化类型,其内部也会出现不同群体的冲突。在西方文化的冲击下,我国民族传统体育文化的文化本体已发生了巨大变革。在奥林匹克文化的冲击下,我国民族传统体育文化的发展现状表现为以下特点:

第一,民族传统体育文化作用从原本侧重于强身健体、武力保家、原始祈福、娱性怡情的作用转变为侧重"自娱"与"娱人"并已逐渐成为人们节日之余、喜庆之余及休闲之中的生活点缀。

第二,在西方文化及奥林匹克文化的冲击下,民族传统体育文化中的部分民族传统体育项目已经消亡或逐渐走上消亡的命运,如侗族滚乱泥、回族堆人山等。

第三,受外来民族文化和西方文化同化的影响,我国民族传统体育文化的民族性逐渐削弱,如赛龙舟、舞龙(舞狮)、游泳、射击、武术等民族传统项目不仅已成为多民族共有的项目,而且走向了世界,引起全世界人们的共同喜爱。

第四,在世人对奥林匹克竞技体育如篮球、足球等项目的爱好与人们对民族传统体育观念改变的影响下,民族传统体育发展不容乐观,这表现为不仅民族传统体育文化的继承者已日益减少,而且口传身授的承继方法也使得民族传统体育文化理论研究者和教练员以及运动员都在大幅度地减少。

第五,在西方经济新观念的指引下,消费概念已被植入民族传统体育文化内部,民族传统体育文化的产业发展已成为当今文化发展

的大趋势，且与旅游产业等相关产业协调互动发展。

受时空、宗教、民俗差异的影响，我国民族传统体育文化虽然是一种深厚的古文化遗存的积淀，但是其在内容与形式上还是与奥林匹克文化有区别的。我国民族传统体育文化是经过漫长历史精选并传承下来的文化，更何况体育文化的本质特征和内在价值又决定了世界体育文化具有内在趋同的性质，所以我国民族传统体育文化受奥林匹克文化的冲击后是一个去其弊端存其精华的更新发展。

（二）发展方向

民族传统体育文化是我国各少数民族自强不息的奋斗成果和优秀文化传统，具有高度的社会历史研究价值，是不可多得的保存完美的精英民族文化。但是，进入21世纪，民族传统体育文化的价值已经遇到了严峻的挑战，面临着被西方文化完全同化的困境。我们应该深入、全面、系统地分析研究我国民族传统体育文化，并调动一切积极因素对其采取开发与保护的措施，使其能够完全健康地发展。

在社会主义市场经济日益完善和发展的21世纪，我们必须加大力度培育民族传统消费市场，将民族传统体育文化进行产业化开发发展，这是当前民族传统体育文化发展的快车道。将民族传统体育文化引入消费概念并进行产业化发展是当前时代的需要，是民族传统体育文化自身发展的需要。民族传统体育文化不仅侧重于民族传统文化，而且更强调参与的过程，从而使其比现代竞技体育更具有观赏性、娱乐性和表演性。如湘西土家族的“茅谷斯”舞，苗族的“猴儿鼓”等。从某种程度上来说，民族传统体育文化消费是体育消费，同时还是文化消费；民族传统体育文化产业不单单是一种体育产业，更是一种文化产业。

21世纪的今天，我国的民族传统体育文化与民族节日风情的联系越来越紧密，从而使其具有民族文化的多种特质。我国民族传统体育文化与节日风情及当地生产生活环境共同构成了丰富多彩的民族传统体育文化资源。同时，又由于它还与各民族地区自然风光与人文景观有着良好的共生性，从而又成为了可进行产业开发的自然、生态和人文资源。从某种程度上来讲，民族传统体育文化资源的开发及其产业化是一种开发价值非常高的并具有可持续性发展的新兴产业。

由于所处文化环境、地理环境及审美心理定势的不同，我国民族传统体育的表现形式呈现出很大的差别性。其中部分传统体育项目由于缺乏竞争性，加之其浓重、鲜明的民族特色，因此不能成为奥林匹克运动项目，而只能在本民族内开展。这类项目不仅成为本民族成员的一项日常体育活动，而且还成为该民族的一种标志性象征。如我国苗族的跳芦笙、黎族的跳竹竿、纳西族的东巴跳、满族的冰嬉等。这类项目虽然没在竞技场上给祖国带来荣耀和光辉，但其在传承民族文化、保持社会规范等方面发挥了不可替代的作用。通过举办这类具有民族特色的体育项目比赛，既可以使这些宝贵的民族文化遗产得到继承和发扬，同时还可以进一步丰富全民健身活动的内容。

现代奥林匹克运动产生于现代社会，是现代社会物质文明与精神文明的结晶，它与民族传统体育有着非常密切的联系。这主要表现为两个方面：第一，大力发展民族传统体育能够使奥林匹克运动的活动内容更加丰富多彩、精彩纷呈；第二，奥林匹克运动完善的组织体系和思想体系能更好地促进民族传统体育的改革发展开拓新思路，从而加快民族传统体育发展的步伐，二者求同存异，相互促进。

第六章　民族传统体育文化传承方式与途径

传承是民族传统体育的一种传递方式。作为一个民族物质与精神的纽带，民族传统体育在长期的社会历史发展中被每个民族自觉地加以继承。原始民族体育活动在演变的过程中，在保留本民族活动方式的同时，也借鉴和吸收了其他民族的活动内容，逐渐发展成为今天的民族传统体育项目，使民族传统体育文化得以保留。这种传承既保存了许多传统的东西，又加入了不少现代成分。一种民族体育一经形成，就会具有一定的稳定性和延续性，这种传承性对维系一个民族的凝聚力和趋同意识具有很大的效应。

第一节　民族传统体育文化的传承

一、民族传统体育文化的传承性

“文化传承”一词在学术界出现已久，从 19 世纪中叶起，就有学者对文化传承问题进行过研究。但是，很少有人论及文化传承的内涵和本质，也未对其进行准确的概念界定。不过，对于汉语来说，“传承”不是古语，而是新词。在古代汉语中，“传”和“承”分离，并没有形成一个固定的语词。“传承”这个词最初出现在商务印书馆 1996 年版的《现代汉语词典》里，解释为“传授和继承”。传授是指把学问、技艺教人；继承泛指把前人的作风、文化、知识等接受过来。有学者认为，传承从某种层面来说可以是民俗文化的基本特征，但是文化传承的现象却又远远超出了民俗学的范畴，从这个角度来看，传承又是传统文化的根本性特征。所以，传承又是人类学、民族学、考古学、社会学、文化学等学科研究中的重要概念。对“传承”概念的认识，应当站在更为宏观的角度来研究、拓宽，从而加深人们对其的理解。

有关“文化传承”的著述现在已不少见，学者赵世林对文化传承的理解较为广义。他认为：“文化传承，是指文化在民族共同体内的社会成员中作接力棒似的纵向交接的过程。这个过程由于受生存环境和文化背景的制约而具有了很大的强制性和规范化的模式化要求，从而逐渐形成了文化的传承机制，使得民族文化在历史长河的发展中更加具有稳定性、完整性、延续性等特征。换句话说，文化传承不仅是文化具有民族性的基本机制，同时也是文化维系民族共同体的内在动因。社会成员正是通过习得和传承共同的民族文化而结成为一个稳定的人们共同体。”①

人类的存在和发展靠的是文化的传承。文化是人创造的，同时人又是文化的结果，人在继承前人创造的文化的同时也不断创造新的文化，新的文化又丰富了人类的文化成果。从一个民族人们共同体的生存和发展来说，文化传承是一种文化的再生产，是社会中权利和义务的传递，是民族意识的深层次积累。人不仅具有生物学意义，更具有社会学意义。从一定程度上来说，人类的生存和发展如果仅仅依赖纯粹知识的复制和创造那是远远不够的，还必须要进行道德、人格、情操和审美等文化精神的传承。比如武术这种文化的传承，就不能仅仅强调招法、套路、功法等技术层面内容的延续，更为重要的是其内含的正义观、价值观、信义感、责任感等文化精神的承继。

民族传统体育文化传承性是指其在时间上传衍的连续性，即历史的纵向延续性。传承性是民族传统体育的一种传递方式。20 世纪 20 年代，美国文化学家爱尔乌德在其著作《文化进化论》中写道：

---

① 赵世林：《云南少数民族文化传承论纲》，云南民族出版社 2002 年版，第 17 页。

> 文化是由传递而普遍遗留下去的，并且渐次连接于语言媒介的团体传说中。因此，在团体中，文化是一种累积的东西；对于单独的个人来说，文化是一种和同伴交互影响后所获得或学习的思想行动的习惯。所以，从某种立场来看，文化是包括人的控制自然界和自己获得的能力。所以它不仅包括物质文明，如工具武器，衣服，房屋，机器及工业制度之全体，同时还包括非物质的或精神文明，如语言，文学，艺术，宗教，仪式，道德，法律和政治的全体。①

民族传统体育文化作为一个民族物质与精神文化的纽带，保存了许多民族传统文化中的精粹，从根本上符合民族精神文化的内在需求，这也是民族传统文化得以发展延续的内在规律，其传承性对维系一个民族的凝聚力和趋同意识具有重要的作用。

二、民族传统体育文化传承的必要性

民族传统体育文化具有各民族自己的特色，是我国传统文化的重要组成部分。它博大精深、丰富多彩，对于弘扬民族文化、推进社会和谐建设具有重要的意义。

近年来，随着经济的发展、现代化和全球化浪潮的影响，民族传统体育的传播和发展受到了一定的冲击，民族传统体育文化的发展现状令人担忧，特别是少数民族传统体育文化。先进的科学技术、多彩的外来文化和巨大的经济利益已使得人们无暇顾及本民族文化的发展，传统体育文化资源流失状况严重，许多传统体育项目正面临消亡的危险，许多传承了上千年的民族传统体育文化正经受着严峻的考验。如何更好地传承民族传统体育文化，维系其可持续发展，是迫切需要解决的问题。

（一）民族传统体育文化发展和传承的需要

一个国家的传统体育就如一个国家的名片，重要而独特，通过传

---

① ［美］爱尔乌德：《文化进化论》，钟兆麟译，世界书局出版社1932年版，第11页。

统体育结合传统文化向国际范围传播,能最终影响国家形象、民族文化、思想和价值观、经济等。

我国民族传统体育具有悠久的历史,它从不同的角度和侧面反映了该民族的社会、历史、政治、文化、宗教、风俗及心理等。它是民族文化的一个重要组成部分,也是中华民族灿烂文化中的一块瑰宝。在长期的历史发展中,形成了内容丰富、形式多样的民族传统体育项目,许多传统体育项目经过再加工和艺术创作,仍活跃于民间和有组织的各种赛事、庆祝活动之中,对民族文化的传承和发展起着推动作用。

(二)保护民族非物质文化遗产的需要

近年来,民族传统文化的保护工作已经引起了国家的高度重视,我国相继出台了一系列措施对非物质文化遗产进行保护,许多民族传统文化和传统技艺相继被列入了国家非物质文化遗产保护名录。民族传统文化的保护虽然取得了一定的成绩,但仍然面临着许多问题。比如相关的法规规章建设还相对滞后,民族文化保护机制还不完善,许多人对民族传统文化的了解和认识也不够深入。特别是随着时代的变迁和历史的发展,我国传统文化面临着外来文化的不断冲击,民族同化速度逐渐加快,许多传统文化赖以生存的文化生态环境急剧改变,其生存和发展已举步维艰。作为民族传统文化一部分的民族传统体育文化,资源流失状况也很严重,许多传统体育项目正面临消失的危险。而民族传统体育文化反映了一个民族的历史和文化,一旦失传,将无法弥补。所以,进行民族传统体育文化的传承是势在必行的。

三、民族传统体育文化传承的意义

进入新世纪以来,世界经济发展呈现出经济发展的全球化、市场运作的自由化、信息传播的数字化三大趋势,这给我国传统体育的发展提供了机遇,同时也带来了挑战。正是在这种内外环境的交互作用下,迫使我们在规划民间体育的发展,特别是民族传统体育的发展中，必须给予恰如其分的文化定位。

我国民族传统体育文化可以说是一种非常复杂的文化现象，它在民间呈现为三种不同的形态：第一种形态为传统体育系统，这种形态主要包含气功、太极、武术、导引、狮龙舞、龙舟竞渡等内容；第二形态为现代竞技体育系统，这种形态主要是指以奥林匹克运动为核心的多种体育内容；第三种形态是指以教育为目标的促进学生身心健康发展的学校体育体系。这三种形态目前都以“大众”的群体面貌出现在社会发展的各个方面，以多种形式影响着城市体育文化的格局和品位。

与现代竞技运动相比，民族传统体育虽与之有不同的文化内涵，而且在现代竞技体育传入中国的漫长岁月里与其也有过不同程度的文化冲突，但经过长期的融合和交流，它们之间不仅逐渐有着高度协调统一的人文学科内涵及其外延，同时还深刻地体现着中华民族传统体育文化的宽容性特征。21 世纪的今天，民族传统体育已成为中华民族现代体育格局中的一个重要组成部分，这主要表现为两方面：一方面它正伴随着我国社会主义文化的发展步伐作为一种精神渗透于社会的各种领域之中；另一方面它使中国的民族传统体育更以其独具魅力的价值为完善中国人民的美好生活和文化的可持续发展作出更大的贡献。

第二节 民族传统体育文化传承的方式

民族传统体育文化的传承方式和途径有很多，归纳起来讲，主要分为物质的方式、精神的方式和行为的方式等。其传承的方式可以归纳为以下几个不同的层面：生活方式的传承、宗教信仰的传承、群众体育的传承、节庆习俗的传承、语言与文学艺术的传承，等等。

一、生活方式

生活方式是指一个民族的传统体育活动与日常生活相关的内容

和方面。按其形式的不同，生活方式可分为物质生活方式与精神生活方式两种。其主要内容包括民族的各种不同风俗习惯在内的传统体育活动形式，并且具体表现在人们的生产、生活活动以及与此有着密切关系的行为模式当中。

那些充分反映着一个民族传统体育活动的生活方式是本民族长期以来自然形成的并具有较大稳定性、得到本民族人们共同遵守的一种生活文化习性，它通过代代相传的方式被一个民族传承和发展下来，并一直传递下去，蕴含着一个民族较为丰富的文化内涵，同时也负载着许多独特的文化观念。这种生活方式是民族物质文化与精神文化的综合体现，具有较大的稳定性，但也会随着社会的不断发展而发生改变，并带来体育文化传统的一些变化。而传统生活方式的改变反过来又引起了传统体育文化的某些变化。生活方式是民族文化得以传承的重要途径之一，每一种生活习惯背后，事实上都潜藏着作为特定文化表达的一种稳定的心理结构模式。

二、宗教信仰

宗教信仰是指信奉某种特定宗教的人们对所信仰的神圣对象，由崇拜认同而产生的坚定不移的信念及全身心的皈依。宗教从本质上说是一种信仰，信仰是人类的一种本能天赋的主观反应，是人类对于宇宙天地命运历史的整体超越性的意识，是统摄其他一切意识形式的最高意识形式。总之，宗教信仰属于一种特殊的社会意识形态和文化现象。

我国有部分学者指出："宗教发展的历史与人的进化、文明文化的发展几乎是同步进行的，这主要表现为人类早期文化形式都与宗教有着不可分割的关系，例如不管是生产劳动、衣食住行，还是文学语言、教育、原始艺术、宇宙观等，这些因素每个都是依附于宗教的内容。"①从某种程度上来讲，宗教发展中不仅记载着人类体育文化发

① 王海龙、何勇：《文化人类学历史导引》，学林出版社 1992 年版，第 195 页。

展的历史，同时还对民族传统体育文化的传承具有不可估量的作用，是民族传统体育文化的一种传承方式。

宗教的文化传承作用是不可小觑的，其主要表现为以下几个方面：

第一，作为人类社会发展的一部百科全书，宗教对传载文化、发展文化有着其积极的推动作用。这在原始宗教的内容上得到充分的体现。据有的学者论述："原始宗教里不仅仅包含着原始哲学、原始神话、原始音乐舞蹈、原始天文历法、原始风俗民情等这些大的方面的内容，而且还包含着原始社会原始先民意识的和行为的、精神的和物质的全部内容。"①

第二，民族的文化价值观念在宗教信仰中得到充分的体现。在那些具有宗教传统的民族特别是一些少数民族那里，对宗教价值的认识大多是构成他们民族传统体育文化中的一个重要方面。试想，如果一个民族没有了宗教，那么其传统体育文化也就失去了存在的社会意义。

第三，宗教的文化传承最突出的作用就是其所具有的文化聚合作用。这主要表现为，宗教在传承民族传统体育文化的过程中，不但可以最直接、最有效地去规范人们参加传统体育活动的行为，而且还可以对民族传统体育文化进行有效的控制和引导，从而能够整合人们的文化观念，使人们对民族传统体育文化具有一种认同感。

三、节庆习俗

节庆是指在固定的时间，以特定节日为主题举行的民族传统体育活动，约定成俗、世代相传的一种文化活动。节庆习俗是一个民族特有的一种传统庆典活动，它作为一种文化传递的方式起着重要的作用。通过查阅相关文献及调查古今中外各民族特别是少数民族节庆活动，我们不难发现，从类型上看，节庆习俗主要可分为五种不同

① 杨学政：《原始宗教》，云南人民出版社 1991 年版，第 1 页。

的类型:(1)原始崇拜类;(2)宗教祭祖类;(3)农事集贸类;(4)情爱交游类;(5)娱乐狂欢类。除此之外,我们还发现节庆活动中的传统体育文化功能是相当奇特的。用一句话来说,它是娱人与娱神、祈生与御死、缅怀与渴求、欢乐与痛苦的综合体现,有着该民族独特的、丰厚的文化内涵。各个民族丰富多彩的节庆活动都构成了一种寓意深刻的独特的民族传统体育文化表达方式。节庆活动是把一个民族的具有民族特色的传统体育文化通过一种形象、直观、一目了然的方式表现出来,使民族古老的传统体育文化得以显现,从而使人们对古老的传统体育文化有更深层次的了解。由此可以说,节庆活动是一个民族长期以来形成的民族传统体育文化内容的一个活的缩影。

节庆活动是民族传统体育文化中不可缺少的重要内容,它对传统体育文化的传承起着一种特殊的作用。从节庆活动中透视出的是一个民族古老而丰厚的体育文化传统,折射出不同民族的社会历史和体育文化变迁的轨迹。例如,汉族的中秋节、白族的泼水节、景颇族的木脑纵歌等,这些节日虽然在各民族中,每年只有一次的一项重要节日庆典活动,但其不可低估的文化功能主要在于它造成对传统体育文化传承的一种强大的、被本民族人们广泛接受的社会氛围。

四、语言与文学艺术

语言是思维的载体,从文化人类学角度来看,语言是一种文化符号,与民族传统体育文化具有十分密切的关系。语言不仅影响着一个民族的思维方式,也影响着一个民族的传统体育文化建构。不同的学者从不同的角度论述语言与民族文化之间的关系,如列维·斯特劳斯站在结构主义人类学的宏观角度,对语言与文化的深层关系进行了认识与研究,通过大量的各原始民族的活材料进行研究,把人类的语言现象和文化现象紧密地联系起来,从而开创了结构主义语言学研究的先河。而美国著名语言学家萨王尔和沃尔夫则提出"萨王尔·沃尔夫假说",明确地提出了语言决定文化模式的观点,向传统的排斥文化作用的语言学提出了有力的挑战。这个著称于世的观点不仅影响到人们对许多文化，包括民族传统体育文化的重新反思，也改变着人们以往的一些传统看法。虽然直到现在语言与民族文化的关系仍然存在异议，但有一点是值得肯定的，那就是当人类还处在有语言而无文字的时候，语言对民族传统体育文化的传承的重要性是显而易见的。

从本质上说，文学艺术是属于人类精神文化的范畴，其发生贯穿于人类全部文明史的整个发展过程，并且在不同的民族中表现出它独具特色的方式和特点。文学艺术对民族传统体育文化的传承作用也不容忽视。文学艺术这种独立的精神文化体系之所以被人类在物质生产方式之外又创造出来，正是由于文学艺术除了满足人类的精神生活的需要以外，还具有文化传承的作用。人类的文化传承不仅是物质的传承，同时也是精神的传承。原始文学艺术的作用体现在：其不仅仅将原始人的文化观念通过一种威严、肃穆和神秘的方式表现出来，同时还将它转化为一种内在的精神力量从而对他们自身的精神世界进行影响，并传递着他们特有的、颇具民族性的民族传统体育文化信息。直至今天，文学艺术对民族文化的传承功能依然存在，同时随着社会的进步和时代的发展，还衍生出引导和重塑的作用。

第三节　民族传统体育文化传承的途径

我国民族传统体育文化的传承途径因其运动形式、技术技能的繁简、所处的区域及场所的不同有很大的区别。

一、宗教传承

在历史上的洪荒时代，由于生产力水平的落后，原始人对于许多生理现象无法理解，就幻想着有神灵的存在。因此，祭拜神灵就成为教化全民的活动。这种人类历史上古老而又普遍的社会文化现象，在社会和人生的各个方面发挥着重要的影响。

宗教对民族传统体育文化的影响主要体现在两个层次。一层是表层,它是民族传统体育在宗教活动中的行为表现;另一层是深层,它通过宗教文化对人们心理的影响而折射出来,其影响主要是通过各种宗教教义、教理并以外在的仪规等形式控制着人的精神生活。比如:傣族、布朗族、景颇族、德昂族、阿昌族、拉祜族信仰小乘佛教。此外,一部分民族仍保留着原始宗教信仰的遗迹。可以说,西南民族传统的宗教信仰十分庞杂,既有从远古遗存下来的传统宗教,如萨满教、图腾崇拜、万物有灵等观念,又有从西方传过来的基督教、天主教等。宗教以种种途径和方式渗透到民族共同体的各个方面,使其与民族的政治、经济、文化、艺术、教育、科技等的发展交织在一起。

在宗教活动中,民族传统体育是一种介于宗教、艺术与体育之间的界限模糊的身体活动,一般只以一种身体活动的形式出现。人们从各种关于祭祀的身体活动中得到最初的体育活动的意识,接收某种精神的讯号,这些讯号有助于加强本民族的凝聚力,使人们在共同的身体活动当中培养起对本民族文化的认同感。这种认同感又会反过来成为民族文化各组成部分的黏合剂,出于对本民族文化的认同,民族成员会自动地将其继承过来并传给下一代。

宗教活动是全民族的头等大事,每逢祭祀活动,本族无论男女老少都将到场参与。这种祭祀活动,很多都是以身体活动为载体的,其传播的深度和广度是在别的任何场合下都不可能达到的。在这种宗教祭祀活动中,民族体育也有所体现。例如,水族的端节是祭祀祖先的节日,在端节的那天,水族族民们就要到端坡上去举行赛马活动。端坡是村寨公共的赛马场地,世世代代固定使用。水族赛马的目的在于娱乐,因此其竞技性并不强,其重要的文化意义在于渲染节日气氛,同时为本族青年男女提供沟通、交流及约会场所。又如傣族的拜佛节是本族一项重大的宗教节日,在这一天,除了举行相关的佛事活动外,晚上,傣族族民还会在空场上放贡菲、跳金鹿舞、孔雀舞,演出释迦牟尼得道的歌舞剧。由此可见,宗教活动使民族传统体育首先在较为正式的场合得以公开亮相。所以,宗教是民族传统体育文化进行系统传承的一大标志,是整个传承体系中的基石。

二、教育传承

民族传统体育文化传承的一个重要途径是教育,“教育是人类文化发生发展的一种生命机制”,同时,“文化传统是一个民族无法拒绝的历史传承”[①],因此,教育要取得好的效果必须立足传统、传承传统文化。

任何一种文化现象都必须借助于教育而产生并凭借教育机制来进行传承与整合,民族传统体育文化也不例外。“教育是传递社会生活经验并培养人的社会活动。”[②]也就是说,传递社会文化是教育最基本的功能,而且是通过培养人的活动来实现的,所以,换句话说,教育是可以通过培养具有民族传统体育文化传承意识和素质的人才来实现民族传统体育文化的传承。

原始社会由于没有专门的教育机构和专职教师,教育是自然形成的。其手段主要依靠言传身教,大量进行身体模仿练习,反复进行各种蕴涵着体育萌芽的游戏。这在目前许多民族传统体育项目中均留下了深深的痕迹。现代民族传统教育虽不再以这样的形式为主,但民族传统体育的这一功能性并未减弱。可以说,民族传统体育和民族教育是相辅相成的,民族传统体育不仅从属于民族教育、反映着原始的民族教育,同时还依赖于民族教育进行变更。教育对民族传统体育的传承又分为家庭教育、学校教育和社会教育等几个传承途径。

(一)家庭教育传承

家庭教育通常是指父母对子女自觉或非自觉、经验的或意识的、有形的或无形的教育行为。在任何一种文化中,家庭是对新生一代进行各种训导和教育、完成民族文化传承的重要场所,是新生一代快

① 宫丽艳:《中国优秀传统文化教育与民族精神培育的研究》,东北林业大学硕士学位论文,2006年。

② 顾明远:《教育大辞典》第1卷,上海教育出版社1991年版,第3页。

乐成长的摇篮。在家庭中,父母是老师,是榜样,他们以各种方式来教育下一代。这些方式不管是正式的、仪式性的,还是非正式的、随意的,抑或是情感式的一种关怀、抚爱。总之,家庭中父母会以各种方式完成自己教育子女的使命,使新生一代能够顺利地实现自己的社会化,成为生活中的强者。[①] 家庭教育作为教育传承的一个组成部分,是民族传统体育文化的重要传承机制。究其原因,可从以下四个方面进行探讨:

第一,家庭教育是在新生一代的整个教育大厦中的第一块基石。孩子在家庭中接受最初的教育和影响,从某种程度上来说,家庭是传统文化传承的前沿阵地,家庭教育也就自然而然地成为了传统文化传承的起点。在这一阶段,传统文化能否得到有效传播,将关系着传统文化的传承程度的深浅。

第二,通过家庭教育传承传统文化是我国每个家庭应当履行的义务。继承、发展祖国的优秀传统文化是我国教育的首要、根本的任务。《教育法》第一章总则第七条明确规定:"教育应当继承和弘扬中华民族优秀的历史文化传统,吸收人类文明发展的一切优秀文化成果。"众所周知,文化是通过教育传播到社会群体和个体中去的,家庭教育作为教育的重要载体,不管是站在遵循法律的角度,还是站在孩子的全面发展的角度来看,我们都要传承传统文化、弘扬传统文化。

第三,家庭教育传承传统文化是由其自身独特的优势决定的。家庭对人的行为习惯的影响是举足轻重的,家庭教育能将传统文化寓于日常生活中,只有家庭里具有某种传统文化氛围,其氛围支持年轻一代的民族成员进行民族体育活动,这项活动的传承才可能得以顺利实施。在这种自然状态下进行教育,对孩子人格品行的塑造、处世态度的养成及道德情操的培养将起到学校教育和社会教育无可替代的作用。除此之外,家庭教育还是一种终生教育,那是因为家庭生

① 参见罗海麟:《开启心智的金钥匙:云南民族教育》,云南教育出版社 2000 年版,第 35 页。

活伴随人们的一生，人们在生活中每时每刻都在接受家庭教育的影响。

第四，家庭教育的历史性。家庭教育历史悠久，几乎可以说自从有了家庭，便有了家庭教育。关于家庭教育的典故如数家珍，如“孟母三迁”“岳母刺字”等。传统家庭教育重视德育、启蒙教育，重视环境作用。家长可以借鉴传统家庭教育的经验教训以促进当代家庭教育的有效进行。

家庭中的长者是文化传承的主要承担者，他们总是以自己对于本民族文化的理解以及自己的生活经历而积淀形成的人格素质，在有意识和无意识之中，通过言传身教而逐渐地陶冶和培育起晚辈们对民族文化的初步认知和对本民族共同心理特征的趋同。

总而言之，家庭是民族体育文化赖以生存的土壤，是得以传承的坚强支撑，而家庭中的长者则是这一切的组织者和实施者。

（二）学校教育传承

在现代社会中，民族传统体育文化的传承应首先定位于学校教育，因为学校教育是文化传承与传播的重要渠道。与家庭教育和社会教育相比，学校教育可以让受教者获得系统的理论知识体系的学习，更好地进行有目标、有意识的系统化、科学化的学习。

学校教育的目的不单单是培养民族传统体育的参与者，更为重要的目的是培养民族传统体育文化的传承者。民族传统体育文化的传承方式有参与式传承与专业化传承两种，参与式传承是指积极参与并热心支持民族传统体育文化，专业化传承则是指具有系统知识结构并以研究民族传统体育文化为主要职责。民族传统体育文化被学校教育纳入到相应的课程学习中，这样一来，不仅能让民族传统体育的文化内涵传承得更加系统与科学，而且还能强化个体的民族情感和对民族文化的热爱，从而以科学规范的形式将民族传统体育文化传承和发展下去。

民族传统体育在学校教育中的传承途径，具体说来可分为校园民族文化建设和民族体育课程设置及竞技项目训练两个方面。

1.校园民族文化建设

这是民族传统体育在学校教育中传承的隐性途径。一般来说，校园文化是指学校内部所特有的人际关系、行为方式、行为规范、价值观念体系、文化设施等的总和。校园文化着重强调的是一种精神环境和文化氛围，它包括校园物质文化、校园制度文化及校园精神文化三个方面的内容，这三种形态具有规范、引导、激励、凝聚等多种功能。主要表现为：

首先，青少年学生在自身道德认知和评价方面还不够明确，因此，他们在学校当中的行为和习惯还需要有一种标准、规范来引导。民族体育的传承，光靠自发是不行的，尤其21世纪以来，在西方等外来文化的强大冲击下，并不是每个人都能正确地理解民族文化传承与弘扬的重要性、必要性。因此，在青少年发展的初期是需要一些强制性手段来进行规范的。

其次，校园文化能对学生的世界观、人生观、价值观、生活方式以及人格等各个方面发挥导向作用。在浓厚的校园文化氛围中，少数民族学生可以去领受民族体育文化的熏陶和渲染，改变他们在社会教育中对民族体育的一些流于形式的、粗浅的了解。只有这样，对于民族体育传承的影响才是长远的、深刻的，而这种权威的教育引导作用只有学校教育才具有。

最后，校园文化犹如一种黏合剂，这种黏合剂的作用在于将校园的所有成员心理和感情黏合于一种共同的文化精神中。校园文化作为一种群体的共同的价值认同，它能够培养学校所有成员团结协作的集体意识。学校教育将民族体育纳入校园文化建设，不仅有助于培养主流民族成员与非主流民族成员间相互团结、尊重的情感，同时还能通过参与各民族的体育活动增进对别的民族的了解和认同感。

我国学校的校园民族文化建设起步较晚，其建设是一个很迫切的问题，必须对此给予充分的重视，要采取切实有效的措施，以便更好地发挥其文化传承的作用。

2.体育课程设置和竞技项目训练

这是民族传统体育在学校教育中传承的显性途径。多元文化教育是民族体育课程设置和竞技项目训练的理论基础。实施多元文化教育的重要途径是设置多元化课程。

关于多元文化教育的课程设置,以著名学者班克斯提出的贡献模式最为知名和普及。这种模式把焦点置于各民族英雄、假日等文化因素上。其特点是,用与选择主流英雄近乎相似的标准把民族英雄添加到课程里去。它保持主流课程基本结构、目标和显著特性不变,民族英雄和节日作为一种贡献。在这种模式中,民族内容包括与民族事件和庆祝有关的特殊日子都在课程中有所体现。其优点是:其一,运用一种快速而容易的方式在课程中编入本民族文化内容;其二,本民族英雄或节日或主流民族英雄在课程中得到体现。这是目前我国教育学者普遍采用的模式,也是民族传统体育在学校教育中可以参考的一种模式。

学校是民族传统体育文化有效传承的重要途径,是保证民族传统体育不断普及与发展的重要形式。只有将民族传统体育文化纳入到学校教育中,才能更好地保证其持续健康的发展。对学校教育而言,寻找民族传统体育文化的传承人,那就是体育教师,让他们重视收集、挖掘、加工、创新与发展,将民族体育文化继承下来,将我国的民族体育技艺传承下去,使之成为中国文化的积蓄。

(三)社会教育传承

虽然家庭教育传承和学校教育传承的作用确实是重要,但有时这两种形式也无法有效地进行民族传统体育文化的传承。对于大多数民族成员来说,他们对传统文化观念和知识的获得,更多的是依靠蕴藏于风俗习尚之中的社会教育。在节日庆典、宗教祭祀以及劳动闲暇当中,通过有意识的教授或是无意识的浸染,将民族传统体育的活动形式、文化精神过继给年轻一代的民族成员,并通过不断地重复将其在他们身上固定下来。

体育文化的形成是人类遵循文化发展的结构性规律的结果,它来自于生产与生活实践，并被逐渐从生产生活中剥离出来，可以说它本身即具有非常浓厚的生产性与生活性。许多民族居民普遍认为，生产、生活因素是民族传统体育的灵魂，也正是源于这样的认识，民族体育在社会范围的大教育中最能得到传承的动力。民族传统居民接触民族传统体育的途径，频率最高的节日庆典、宗教仪式、婚丧仪式、村寨间竞赛活动等，都属于社会教育的范畴，不是有计划、有目的的规范传承，更多的是通过社会范围的大教育，潜移默化地将民族传统体育移植到年轻一代民族成员的行为习惯里。比如，水族端节的“赛马”活动，受场地马匹等条件的限制，从而不具备在学校开展的条件，可是它作为端节的高潮所在，如果没有了赛马，那么水族端节也就失去了原本的意义，失去了它的节日灵魂，因此，它就只能靠社会教育来传承，靠每年在端节里举行端坡赛马这种活动来延续和发展，如果端节里没有了赛马活动，那么水族的端节很可能就慢慢销声匿迹了。

三、民俗传承

（一）社会民俗传承

社会民俗的范围是指某个民族的家族、亲族、村落及各种社会职业群体的人生诸仪式以及岁时习俗等。由于民族传统体育不直接创造物质利益，因此，从某种程度上来讲，它更多的是属于一种精神文化，也正因为如此，它一般多与节日庆典结合在一起。首先，作为节日庆典中的诸多仪式之一，民族传统体育以身体活动的形式传达该仪式更深层的精神意义；其次，民族传统体育也可以凭借节日庆典对民族生活所产生影响的深度和广度来达到传承的目的。

可以说，民族传统体育是社会民俗的一个重要组成部分，随其产生而产生，并且也随其发展而完成自身传承、整合的过程。民族传统体育在社会民俗活动中将以下功能展现出来：

首先，活跃和丰富文化生活的功能。节日活动中的民族传统体育内容十分丰富，像划龙船、拔河、摔跤等，这些项目的竞技性都不强，也没有十分系统、严格的比赛或游戏规则，主要在于通过活动达到渲染节日气氛、娱乐群众的效果。由于这些民族体育活动的存在，大大地丰富了民族群众的传统文化生活。

其次，继承和发展民族传统文化的功能。民族文化被蕴含在许多民族传统体育项目中，如一些反映着该民族的宗教信仰的项目，一些纪念该族的民族英雄，反映该民族的道德观、价值观的项目。这些项目在发扬了优秀的民族艺术传统的同时，也反映出了该民族的审美倾向。总而言之，民族体育作为民族文化的一个重要组成部分，它在节日文化中所得到的普及性的横向传播和民族心理文化定势的纵向的继承，是对民族文化的一种补充和支持，使其在自身的继承和发展过程中能尽量保持全貌。

最后，具有增强民族自豪感和民族凝聚力的功能。民族自豪感的核心是民族自尊。少数民族人民的民族自尊心通常表现在对本民族英雄人物的纪念上。众所周知，在对本民族英雄人物的纪念仪式是与民族传统体育有着不可分割的关系，如土家族的摆手舞、傈僳族的跳嘎等项目。这些民族传统体育项目的举行唤起了一代代的少数民族人民对本民族英雄人物的崇敬和缅怀，从而进一步增进了民族自尊心与自豪感。

民族体育存在于节日庆典当中，并不是一种个人行为，而是该民族社会普遍传承的风尚和喜好的总汇。在共同的节日习俗中，人们通过共同的庆祝仪式潜移默化地强化着本民族的共同价值标准，并通过年复一年的节日延续着。与这些节日联系在一起的民族传统体育项目也就在不知不觉中被传承着。民族传统体育对于增强民族凝聚力所起到的作用，其直观性、普适性，是其他任何形式也无法替代的。种种体育娱乐活动所带来的强烈的感染力，是人们对本民族传统自觉地产生了认同和欣赏。

（二）口承语言民俗传承

口承语言民俗主要是关于语言文学艺术的各个方面，它包括神话、传说、故事、歌谣、叙事诗、谚语、谜语、民间艺术等。从表面看，这些与民族体育没有什么关联，但实际上却有密切联系。许多民族传统体育项目都不是单纯的竞技活动，经调查，各民族传统流传下来的与口承语言民俗有关的体育项目（或活动形式）约有数十种，它们不仅本身与民族文化艺术没有非常严格的区分，并且许多民族传统体育项目在进行时还都伴以诗歌、歌谣等民间艺术形式。与文化艺术相结合的民族体育项目，往往组织规模大、参加人数多、活动时间长，且内容丰富、场面热烈。

第七章 民族传统体育文化传承与非物质文化遗产保护

民族传统体育文化的传承应该包括两部分，即物质的传承和非物质的传承。而民族传统体育是非物质文化的一种表现形式，所以其文化传承是一种非物质的传承。在传统文化中有不少属于体育范畴的非物质文化遗产已濒临灭绝，也有不少传统的体育内容正被人们遗忘在历史的角落，如传统的气功、开弓、顶幡、石担、武术、捶丸、石锁、蹴鞠、角抵、养生术、毽子功、敦煌花架拳等已经或正在消失。虽然非物质文化遗产保护已成为愈来愈多人的共识，但是在体育界还存在非物质文化遗产保护的诸多问题。

第一节 非物质文化遗产及其保护

一、非物质文化遗产

（一）非物质文化遗产的概念

文化遗产是人们所承袭的前人创造的文化或文化的产物。联合国教科文组织的相关文件和国务院下发的《关于加强文化遗产保护工作的通知》，对文化遗产是这样界定的："文化遗产包括有形的物质文化遗产和无形的非物质文化遗产。物质文化遗产是具有历史、艺术和科学价值的文物，包括古遗址、古墓葬、古建筑、石窟寺、石刻、壁画、近代现代重要史迹及代表性建筑等不可移动文物,历史上各时代的重要实物、艺术品、文献、手稿、图书资料等可移动文物;以及在建筑式样、分布均匀或与环境景色结合方面具有突出普遍价值的历史文化名城(街区、村镇)。非物质文化遗产是指各种以非物质形态存在的与群众生活密切相关、世代相承的传统文化表现形式,包括口头传统、传统表演艺术、民俗活动和礼仪与节庆、有关自然界和宇宙的民间传统知识和实践、传统手工艺技能等以及与上述传统文化表现形式相关的文化空间。"①

1982 年,联合国教科文组织首设以"非物质遗产"(Intangible-Heritage)命名的部门。教科文组织在《第二个中期计划 1984～1989》中使用了"非物质的文化遗产"(Intangible Cultural Heritage)这一概念,以界定作为一个整体的"文化遗产"的扩展部分。教科文组织也以列举的方式对这一概念进行了界定:"'非物质的'文化遗产包括通过艺术、文学、语言、口头传说、手工艺、民间传说、神话、信仰、道德准则、习俗、礼仪和游戏等方式流传的标记和符号。"

1998 年,联合国教科文组织第 55 次会议通过了《人类口头和非物质遗产代表作条例》,在此条例中使用了"口头和非物质遗产(Oral and Intangible Heritage)"(直译应为"口头与无形遗产")一词。其定义是:"来自某一文化社区的全部创作,这些创作以传统为依据、由某一群体或一些个体所表达并被认为是符合社区期望的作为其文化和社会特性的表达形式;其准则和价值通过模仿或其他方式口头相传,它的形式包括:语言、文学、音乐、舞蹈、游戏、神话、礼仪、习惯、手工艺、建筑及其他艺术。"随后,"口头和非物质遗产"这一概念逐渐被成员国广泛接纳,但这一概念并不能周延。

2003 年,联合国教科文组织颁布《保护非物质文化遗产公约》,该公约正式使用了 the Intangible Cultural Heritage 这一概念,直译为"无形文化遗产",着重指一种没有固定的空间形式,通过口传身授

---

① 转引自倪依克、胡小明:《论民族传统体育文化遗产保护》,《体育科学》2006 年第 8 期。

来传承的活态文化。根据《公约》规定，the Intangible Cultural Heritage 是指“各群体、团体，有时是个人视为其文化遗产的各种实践、表演、表现形式、知识和技能，及有关工具、实物、工艺品和文化场所”。我国官方译本将其称为“非物质文化遗产”。

2011 年 2 月 25 日我国通过《中华人民共和国非物质文化遗产法》，于 2011 年 6 月 1 日开始实行，在法律条文当中明确把传统体育作为非物质文化遗产的范畴。该法所称“非物质文化遗产”，是指各族人民世代相传并视为其文化遗产组成部分的各种传统文化表现形式以及与传统文化表现形式相关的实物和场所。关于这一概念，是总结我国现有的非物质文化遗产国情，同时并借鉴《保护非物质文化遗产公约》对非物质文化遗产表述的基础上提出的。根据非遗法的界定，我们可以认为传统体育非物质文化遗产的概念广义上是指各族人民世代相传的民族传统体育文化表现形式以及与其文化表现形式相关的实物和场所；狭义上是指各民族人民世代相传以“身体活动”为主体进行互动与意义表达，以“身传心授”形式进行传播的身体活动形和知识。“民族传统体育非物质文化遗产”与“少数民族传统体育非物质文化遗产”在概念上可以等同。

（二）非物质文化遗产的基本特征

联合国教科文组织第 32 届大会通过的《保护非物质文化遗产公约》从国际准则的角度对“非物质文化遗产”这个概念给予了明确的界定。根据以上《公约》的规定，非物质文化遗产具有以下特征：

1. 无形性

无形性是非物质文化遗产的特殊特征，它指的是非物质文化遗产不占有任何具体的物理空间，只能为人们的感觉所感知，是看不见，摸不着的。例如，2008 年我国开始将“端午节”定为国家法定节日。这一国家级的非物质文化遗产，只是以一种节庆形式存在于人们的心中，虽然没有任何有形物质作为载体，但却是人们文化生活的重要组成部分。将非物质文化遗产的无形性特征作为一种有效的保护方式，才使其内容的丰富和文化的传承有了可能。

2.活态性

活态性是非物质文化遗产的核心特征。非物质文化遗产依附于特定的国家、民族、族群、地区或者个人而存在和发展,是人类在历史演进过程中创造的文化成果。只有最大限度地保护其赖以生存的文化环境,才能保护其赖以传承的文化生态土壤,使非物质文化遗产得到更好的传承和延续。

3.传承性

传承性是指非物质文化遗产是一种具体的文化形式,由各个群体或团体随着其所处环境、与自然的相互关系和历史条件的变化逐渐传承积淀下来。也就是说,非物质文化遗产只有经过历史的演进,承载人们厚重的精神寄托和文化品格,才能成为非物质文化遗产。只有这种保持非物质文化遗产的原生态环境,为其传承创造良好的氛围,才能使非物质文化遗产保护、延续、传承下去。

4.实践性

实践性是指非物质文化遗产是人们在生产、生活实践中创造出来的,是一种表达人们喜庆、欢乐、悲哀、痛苦等情感的形式,凝结着各个群体或者团体的文化旨趣。要建立非物质文化遗产保护模式,构建非物质文化遗产保护制度,就必须以实践为基础,与人们的生产和生活实践相联系。

5.开放性

开放性是指非物质文化遗产的传承和延续是随着历史的发展和时代的变迁而不断丰富发展的。以我们最熟悉的"春节"为例,在这一传统节日里,按照传统习俗,人们通常要进行着各种活动,如除灰尘、送灶神、放鞭炮、祭祖宗、贴春联、吃饺子、踩高跷、舞龙灯、走亲戚、串朋友等。但是,随着社会的进步、时代的发展,非物质文化遗产的内容也跟着发生了变化。受环境污染的影响,现在在春节期间放鞭炮是受到限制或禁止的,参与舞龙灯、踩高跷等活动的人也越来越少了;反之,增加了一些新的内容,如收看央视春节联欢晚会、集体团拜、看灯会等。

二、非物质文化遗产保护

(一)非物质文化遗产保护的内涵

非物质文化遗产保护是新时期推动我国特色社会主义文化建设的一项文化创新工程。2005 年，国务院办公厅下发了《关于加强我国非物质文化遗产保护工作的意见》;2006 年 9 月，中国非物质文化遗产保护中心成立。在《关于加强我国非物质文化遗产保护工作的意见》的指导下，部分省、市、县也在不同程度地加强了本地区的非物质文化遗产保护措施。自此以后，我国非物质文化遗产保护工程在全国逐渐启动并普及，一个非物质文化遗产保护体系网络正在我国悄然形成。

由 2001 年联合国教科文组织通过的《文化多样性宣言》可以得知，非物质文化遗产保护的目的是为了维护文化多样性的存在。非物质文化遗产保护的基本方针是“保护为主，抢救第一，合理利用，传承发展”①。这里，武汉体育学院的陈永辉对基本方针进行了详细的论述:所谓的“保护为主”是指对非物质文化遗产进行全面的必要的确认、立档、保存;“抢救第一”是指对濒危的非物质文化遗产着重进行挖掘、整理、抢救;“合理利用”是指要把一切积极的文化因子运用到文化建设中来，以服务中国特色社会主义建设;“传承发展”是指要采取积极措施，让一些优秀的文化遗产能得到创新和延续。总结起来，非物质文化遗产保护的基本方针可以理解为“在全面保护的基础上，突出重点，同时要进行创新与合理利用”。正如联合国教科文组织通过的《保护非物质文化遗产公约》中所指出的那样:“各个群体和团体随着其所处环境、与自然界的相互关系和历史条件的变化不断使这种代代相传的非物质文化遗产得到创新，同时使他们自己具有一种认同感和历史感，从而促进了文化多样性和人类的创造力。”

---

① 国务院办公厅:《关于加强我国非物质文化遗产保护工作的意见》,2005 年 3 月。

(二)非物质文化遗产保护的由来及其条件

在历史的长河中,人类用智慧和劳动创造了丰富的文化遗产。这些文化遗产凝聚着人类非凡的创造力、丰富的想象力,代表了不同历史时期的多彩文明,是人类文化历史发展中遗留下来的最璀璨的明珠。但是,当现代工业时代到来,为了追求经济利益的最大化,使自然和人文环境遭到破坏,世界文化遗产逐渐步入消亡的趋势,抢救与保护濒危的世界文化遗产工作迫在眉睫。

1972 年,联合国教科文组织颁布了《保护世界文化和自然遗产公约》,同年,世界遗产委员会成立,专门负责批准世界遗产名单、确定和解除濒危世界遗产名单。公约的颁布,对文化与自然遗产的保护产生了不可估量的作用。这主要表现为两个方面:一方面,明确了文化和自然遗产的主要内容是文物、遗址、古建筑群以及具有科学和审美价值的物质和生物结构或这类结构群组成的自然风貌;另一方面,有效地推动着世界各国对本国文化与自然遗产的抢救与保护工作。

2003 年,联合国教科文组织颁布《保护非物质文化遗产公约》,呼吁世界各国加强对非物质文化遗产的保护,并规定非物质文化遗产的定义是:"指被各社区实践、观念表述、表现形式、知识、技能及相关的工具、实物、手工艺和文化场所。"非物质文化遗产的保护工作至此受到全世界的重视。

根据联合国教科文组织《人类口头和非物质遗产代表作条例》,非物质文化遗产需要具备五项具体条件:(1)其核心为文化传统或有关社区文化;(2)对民间的文化特征和有关的文化社区起肯定作用,同时对有关的群体起到文化和社会现实作用,并促使各民族和各社会集团更加接近;(3)具有开发技能;(4)对现代的传统具有唯一见证的价值;(5)由于缺乏抢救和保护手段,有的处于加速演变的过程中,有的趋向城市化,有的因适应新环境文化的影响而面临消失的危险。

经过五千年的历史发展,我国的人类文化遗产博大精深,物质文化遗产也好,非物质文化遗产也罢,它们都具有独特的特色和科学价值。到目前为止，我国共有40多项文化、自然遗产被列入世界遗产名录。其中，中国的古琴、昆曲、新疆维吾尔的木卡姆三项列入人类口头和非物质文化遗产代表作名录。由于种种原因，目前我国尚有更多民间文化或口头和非物质文化遗产有待于调查、整理、研究、抢救和保护。

第二节　民族传统体育文化遗产及其保护

我国民族传统体育是以增进健康、提高身体机能为目的的人类社会活动，是我国各族人民在长期的生产和生活实践中积累起来的传统体育文化，是中国传统文化的一个重要组成部分，是祖国重要的、宝贵的非物质文化遗产。

一、民族传统体育文化遗产的特征

民族传统体育文化遗产是一种活态人文遗产，具有活态性、民俗性、地域性、群体性等特征。一旦一定的环境改变、传承人去世或传统体育文化被异化，某一项非物质文化就将消亡。如少林拳，如果没有能够表演的运动员，人们今天就只能从文献资料上加以解读；少林武术如果没有传承人，传统少林武术也就不复存在了。

（一）活态性

活态性是非物质文化遗产的最基本特性。“活”的本质表现在民族灵魂上，就是创造并传承它的那个民族（社群）在自身长期奋斗和创造中凝聚成的特有的民族精神和民族心理。非物质文化遗产的活态性主要表现为两个方面。第一，表现在这种文化创作主体的“活态”性。非物质文化遗产“活态”文化创造的主体主要包括非物质文化遗产中的传说、表述、表演者和传统工艺技能的操作者等。他们是最具有能动性的，并处于“活态”文化的核心地位。在不同时期、不同地域、不同场次或场景中，他们的表述、表演和技能操作都是一种新的创造。作为一种“身体文化”，民族传统体育文化的内涵是通过人的身体活动表现并传达出来的，更加直观，如武术中强调的“内三合，外三合”，实际上是要求由内在的心、意、气到外在的四肢、身体的各个部位都达到相互协调。第二，体现在其传承、传播过程以及这一过程中的变异与创新。这种变异、创新是内在、必然的，是由其内部因素——非物质文化遗产的性质决定的，是以不同传承者、享用者参与创造，展示出他们超个体智慧、能力的创造性的。非物质文化遗产作为一种抽象的文化思维，它存在于人们的观念且随着人们观念的变化而变化，如知识、技能、表演技艺、信仰、习俗、仪式等。此外，这种变异、创新还受到外部因素的影响。外在因素则表现为当这种文化遗产进入异时、异域、异族时，不变异、不创新就无法传承和流传，为发展需要而必需的变异、创新。[①] 各民族之间的习俗随着其民族、部落的大量迁徙形成各民族相互杂居；随着民族交往的增多和宗教的传播扩散，传统体育发生了变迁，在这种变迁的过程中逐渐形成了民族传统体育相互交叉融合的局面。与此同时，随着民族交往的逐渐扩大，部分民族的传统体育活动中还出现了一些异质文化的色彩。[②]

随着民族地区经济的发展，市场经济逐渐取代传统的自然经济。而在自然经济基础上发展起来的民族传统体育也必须适应这种经济的变革，只有适应了这种变革，民族传统体育才能更好地生存与发展。我国共有56个民族，各个民族的传统体育活动加起来有数百种，但受自然地理环境和人文地理环境的影响，有的项目没有得到广泛的传播，仅限于在本民族中流传，甚至有的项目则在社会历史的变迁中逐渐消亡，如我国古代的投壶、捶丸等项目，在当时是多么的兴盛，上至皇族宗亲，下至平民百姓，几乎是一种国民运动，但由于种种原因，先后湮灭在历史的尘埃之中。保持活态的传承机制，是保护民族传统体育活动的关键。

---

① 参见宋俊华：《非物质文化遗产特征刍议》，《江西社会科学》2006年第1期。

② 参见胡小明：《体育人类学》，广东人民出版社2001年版，第195页。

（二）民俗性

以血缘关系为纽带的宗法制度是中国古代社会政治结构的主要特征。这种宗法制度是由农耕经济的特性所决定的，由原始社会氏族制下的血缘关系和祖先崇拜发展起来。在两千多年的中国封建社会，在经济方面，一直奉行的“重农抑商”“以农立国”；在政治上，遵循以家族关系的血缘伦理与皇权至上的政治伦理高度统一的封建伦常关系。因此，许多民族传统体育活动多为按农业节气周期性祭祀祖先和祈福的民俗化仪礼，如春节的舞龙、舞狮，端午的划龙舟，重九登高等。

人类早期的体育活动不仅仅带有原始的、神秘的色彩，而且同宗教、祭祀、婚姻、劳动等活动有着非常密切的联系。在我国一些少数民族地区，如音乐、舞蹈、体育竞技、游戏等活动多是附属于其他民俗事象之中的。这主要表现为三个方面，第一，宗教节日和祭仪作为载体为传统体育活动提供了固定的时间和场所。第二，巫师和祭司的培养、道场的布置和示范者的表演为传统体育活动以后的组织化、规范化提供基础。第三，受宗教节日和祭仪有较固定的时间、地点和程序的影响，传统体育萌芽由原本自发的、不定期的形态上升为有时间地点相对固定的集体性活动，从而也使大众易于接受和传播，最后形成一种民俗活动。如壮族的三月三抛绣球活动，侗族的花炮节，瑶族达努节的跳铜鼓舞，蒙古族的“那达慕”大会，鄂温克族传统的“来阔勒节”中的套马活动……

传统体育凭借其鲜明的民族特点和浓郁的乡土气息逐渐成为这些节日民俗活动中的一项重要内容并表现着不同的民族文化色彩。因此，从某种程度上来说，保护民族体育，就是拯救民俗文化。

（三）地域性

自古以来，我国逐渐形成了一个以小农经济为主的国度。这种以小农经营为主体的单一农业经济结构及有节律的农业生产周期为农民提供了大量闲暇从事家庭副业和手工业的时间，从而形成了千万个以此经济结构为基础的自给自足的经济单位。民族传统体育文化正是在这种以小农经济基础上形成的，因而具有较强的地域性。在那个以小农经济为主的时代，人们的生活方式主要是农耕、游牧和游猎三大类。而在此三类生活方式上形成的民族传统体育在相同或相近的地域空间生存的族群等方面总是相近。此外，受各种文化交流频繁的影响，逐渐形成一种特殊的地域生活情趣。不同民族的有些传统体育项目虽然有着不同的名称、内涵与起源传说，但是在形式上的却有着惊人的相似性。例如，龙舟虽然在我国南北都有，但在不同地区被赋予不同的文化内涵和起源传说。按传统的说法，龙舟是楚人为纪念爱国诗人屈原而发起的。南朝梁代的吴均在《续齐谐记》中写道："楚大夫屈原遭谗不用，是曰（指五月初五）投汨罗江死，楚人哀之，乃从舟楫挽救。端阳竞渡，乃遗俗也。"但一些史料表明：龙舟竞渡并不是单单为了纪念屈原，而且地区也很广泛，除了楚地，还有很多地方也有竞渡。据《曹娥碑》记载，东吴一带的竞渡是为纪念伍子胥的；而贵州的苗族是为了纪念智慧、勇敢、贤明的岩洪鳖的；《越地传》记载竞渡起于越王勾践……又如摔跤，在我国不同少数民族地区就有不同的称谓，如蒙古族叫"搏克"，在维吾尔族叫"且里西"，在彝族叫"格"。从体育活动内容看，同为摔跤，但起源的民族不同，所表现的形式各异。因此，同一类项目带来的不同的地域文化表征是保护工作中容易忽略的内容。

（四）群体性

与人类实践活动一样，民族传统体育非物质文化遗产是一种体现公共观念的集体行为。其创作往往是多个人共同完成的，是一种集体创作。民族传统体育文化遗产的群体性强调的是一种集体意识上的文化认同。任何一个民族都对自己的族群有一个特别的认同感，这首先表现为出于自身与族群之间所具有的血缘上的联系，其次表现为在于自己与族群之间所具有的文化上的依附性。文化认同是一种观念思想的认同。在血缘上和所有文化习得上都深深打上了族群文化的烙印。作为人类族群之间内在生活中积累起来的共同的娱乐方式——民族传统体育有对自身族群存在的认同功能，而且这种认同功能表达得非常直观和富有建设意义。这种认同在民族传统体育中表现为一种身体行为并以此区别于其他民族。民族传统体育文化的认同是一种生存方式的认同,共同的节日习俗、共同的娱乐方式形成了共同的生活空间及生活方式,他们的生命纽带是完全联结在一起的。

从文化遗产的主体——创造者、享用者和传承者的角度来看,个人、个性化的创造只有被加入到集体传承和集体形态中,才有可能真正成为非物质文化遗产的有机组成部分。中华民族传统体育作为一种休闲娱乐和竞技活动,一直强调的是一种教育作用和社会整合作用。虽然由于各民族生活习俗和环境的不同,被各族人民赋予了不同的精神寄托和文化意境,但有一点是相同的,即活动参与过程中都能感受到群体凝聚在一起的力量,产生一种归附群体的情感,人们会在合作中相互理解、彼此帮助、消除隔阂,利于族群、社会的稳定。民族传统体育活动是形成民族凝聚力的重要推动力。

二、民族传统体育文化遗产保护的历程

(一)近代

近代,随着西方体育的传入,民族传统体育作为抵御外来文化的武器,受到社会各界的关注。20 世纪 30 年代,封建社会瓦解,外国列强纷纷入侵,中华民族面临严重的民族危机。为了抵御外强侵略,增强民族自我力量,中华民族传统体育得到了倡导,尤以武术发展最为充分。自 30 年代以后,随着“土洋之争”的平息,传统体育和外来体育都被视为近代中国的体育活动,并经过整理和改造后被列入中小学教材。

辛亥革命后,一些组织和爱国人士,如以精武体育会、北京体育研究社等为代表纷纷提倡传统体育(主要是武术),从而唤起了人们对传统体育活动的关注,把武术作为中国式的体操,对传统游戏进行整理研究的活动逐渐多起来。1932 年 10 月,原教育部颁布了《国民体育实施方案》(以下简称《方案》),此《方案》规定:敢集民间旧有之

体育活动，改良之，推广之。同年11月，训令各省(市)教育厅(局)调查乡村体育活动教材。训令说："我国各地方乡村民众之团体活动，如北方之双石头会、南方之划龙船等，个人活动，如踢毽子、耍石锁等；乡土游戏，如捉迷藏、指星玩月等，均有体育价值，惜未能应用科学方法、教育原理加以改良，致为学者所忽视。"[①]

这一期间，不仅有关民间游戏的调查及论著比以往明显增多，同时采用经过整理、改编的民间游戏作为中小学体育教材的情况也在有所增加，如金兆钧《中国游戏》、王怀琪的《正反游戏法》等。除此之外，还有不少学者对民间跳房、踢毽、滑冰、跳绳、空竹、石锁、打花棍等传统游戏活动进行了整理和改编。但由于历史的种种原因，这些工作主要还是停留在收集整理和对项目进行改编上，并没有实质性的进展，并且大多由个人零碎地进行，没有具体的组织，没有形成大规模的普及，还没有从总体上就民间传统体育活动进行系统的、科学的考察。

新中国成立以后，党和政府开始注意民族体育，并于1953年在天津召开了民间体育运动会以展现传统项目。但由于历史原因，民族体育沉寂了30多年。在这30多年里，民族体育受到西方体育文化的严重压抑，仅有改编的武术套路一花独放。1956～1958年，政府组织有关专家编写整理了《简化太极拳》《青年拳》《长拳》及刀、剑、棍、枪等多种拳术器械套路，以向社会推广。同时，不少不同流派的武术著作也相继得到了出版，如《太极拳》《青年拳》《锦拳》《华拳》等各家各样拳种等。

（二）现代

党的十一届三中全会后，党和国家把武术遗产的挖掘整理工作提到了重要位置。1979年1月，国家体委《关于发掘整理武术遗产的通知》的颁发拉开了挖掘整理形态文化遗产的序幕。1984年6

① 成都体育学院体育史研究所编：《中国近代体育史资料》，四川教育出版社1988年版，第92页。

月，全国武术挖掘整理汇报会在河北承德举行，在此次会议上进行了成果展览。1983～1986年，动员了全国近8000余人，耗资数百万，开展了我国历史上空前的普查和挖掘整理工作。据统计，除中国台湾以外，查明全国源流有序、拳理明晰、风格独特、自成体系的拳种达129个。全国各省（市、区）共编写相关文字记录达651万字，录制了394.5小时的录像带，征集文献资料482本，古兵器392件，珍贵实物29种。

这期间，各级体委和民委不仅纷纷设立相关机构开展民族体育的挖掘整理工作，同时还组织专门队伍对民族民间体育进行广泛调查。这些主要表现为：第一，“民族体育”在各地体育史志中被列出。第二，“武术研究院”等机构和社团成功建立，并兴办各种杂志期刊，主要针对民族体育的学术问题开展研讨、交流。第三，在各省（市）体育志基础上，汇编了《中华民族体育志》，收录了多达977项的民族体育项目。第四，不少出版社也积极加入针对民族传统体育的整理工作中来，如人民体育出版社就组织编写了大型武术丛书——《中华武术文库》。除此之外，一些成果又形成了新的武术论著，在武术发展史上留下了辉煌的一笔。这次挖掘整理工作在调动了老拳师们的积极性的同时也培养了一批研究骨干。

回顾民族传统体育文化遗产保护工作所走过的历程，可以看到，尽管改革开放以来，民族传统体育的挖掘整理工作得到了前所未有的重视，但由于缺少组织和支持，没有一个系统的持续的计划，研究水平的参差不齐，以及挖掘保护工作方法、手段的单一，致使整个内容平淡琐碎，缺乏文化内涵，并且断裂现象十分严重。虽然在挖掘保护中投入了大量的人力、物力、财力，但没有将非物质文化遗产的持续传承作为根本的动力，在一定程度上可以说是失败的。

由于很多少数民族传统体育项目产生于农业经济及相对封闭的环境中，当经济和生活方式发生转变与转型时，在文化遗存相对丰富的少数民族聚居地区，宗法制度遭到解体，生活环境的也发生了变迁，民族传统体育失去了赖以生存的土壤，无法适应现代社会的发展，很多体育项目都消失了。

三、民族传统体育文化遗产保护的原则

2005年4月，国务院办公厅在《关于加强我国非物质文化遗产保护工作的意见》中对非物质文化遗产保护工作的目标和基本原则作出了进一步的明确：目标是通过全社会的努力，逐步建立比较完备、有中国特色的非物质文化遗产保护制度，使我国珍贵、濒危并具有历史、文化和科学价值的非物质文化遗产得到有效保护，并得以传承和发展。基本原则是政府主导、社会参与，明确职责、形成合力；长远规划、分步实施，点面结合、讲求实效。

结合民族传统体育文化自身的特点，在保护工作中应做到以下几点：

（一）以人为本

马克思文化学理论认为，文化的本质就是"人化"，人是文化的主体，是文化目的的终极目标。因此，站在这个角度来看，非物质文化遗产保护的核心因素就是保护"人"，尤其是保护好那些创造、拥有、传承和研究非物质文化遗产的活生生的人。这是我们做好非物质文化遗产保护工作的关键所在。非物质文化遗产视野下的民族传统体育，其"精神内核"和"文化空间"的根本载体是人。而民族传统体育存在的根本意义在于为人这个主体服务，以人的满足为最高境界。

（二）保持原真性

原真性是定义、评估和监控文化遗产的基本因素。1964年的《威尼斯宣言》对文化遗产的原真性也作了十分详细的诠释，明确表示：它是真的，是原本的，它是忠实的。我们在保护中一定要注意文化遗产必须是一地原有的、一地所固有的文化，是有地域特色的原生态民族体育文化传统原汁原味地延续和发展的产物，注意文化遗产的历史性，原始性和真实性。不能带经济的眼睛去看待，更不能因为一些民族传统体育项目经济效益大，就进行盲目的攀比和移植。受不同的地域环境，人们的生产生活方式、风俗习惯等也会随之产生不

同的影响，从而呈现出不同的传统体育文化形态。从某种程度上来说，如果脱离了地域环境，那么传统体育文化也就失去了其内在价值，“北人善马，南人善舟”指的就是地域环境对民族传统体育项目的“培育”。例如，白族的赛马节等一些民族传统体育项目如果脱离了原生态环境，则将逐渐失去其文化内涵。除此之外，在保护中我们还要杜绝“翻版”与“假冒”。在20世纪八九十年代，受旅游“文化热”的影响，全国各地纷纷效仿，建起了一个又一个的“民俗村”，各项经过虚假加工的“民族传统体育项目”也“定居”其中进行表演。在这种造假环境下的民族传统体育文化成为一种“快餐式”的传统文化，经过短暂的热潮后，许多“民族村”接连倒闭。在这种境遇下，民族传统体育陷入生存与发展的窘境。保持原真是为了维护民族传统体育文化遗产的表现形式和文化含义的内在统一。历史的传承，不是随随便便就可以的，是需要依据的，对民族传统体育文化遗产的保护，提倡“写实的《三国志》”，而不是“对历史真实进行改写演绎的《三国演义》”①。

（三）多样性

在我国，一般把除汉族以外的55个民族称之为少数民族。而几乎每一个少数民族，都有自己独特的传统体育活动，可见，我国的民族传统体育文化遗产是极其丰富的。2006年5月20日，国务院公布了第一批国家级非物质文化遗产名录（共计518项），这批名录包括十大类，分别是民间文学、音乐、舞蹈、戏剧、曲艺、杂技与竞技、美术、手工技艺、传统医药、民俗。其中，杂技与竞技类中的民族传统体育包括：天桥中蟠（北京市）、抖空竹（北京市宣武区）、回族重刀武术（天津市）、吴桥杂技（河北省吴桥县）、沧州武术（河北省沧州市）、陈氏太极拳（河南省焦作市）、邢台梅花拳（河北省邢台市）、杨式太极拳（河北省永年县）、沙河藤牌阵（河北省沙河市）、聊城杂技（山东省聊

① 韩保全：《文化遗产的保护模式只能是〈三国志〉而非〈三国演义〉》，《文博》2006年第1期。

城市）、蹴鞠（山东省淄博市）、宁德霍童线狮（福建省宁德市）、维吾尔族达瓦孜（新疆维吾尔自治区）、少林功夫（河南省登封市）、武当武术（湖北省十堰市）、朝鲜族跳板、秋千（吉林省延边朝鲜族自治州）、达斡尔族传统曲棍球竞技（内蒙古自治区莫力达瓦达斡尔族自治旗）和蒙古族搏克（内蒙古自治区），共17项。多年以来，我们都在强调文化的多样性，以寻求中华民族传统体育文化在世界体育文化中的位置。同样，在民族传统体育文化遗产的保护中，“多样性”亦是不容忽视的。现代经济学有一条著名的定律——“边际效用递减”定律，即消费者每增加消费一单位同样的商品，这种商品给他带来的满足程度的增加值随之递减。与此对应的是，现代经济学中还有另外一条规律：就是在满足程度差不多的情况下，消费者更倾向于多样化的选择。因此，如果民族传统体育文化失去了本质的“魂”的——传统体育文化多样性，只是一些身体动作，那么人们迟早会对其失去兴趣的。文化传承与发展的载体是人，一旦人失去了兴趣，自然也就没有了传承与发展的动力。

（四）生态化

生态化是指在保护民族传统体育文化遗产的工作中，尤其要注重保护文化遗产的活态性特征。这种“无形与有形的统一”“只见物，不见人，只见形，不见魂”的原始活态性问题不仅是民族传统体育文化遗产保护中最难解决的问题，同时也是非物质文化遗产保护中普遍存在的问题。因此，对它们的保护和开发，要坚持原生性，原汁原味，与此同时还要注意现代技术的参与和现代展示手段和营销方式的运用。21世纪以来，各地的地方政府和民间逐渐开始重视民族传统体育，这主要表现为两个方面：一方面在积极发掘整理各种民间传统体育项目；另一方面又通过各种文化活动将这些项目公众化。重视传统文化的继承和发扬，重视文化在社会发展以及经济建设中的作用，积极开展申报世界文化遗产活动，这些工作对改善民族传统体育的生存环境无疑是有积极意义的。

（五）精品保护

文化遗产与一般的文化事项不同，通常所指的是文化精品，是一个民族在长期发展过程中所创造并传承下来的。保护文化遗产，就是保护那些文化精品，而不是一个民族传统文化的全部。一个文化事项要想成为文化遗产，必须具有历史价值、艺术价值、科学价值和纪念价值。在具体的文化遗产保护工作中，应该根据文化遗产价值的高低，将文化遗产分为世界级、国家级、省级及市级，并施以不同等级的保护措施。作为非物质文化遗产保护的基本原则，保护精品是我们永远的追求。

（六）濒危遗产的优先保护

文化遗产保护的终极目标是将人类历史上创造并传承至今的一切优秀文化遗产都尽可能全面地保护起来、传承下去。但受限于目前的国情国力，将所有的文化遗产都一股脑地保护起来是不现实的，也是不可能的，在这种情况下，那些已经处于濒危状态的文化遗产就必须处于保护的优先地位，必须集中人力、物力、财力将它们及时而有效地抢救下来，为今后人类新文化的创造保留下更多的思路、更多的选择、更多的参考和更多的资料。目前，许多国家已经意识到了保护濒危遗产的重要性，“保护为主，抢救第一”也已经成为许多国家文化遗产保护工作者的共识。

第三节　民族传统体育文化非物质文化遗产的保护与发展

民族传统体育非物质文化是民族优秀传统的象征，是民族精神原始内核重要组成部分。但随着世界经济一体化的发展，尤其是快速发展的今天，许多民族传统体育文化已经或正在消失，保护和利用好民族传统体育非物质文化遗产，对于继承和发扬民族优秀文化传统、增强民族团结和维护国家统一、增强民族自信心和凝聚力、促进社会主义精神文明建设都具有重要而深远的意义。

一、民族传统体育文化非物质文化遗产保护的重要性

(一)文化全球化发展的需要

21世纪的今天,文化全球化的发展要求世界各国的民族文化真正地融合于世界之中,做到"和而不同"。要想达到文化全球化发展的和谐统一,我们就必须要保护好各民族文化。在全球化的过程中,我国体育文化要想促使中国民族文化在与西方文化交流时达到和谐统一,必须做好两方面的工作:第一,正确处理好西方体育文化冲击;第二,维持民族传统体育文化的固有结构。世界文化与发展委员会主席佩雷斯·德奎利亚尔曾强调:"面对人类辉煌的历史和不可预知的未来,发展再也不能被看作是一个单一的、整齐划一的、直线型的路径。……这场文化运动促使每个民族在对传统的思维框架进行反思,这场文化运动也使每个民族坚定了各具特色的现代化之路。"①

我国民族传统体育深深地扎根于中国这片广阔的地域,更多地反映了我国各族人民的真实文化需求,折射了不同地域的文化个性,吸引着其他国家的民族对我们的民族文化进行了解、认同、借鉴。保护民族传统体育文化遗产,就是在坚持并发扬这些地域文化特色的同时向外界进行输出,以避免在与世界文化的交流与碰撞中以民族传统体育为代表的民族文化成为被异化的民族文化。

(二)构建和谐社会的需要

新的世纪,我国社会主义事业发展进入到构建社会主义和谐社会的重大时期。而民族文化遗产保护的核心理念在于和谐,因此,从某种程度上来讲,保护民族文化遗产为和谐社会构建提供了精神来源,而和谐社会构建迫切需要民族文化的精髓——和合观思想来支撑和提供动力。民族传统体育产生于我国各族人民的劳动生活中,

① 联合国教科文组织编:《文化多样性与人类全面发展——世界文化与发展委员会报告》,张玉国译,广东人民出版社2006年版,前言。

并在其特有的劳动生活模式中创造出了民族传统体育文化的价值取向——和谐，这一价值取向的观念始终贯穿于民族传统体育文化的思维模式与实践规范之中。保护民族传统体育文化，要以满足人民群众日益增长的体育文化需要为出发点，充分挖掘其文化内涵，发挥自身的“和谐”功能，为促进新农村建设服务。

（三）民族信仰维系的需要

信仰是指对圣贤的主张、主义、或对神的信服和尊崇、对鬼、妖、魔或天然气象的恐惧，并把它奉为自己的行为准则。它是人对世界的一种能力的把握，是一种辩证的动态运作过程，这种运作过程的周而复始从而构成了人类的信仰活动。这种信仰活动是在人类精神生活领域中占据核心地位的一种文化价值活动。具体表现为：对个人而言，它是个人行为的支柱；对国家而言，它构成国家政治意识形态的核心；对民族而言，它构成凝聚国民心智的民族精神。把民族传统体育作为非物质文化遗产保护正是出于文化安全的需要，是对维系民族精神信仰的需要。面对文化全球化大环境，如何认同民族传统体育文化，树立民族信仰，需要人们的选择、维护、创新和管理。

二、民族传统体育文化非物质文化遗产保护的困境

非物质文化遗产是历史的遗存，又与时代发展有密切的联系，现实生活中可以找到它存在的痕迹，有的生命力还相当旺盛。非物质文化遗产的这些特点决定了它在现实的保护、传承与发展中不可避免地存在着众多的难题与困境。

（一）社会环境变迁中保护的有限性

对非物质文化遗产进行保护并不只是保护这一遗产本身，还必须连同与它的存在、发展密切相关的生态环境一起加以保护。民族传统体育文化大多产生于传统社会，而流传于民间，尤其是较为封闭的少数民族地区。随着社会经济的迅速发展与交通通讯的发达，传统社会向现代文明社会发展，传统体育依赖的环境也在不断发展变化之中，但受传统社会观念的重大影响，使得部分传统体育文化难以

为继，这为传统体育文化空间的保护提出了难题。

（二）缺少长远定位与规划

国家对于非物质文化遗产的保护需要对其进行必要的定位和规划，而不是一窝蜂地乱来。保护与传承固然重要，但利用与发展也不容忽视，这需要对非物质文化遗产及其相关的方面进行前瞻性的研究与预判，进而对民族传统体育作出总体性的长远规划。我们现在面临这样一个现状：对非物质文化遗产进行保护的口号，除了一部分而且是很大的一部分是纯粹的概念游戏和话语权力争夺外，极少是真正扎根在自己的社会议题和现实呼唤上的。这使得对非物质文化遗产的保护有时仅仅停留在口头上，而没有实际的行动，更不要谈效果了。

比如，各级政府对传统武术"申遗"作出积极的响应与支持，"名录"背后隐藏着巨大的经济利益在一定程度起着不可估量的作用。在新的世纪、新的经济下，注意力即财产，金钱与注意力一起流动，利用国家级名录的效应开发文化产业与旅游产业的现象屡见不鲜。同时，名录申报成功后还可以从中获得大量的保护专项资金，这也是各级地方政府经济来源的一个重要途径。非物质文化遗产为传统武术的传承与发展开辟了一个崭新的领域，传统武术界应充分把握这一机遇，打破原有的发展空间和理念，作出总体性、长远性的规划，不能受短期的现实利益的影响而放弃，这是因为传统武术是我国人民共同创造的、不可多得的宝贵财富。

（三）传承主体的缺位

表面上看，政府在非物质文化遗产的保护中起着举足轻重的作用，项目的申报由政府主持，申报成功后也需要政府的各种支持，但是，非物质文化遗产的传承主体却不是政府，而是传承人，传承人是传承主体的典型代表。

然而，政府的参与却容易使非物质文化遗产的保护产生"变异"，从而造成"外行领导内行"的不合理局面，同时，这也违背了非物质文化遗产的规律。传承主体在整个"申遗"中处于弱势地位，而且有时这种“申遗”或许就是“行政突击行为”，一般由县、市一级文化部门组织地方专家进行取舍、论证，授权也只到乡镇一级政府。[①]

这种政府主导、传承主体缺位的施予式保护现象，造成了我国民族传统体育文化在传承过程中，许多地方政府借保护之名粗暴地干涉传承工作，而传承人与习练者的意志得不到有效表达，传承主体的地位和作用被漠视和淡化，民族传统体育文化的持有者在名录申报中处于“失语”的状态。在这种状态下，即使有些传统体育项目已经被列入国家级遗产保护范围，也得不到有效而合理的保护。所以，加强传承主体的地位，充分发挥传承主体的主观能动性，使之能真正参与到民族传统体育文化保护的实际工作中，才是目前我们应该解决的问题。

（四）传承效果缺少评估、反馈机制

国家级非物质文化遗产也认定了，国家也投入了巨资，但这些非物质文化遗产对于繁荣、丰富人类生活和精神起到了怎样的作用，目前还缺少有效的机制对其进行评估。

已成功申报国家级非物质文化遗产的民族传统体育项目，应根据当今社会需求，大力拓展其生存空间和传承途径，而不能仅仅依赖政府的扶植和救助。在一段时期内，政府不仅要对列为国家级非物质文化遗产的项目进行评估，同时还要督促其开展传承活动，从而做到非物质文化遗产的保护能够真正地实现为人们服务、为社会服务的宗旨。此外，国家级非物质文化遗产项目也应履行将其开展活动的情况、存在问题等向文化部门进行汇报的义务，从而更好地促进双方之间的沟通、合作与交流，为非物质文化遗产的保护工作的顺利开展作出应有的贡献。

---

① 参见柏贵喜：《“名录”制度与非物质文化遗产保护》，《贵州民族研究》2007年第4期。

三、民族传统体育非物质文化遗产保护的路径选择

(一)加强产生及传承环境的保护

非物质文化遗产离不开其产生和传承的环境,二者是不可分割的,物质文化往往是非物质文化的载体。因此,对于"保护"的对象,就有两个方面,一是非物质文化遗产本身,二是非物质文化遗产得以产生和传承的环境。民族传统体育常常产生乡村田野等场所,这些场所承载着民族传统体育文化的大量信息,根植于此的风土人情、传说故事、习练痕迹等无不传递着文化的信息,是民族传统体育文化得以栖息和传承的物质载体,对其进行原真性保护或者在保护文化遗产的前提下进行复原意义重大。

(二)加强长远规划与管理

民族传统体育非物质文化遗产的发展要具有详尽的规划,要全面把握其发展现状,杜绝地方任意申报,优先将濒临灭绝的体育项目纳入非物质文化遗产。传承人最好是一个团队,可以将传承人分为代表性传承人、第一传承人、第二传承人等传承梯队。传承人的确定和选择不仅要考虑其技能掌握情况、代表性、公信力、传承能力,同时传承人之间还应有合理的年龄间隔,从而建设一支合理、有效的传承人队伍。对于那些已经申报成功的国家级非物质文化遗产项目,应建立评估、反馈机制,定期开展相关活动,将保护、传承、利用、发展四者有机地融合在一起,充分发挥非物质文化遗产的作用。另外,对于传承人的资助要以精神资助为主、经济资助为辅。同时,经济资助应以传承活动开展情况予以评判。

(三)民族传统体育的保护要制度化、法律化

立法保护是国际社会保护文化遗产的通常做法,也是最有效的保护手段之一。我国的非物质文化遗产保护目前还只有个别单项条例和地方性条例。云南省率先于 2000 年制定了《云南省民族民间传统文化保护条例》,此后,贵州、福建、广西等地相继颁布了省级民族民间文化保护条例。2003 年,《中华人民共和国民族民间传统文化

保护法》颁布;2011年,《非物质文化遗产保护法》颁布。这些法律、法规的颁布与实施不仅对各国各地区的传统文化遗产的保护起了非常重要的作用,同时也将为传统体育文化遗产的保护提供依据。尽管在2004年我国就已正式加入联合国《保护非物质文化遗产国际公约》,但由于种种原因,我国目前对于传统体育文化遗产的保护还没有专门性的法规条例,只有部分条文散见于各级体育法规中,《中华人民共和国体育法》第十五条指出:国家鼓励、支持民族、民间传统体育项目的发掘、整理和提高。

由此看来,我国的非物质文化遗产保护的法制条例建设,还十分薄弱。针对此问题,就要有针对性地建立民族传统体育文化遗产的法律法规体系,为民族传统体育文化遗产的传承与发展提供政策保障、法律支持。这些法律法规,必须包括地方性法规、行政和民事法规、综合性和单项性法规。只有这样,才能使民族传统体育文化遗产更好地继承下去。我们还应该尽快健全自己的法律制度,从法律和制度的角度保护珍贵的非物质文化遗产资源,健全法律法规体系,包括全国性和地方性法规、行政和民事法规、综合性和单项性法规。

(四)建立民族传统体育文化遗产分级保护体系

民族传统体育项目种类繁多,分布在各地域,传统体育文化遗产的保护不仅忽略了很多项目,而且在地域上也受到诸多限制。针对这种现状,我们应该建立民族传统体育文化遗产的分级保护体系。要实行从中央到地方的分级(国家级、省级、市级、县级四级)保护的体系。国家级保护工作可由文化部牵头,体育总局和其他相关部委配合,由体育总局管理部门负责,承担起对国家级民族传统体育文化遗产的申报、评审、资助等保护工作。省、地、县级民族传统体育文化遗产保护工作则分别由相应的省、地、县级文化部门、体育局等相关部门配合,由体育局负责,承担起系列保护工作,各级保护体系部门要加强纵向和横向管理联系。各级体育部门要制定出相关的保护管理制度,做好对民族传统体育项目的认定、登记、指导工作。这种分级的保护体系,有利于有关部门的有序管理和开发,在一定程度上避免了“几不管”和“重复管理”的现象，不仅节约了人力资源，也大大缩减了整个文化保护体系的漏洞。

要做到对不同级别的民族传统体育文化遗产在分布状况、生存环境、开展状况、文化特色、保护现状、传承人员数量、习练群体数量及存在的问题等方面有一个全面的了解，必须积极主动地与各有关部门加强沟通与合作，同时需要鼓励、吸纳社会力量的广泛参与，充分发挥各方面的作用如科研院所、大专院校以及有关社会团体、个人等，调动全社会的积极性。在具体工作中，坚持以“政府主导，社会参与，明确职责，形成合力，长远规划，分步实施，点面结合，讲求突破”为原则，社会各方面相互配合，把力量拧成一股绳，建立起职责明确、运转协调的工作机制，从而更好地保护民族传统体育文化遗产。

（五）加强传统体育文化中人的保护与关注

非物质文化遗产的最终主体是人。关于这个问题，在关于非物质文化遗产保护的国际研讨会上，中国民俗学会理事长、中国非物质文化遗产保护专家委员会副主任刘魁立先生曾指出：“从根本意义上说，无形文化遗产的保护，首先应该是对创造、享有和传承者的保护。同时也特别依靠创造、享有和传承这一遗产的群体对这一遗产的切实有效的保护。”这说明，要想对文化遗产进行切实有效的保护，创造、享有和传承这一遗产的群体是关键。这就要求我们在民族民间体育文化保护工作中，要秉着“以人为本”的精神，站在民众的角度出发，设身处地为民众着想，注意倾听当事者的声音，从而协调好各个方面的关系，认真做好分内的工作。

文化部已建立起了民族、民间文化传承人（传承单位）的认定和培训机制。这一培训机制通过采取资助扶持等手段，鼓励民族民间文化的传承与传播。2007 年，文化部对国家级非物质文化遗产名录项目的代表性传承人的认定标准、权利和义务作出了明确规定，并于同年 6 月的“文化遗产日”期间公布了我国第一批国家级非物质文化遗产代表性传承人。受种种因素的影响，我国民间体育艺人地位非常低下，他们没有良好的生存环境。因此，要想做好民族民间文化传承工作，除了要提高民间体育艺人的社会地位外，还要给他们提供较为优厚的待遇、改善工作条件，为他们更好地传承文化做好基本工作。同时，要把传统体育作为一门课程纳入教学计划，特别是一些少数民族地区更应该根据区域优势，充分对当地民族民间体育课程资源进行挖掘，从而培养民族自豪感和民族自尊心，强化民族自我认同感和社会认同感，让更多的年轻一代积极投身于民族体育文化的挖掘、整理、传承与创新工作。

（六）加强教育普及并纳入教育体系

教育是指一切能够增长人们知识，提高人们生存、生活技能，促进人们身心健康发展，影响人们的思想意识的活动。按照形式的不同，教育可分为家庭教育、社会教育、学校教育三种。人是文化延续的载体，教育是文化传承的重要途径和手段。教育的任务不仅仅在于文化的普及，同时还应包括专业人才的培养。

要做好文化遗产的保护工作，文化的普及是极为重要的一个方面。青少年是祖国的未来，应是文化普及的主要对象。民族传统体育文化遗产是我国文化宝库中的璀璨明珠，但是因为外来文化的影响以及我国对民族传统体育文化遗产方面的宣传力度不够等客观因素，现今许多国人对于民族传统体育文化遗产知之甚少。要想做好民族传统体育文化遗产的保护工作，最主要的就是进行民族传统体育文化遗产知识的普及，让大家都了解到底什么是民族传统体育文化遗产，其概念是什么，都有什么内容，等等。知识的普及，是保护民族传统体育文化遗产的一个重要基础。只有在全面普及的基础上才能使后续工作顺利进行。如果要做到民族传统体育文化遗产知识的真正普及，就必须把民族传统体育文化遗产知识纳入到教育体系之中。因为学校教育是传播一种文化的最佳载体，特别是现代这一批急需得到传统文化教育的学生，把民族传统体育文化遗产知识纳入到教育体系是一种典型的双赢。学生通过课堂上老师的讲解得到了民族传统体育文化遗产的知识，在提升自己文化水平的同时，自身也成了民族传统体育文化遗产的普及者与传播者，从而提高我们中华民族的整体素质。

然而，21世纪的今天，受各种因素的影响，综观我国高等体育院校和体育系现行的民族传统体育专业课程的设置，我们不难发现，目前我国高等教育仍然处于知识普及的阶段，文化遗产保护的内容不见其踪影。当前，我们的文化遗产保护工作面临的是虽然具备了各种高科技的保护手段，但是缺乏理性的系统的非物质文化遗产的教育意识。因此，要想做好文化遗产的保护工作，我们不仅要积极地开展各种形式的非物质文化方面的教育活动，同时还要把民族传统体育文化遗产纳入教育体制，通过家庭、社会与学校等多种教育机制的有效结合，从而更好地把丰富而独特的民族非物质文化进行有效的、系统的、科学的传播，为进一步提高我们中华民族的整体素质打下坚实的基础。

（七）在保护的前提下合理利用与开发

非物质文化遗产需要在发展中生存，随着社会对非物质文化遗产的认可和关注度逐渐提高，其价值性也得以延伸。联合国《保护非物质文化遗产公约》第13条鼓励缔约国“采取适当的法律、技术、行政和财政措施，以便建立非物质文化遗产文献机构并创造条件促进对它的利用”。客观地说，抢救与保护非物质文化遗产是一项庞大的系统工程，需要耗费大量的人力、物力和财力，而对其进行经济开发确实不失为一种筹资方式。保护和利用好非物质文化遗产，对实现经济社会全面、协调、可持续发展具有重要意义。但是，对非物质文化遗产的开发和利用应该建立在客观保护的基础之上。

第八章　当代民族传统体育文化传承的反思与超越

随着社会的发展和进步，当前民族传统体育文化的传承与发展面临着新的形势。目前，我国的传统体育文化在一定程度上呈现出弱化与衰颓之势，面临重重危机，举步维艰。新形势下如何传承和发展创新民族传统体育文化，是值得人们关心和探讨的问题。

第一节　民族传统体育文化传承的背景

一、全球化

（一）全球化发展的趋势

随着社会和经济的发展，全球化已经成为一个不可逆转的浪潮，极大地改变着世界政治、经济和文化的格局。全球化是一个人类不断跨越民族、国家地域的界限，超越制度、文化的障碍，在全球范围内相互联系和交往，互相影响和整合的历史发展过程，从而使全球经济形成一个不可分割的有机整体。

1. 文化全球化

21 世纪的今天，随着信息技术和经济的快速发展，各民族文化之间进行更为广泛的沟通、互补和交流，并已逐步冲破地域限制，改变民族模式，向世界文化整体靠近。这表现为两个方面：第一，各个民族文化已逐渐超越自身向世界文化趋近，从而不断获得世界文化的认同；第二，世界文化得到各民族文化资源的更广泛而有力的支持，从而实现民族文化与世界文化、个性文化与共享文化之间的相互作用与转化。

文化全球化的趋势促进了文化之间的交流，为人们的文化和生活方式提供了更多的选择，但是也打破了文化的地域和本土限制，使传统文化、民族文化面对着巨大的挑战。文化的全球化趋势是伴随着经济全球化发展的，在世界不同文化的交流融合中，经济地位决定着文化的地位，强势的文化必然通过种种优势将自己的文化价值推向世界。从目前全球文化力量对比来看，西方文化以其绝对的经济优势成为一种强势文化，在迅速走向世界的过程中逐步排挤本土文化，对其他文化造成巨大的冲击和压力，并开始占据、支配人们的思想和观念。在西方强势文化的影响下，我国的民族传统文化面临着消亡的危机，两种文化的相互交融和竞争，使得我国很多富有民族特色的信仰、节日、习俗、仪式甚至语言文字逐渐被人们淡忘在历史的某个角落，有的甚至于趋向消亡。

2.体育全球化

作为人类文化的一种特殊形式，现代体育自近代以来就成为一种具有独立形式和独立价值的实践活动。自 19 世纪以来，现代体育随着资本主义经济和文化的扩张而逐渐传遍世界，并已成为世界各国体育的主体。新的世纪，以奥运会为主的现代体育已形成了一种较经济且更为明显的全球化形势。

体育全球化表现为奥林匹克文化的全球化和多元体育文化的全球化。从实质上来看，体育全球化的过程就是一个把不同民族传统体育文化放置于一个广阔的世界平台上，让其在这舞台上充分发挥自身价值和促进其他文化发展，从而在世界体育文化生态系统中形成多元规范的过程。这一过程的内容主要包含大量民族传统体育精神内涵、现代文化的发展理念和多元价值标准。在具体实践中，这一过程具体表现为以多元的发展体制或形式存在的体育文化体系。体育全球化的宗旨在于实现奥林匹克文化与其他优秀体育文化的多元化生存和发展，从而形成一种富有深刻内涵、与时俱进的世界体育文化生态系统。

（二）全球化的影响

当今世界，随着经济的推进和现代化进程的加速，全球化已成为不可逆转的潮流，在体育领域表现尤为突出。全球化对各国民族传统体育的巨大冲击是不可避免的，必然会影响到民族和地域性体育的发展，甚至给某些民族传统体育带来毁灭性打击。全球化对民族传统体育文化所产生的影响主要体现在：

首先，对民族传统体育文化价值观产生了冲击。民族传统体育文化在其历史的演进过程中，为适应不同时代的传统内涵，都与现代体育有诸多不同。“中国传统文化讲究秩序，注重整体，提倡的是一种整体本位，这种秩序依靠的是人们的道德自觉，古人认为‘道之以政，齐之以刑，民免而无耻；道之以德，齐之以礼，有耻且格’，用政、用刑虽然有效，但力量有限。而道德力量则是深入的，它能把人伦之道、内心之德在日常生活中显现出来，‘内化’为人的自觉的‘合理行为方式’，其主要表现为两点：其一，在认识上要‘明人伦’，其二，行为上要‘合礼仪’。这种观念的缺点在于忽视个体、崇尚共性至上，从而形成了中国传统文化中义务与责任、轻视个体的权利，其最高的现实表现就是强调国家利益、集体利益高于个人利益的集体主义精神。”[①]“在西方思想家的眼里，人之为人最本质的东西就在于人有自由，不受外物和他人的支配，所以现代奥林匹克运动将个性的充分发展、维护人的价值与尊严视为自己的重要任务。”[②]奥林匹克宪章明确表示：奥林匹克主义的宗旨是使体育运动处处为人的和谐发展服

① 梁同福：《论2008年奥运会面临的文化冲突及其消除途径》，《山东体育学院学报》2006年第10期。

② 宋小荣：《论全球化时代中西体育文化价值冲突的形势及意蕴》，《体育与科学》2005年第3期。

务,以促进建立一个维护人的尊严、和平的社会。其中,“以人为中心”是现代奥林匹克的一大特点。中国民族传统文化与西方文化在价值观念上的巨大差异,对民族传统体育文化造成了巨大的冲击,不仅民族传统体育原有的文化结构和正常发展进程被打乱,还严重影响了民族传统体育文化的科学性、民族性和普适性,出现困扰着民放传统体育文化发展的许多新问题。

其次,对民族传统体育文化的传统地位产生了冲击。千百年来,中华民族一直以博大精深的文明而驰名于海内外。21 世纪的今天,中华文明凭借其独有的文化特色受到世界越来越多人的瞩目。作为中华文明的一分子,中华民族传统体育的数量和形式堪称世界之最,主要包括汉民族的民间游戏、少数民族的传统竞技以及各民族中普遍开展的项目。它凭借其独特的休闲娱乐性、轻松趣味性、实用世俗性以及浓郁的民俗风情不仅吸引着越来越多人的目光,同时在现代体育横溢的社会里脱颖而出。这些项目具有很强的健身价值、艺术价值及丰富的娱乐功能和教育功能。体育全球化浪潮的冲击,使民族传统价值受到严峻的挑战。一些传统民族体育项目在逐渐消失并被现代体育项目所取代。例如,满族的珍珠球,它的规则和玩法与篮球项目有些类似,因为场地和时限性濒临被取代的危机;射箭、放爬犁、寻棒、打皮阔、棒打兔等多项传统民族体育活动已经很少开展了。在全球化浪潮的冲击下,原生态民族传统体育生存的外部条件在逐渐丧失,民族地区民族传统体育的传统地位及其固有体系受到严重的冲击。

二、社会转型

社会转型是指人类社会由一种存在类型向另一种存在类型的转变,是一种特定的社会发展过程。其内容主要包括社会系统内在结构的变迁、人们的生活方式、生产方式、心理结构、价值体系等。

(一)社会转型的背景

当代中国的社会转型期,是特指改革开放以来的中国现代化建设新时期。这种转型可以说是一种整体性发展，也是一种特殊的结构性变动，一方面它是一种全面的结构性过渡，既包含经济结构的转换，同时还有其他社会结构层面的转换；另一方面可以认为它是持续发展中的一种阶段性特征，是社会结构在不断发展过程中从一种状态转换到另一种状态。

改革开放以来，经济的飞速发展使我国社会的各个方面都发生了深刻的变化。

首先表现为社会结构转型与体制转轨越来越紧密。如今，我国社会转型的内涵和外延得到了扩展和提升，各种结构性要素都处于不断变化之中，物质层面的改革和精神层面的调整不但同步，而且结合得越来越紧密。

其次表现为市场的参与程度增大。由社会转型初期政府为主要推动力转换为社会转型中期市场的参与性大大加强，其调节作用日益得到有效的发挥。

再次表现为城镇化速度加快。伴随中社会结构调整的扩大和深化，我国的社会转型已从由以国有企业转换和政府职能转变为主导逐渐转向中小城镇的调整和转变。这一社会转型带来的机遇和挑战，在一定程度上促进着我国城镇化的快速发展。

最后表现为社会不平衡性加深。当前，我国面临各种不平衡问题，如经济增长与社会发展不平衡、物质文明与精神文明发展不协调、城镇东西部发展不平衡、城乡发展不平衡，等等。随着城镇化的发展，这些不平衡不但没有减轻，反而逐步加深。我国社会转型是一个计划经济体制向社会主义市场经济体制的转变的过程，是一个整体推进的现代化变革过程。这一过程严格要求我们在经济和社会发展的各个方面要逐步实现平衡转变。不管哪一个方面发展得不协调或不均衡都将对社会的全面转型造成巨大的消极影响，甚至可能会影响未来社会健康、持续、稳定的发展。

（二）社会转型的影响

社会转型使古老的民族传统体育文化发生了程度不同的变化，

具体可表现为以下几个方面：

首先，民族传统体育文化的内涵和功能呈现出多元性。随着社会的发展和历史的变迁，民族传统体育文化原有的内涵和功能也随着时代的发展而被赋予了新的含义。这种扩张化了的内涵和功能，在当代社会多元文化的渗透浸染下，逐渐变得古今交错、新老混杂。比如由祭祀而产生的龙舟竞渡，从一开始的祭神转向后来对爱国人士的崇拜，体现了中国传统伦理道德和价值观念以及爱国精神在民众中的认同感。这些民族节日、大型庆典活动在保护和传承民族传统体育文化的同时，又引导民族传统体育朝着健康向上的方向发展。

其次，民族传统体育的观念呈现出复杂性。一切文化观念的核心是价值观念，传统体育的思想观念受到社会主体文化和传统文化的影响和制约。由于民族传统体育源自宗教祭祀、生产劳动和健身娱乐等活动，因而它具有极强的功利性和实用性。例如，龙舟竞渡在其产生的早期带有非常浓厚的宗教迷信色彩和妇女歧视。随着时代的进步和发展，现代的龙舟竞渡不但吸收了竞技性强和竞渡过程中所体现的优秀的文化品质等精华，同时对那些带有迷信色彩的宗教形式和妇女歧视的旧陋习进行了坚决的摒弃，也正是这种“取其精华，去其糟粕”的胸怀才使得现在的龙舟竞渡发展成为遍布五大洲的优秀的民族传统体育项目。通常，民族传统体育文化的变革过程首先从物质文化层面开始，进而导致体育制度文化和体育行为方式的变异，最后引起民族传统体育精神文化层面的变革。

最后，民族传统体育的生存空间呈现出多样性。民族传统体育生存的空间包括自然生态环境和社会文化环境，随着当代民族传统体育文化的快速发展，这一空间呈现出多样、交叉的立体式形态。我国的 56 个民族都具有独特而浓郁的民族地方特色，民族传统体育项目更是内容丰富，多姿多彩。很多具有民族特色的项目较之现代竞技体育具有更突出的娱乐性、表演性和观赏性，它们都将是体育旅游资源开发的重点。随着人们生活水平提高、余暇时间增多，人们更多地参与并投身于具有“新、奇、乐”的民族传统项目中去，继而带动相关产业的发展，促进区域性整体经济的繁荣。进入现代社会，旅游文化、商贸集会或各种文化节，不仅扩大了民族传统体育传播的空间，还促使民族传统体育不断拓展自身的发展领域。

第二节 民族传统体育文化传承的反思与超越

2008 年北京奥运会的开幕式和闭幕式上，代表中国传统体育文化的太极拳和武术表演给世界各国留下了非常深刻的印象，它向世界人民充分展示了中国传统体育文化独特的魅力。然而，面对日益进步的科技、快速发展的经济和经济文化的全球化，民族传统体育文化遭遇了空前的挑战，其传承和发展受到阻碍。

一、民族传统体育文化传承的反思

（一）生存基础的消逝

我国地域辽阔，民族众多，每一个民族都会因为环境条件、生活习俗和生产方式的不同而具有各自的文化特质。随着时代的发展，人们大多看到的是传统体育的娱乐表演价值，其他的价值被有意无意地忽视；交通与信息传递的日益发达使得民族传统体育文化的某些重要特征面临消失的危机；而快节奏的生活方式和追求捷径的心理使得如今有耐心和毅力来传承民族传统体育的人急剧减少，生存观念和物质消费方式的急剧改变，导致包括衰退了的民族传统体育文化在内的许多民族文化濒临消亡和流变。

（二）边缘化现象严重

我国的民族传统体育文化是经过了 56 个民族多元文化几千年的融合浸染之后才逐步形成的。民族体育文史工作者努力收集的结果证明，我国民族传统体育文化内容十分丰富，55 个少数民族的传统体育项目多达 676 项，汉族传统体育项目则为 301 项，两者相加近 1000 项。然而，体育的日益全球化，使得我国民族传统体育文化的生存和发展面临严峻的形势，部分少数民族的传统体育项目和文化逐渐被弱化，甚至慢慢走向消失，如今已经很难见到彝族的跳牛、土家族的摆手舞、黎族的堆沙、布朗族的刀舞和新疆的赛骆驼等项目了。

（三）侵权行为的侵袭

我国民族传统体育文化具有广泛的影响力和深厚的文化内涵，这导致侵权行为在所难免。比如大家所熟知的“少林”这一商标，在国内有百余家企业在注册使用，几乎涉及各个行业；而在国际上，不少国家和地区都在抢注“少林”或“少林寺”商标，他们均以“少林”“少林寺”的商标或名义，利用少林寺的知名度来获取商机和利润。这些行为不但大大地侵占了中华武术资源，同时也侵蚀了中华传统武术的知识产权及名誉权，对我国民族传统体育文化造成了极其恶劣的影响。

从总体上来说，我国对非物质文化遗产的保护立法还很欠缺。虽有联合国教科文组织颁布的《保护非物质文化遗产公约》和国务院颁布的《关于加强我国非物质文化遗产保护工作的意见》两部法律条文，但时至今日，国内还没有一部专门保护非物质文化遗产的专门法律法规。在现阶段只能在一定程度上给予传统体育文化知识产权保护的法律保护，显然，这是远远不够的。所以现阶段加强立法工作，制定相关法律迫在眉睫。

（四）创新精神不足

当前，我国民族传统体育文化在应对西方体育文化的冲击时，出现了一些不良的倾向，那就是机械模仿西方体育文化，而不是从西方体育文化中吸取精华来完成对自我文化体系的重塑。要知道，西方体育文化其理论依据是西方近代科学的身体观和生命观，其表现形式是竞技运动，非常重视竞争性和功利性；这一点同倡导中庸、重文轻武的我国民族传统体育文化的内涵和理念是完全不同的。如果我国民族传统体育文化只是盲目模仿西方竞技体育文化而不顾自身文化的历史特性，不能从自身文化出发结合时代发展的趋势积极创新，那么，我国民族传统体育文化的传承和发展之路就会非常令人担忧。

(五)外来竞技体育文化的冲击和异化

伴随着全球化,外来竞技体育文化不断对我国进行侵蚀,导致我国传统体育项目及体育文化发生异化。目前存在的状况是:包括足球、篮球等在内的一些国外竞技体育开始取代部分中国传统体育项目,一跃成为中国主导体育项目,使得本土传统体育比如太极拳、气功等的地位越来越低,发展状况越来越差。现在大街小巷流行的都是国外竞技体育如篮球、足球、跆拳道等,大大小小的篮球、足球场地和跆拳道馆遍及每个城市的各个角落;而本土的民族体育项目则被人们遗忘在历史的某个角落,能见到传统体育的机会和场合是少之又少。近年来,受经济等的影响,如太极拳、武术馆、象棋馆等场馆几乎全部闭馆,剩下的也都苟延残喘了,学习者人数也在急剧下降。现在练习太极拳、进行舞龙等表演的人也越来越少,即便是练习者,也对其内在的文化理念与价值观念不甚了解。

必须正视的是,现代体育对各民族传统体育的冲击已是不争的事实。被西方竞技体育异化的商业化的竞技套路、竞技散手充斥着体育舞台,完全看不到民族文化历史的原貌,更谈不上承载民族文化的内涵和基本精神。因此,在适应全球化发展的过程中,需要不断地呼吁保护并传承我国的传统体育文化,在与其他国家民族传统体育文化进行交流与沟通的过程中,不断发展具有自身特色的传统体育项目及体育文化。注重传统文化的传承,保护好祖先给我们留下的这笔宝贵财富。

二、民族传统体育文化传承的超越

在全球化背景下,如何传承我国民族传统体育文化已经成为每个公民都非常关注的问题,对此可以从以下几个方面入手:

(一)结合经济发展与精神文明建设

我国民族传统体育文化的传承发展要结合当前的经济发展及精神文明建设的实际。我国民族传统体育文化反映了中华民族特有的生活及思维方式,对中华民族的生存和发展方式起到了一定的展示作用，是中华民族文明体系中非常难得的宝藏。所以，在传承与发展民族传统体育文化的过程中，要站在文化资源和文化资本的角度来看待民族传统体育文化。要高度重视民族传统体育文化的经济价值，然后努力将其经济价值潜能挖掘出来，以实现民族传统体育文化对地方特色经济发展的促进作用。

当前正在大力推进社会主义精神文明建设，旨在社会主义培养四有新人，这就要求民族传统体育文化的传承与发展要紧密结合当前的精神文明建设，要高度重视民族传统体育文化的内涵，从构建社会主义和谐社会的高度来充分发挥民族传统体育文化中优秀的精神价值，从而有效地促进我国社会主义和谐社会思想及优良道德体系的构建。

(二)完善体育文化法律保障机制

要想中华民族传统体育事业及体育文化的持续发展得到保障，那就需要完善体育文化法律保障机制、建立起一套法律法规。保护传统文化遗产是历史赋予我们的时代使命，随着人们对传统文化遗产认识的逐渐深入，这一使命已经为越来越多的人所重视。在经济浪潮冲击的今天，民族传统体育文化在发展和传承中被侵权的行为让体育界感到加强传统文化保护立法的重要性。[①] 学者们已经就此达成共识：要想很好地保护中华传统体育文化，必须建立起一整套与之相适应的法律、法规。作为保护传统体育最有力保障的法律手段，需要国家从传统体育文化的基本属性和非物质文化遗产的国际定位出发，从体育、文化及知识产权等角度对传统体育文化实施一定的、必要的法律保护政策，要加强相关方面的专门法律法规的设立与管理，以有效保证我国民族传统体育文化事业的发展。

(三)促进体育文化体制改革

民族传统体育文化的传承既是为了保护，更是为了创造，民族传

① 参见孟峰年：《全球化时代中国民族传统体育文化的特征及发展趋势》，《西安体育学院学报》2005 年第 1 期。

统体育文化要想获得发展就必须加快体育文化体制的改革和创新。

首先，重点要加强传统体育文化基础设施的建设，进一步完善公共文化服务体系。要最大限度地建立一些传统体育项目的活动场馆，并配备专业指导员，以此来繁荣传统体育运动。

其次，要跟紧现代化市场的脉搏，充分发挥市场对资源的有效配置作用，培养具有现代化特色的民族传统体育项目；同时，要充分利用全球化发展契机，与其他国家积极进行体育文化与资源的沟通，积极鼓励中国传统体育项目及体育文化走出去，扩大中国传统文化的影响力度。

再次，要引进俱乐部及产业制度，实行产业化经营、市场化运作，建立健全资产经营责任制，积极推进公司制或股份制改造，努力培育一批有实力、有活力的传统体育文化企业。

最后，要重视创新机制的开展，不断推进传统体育事业向管理体育方向转变，综合运用市场、法律、政治等多种途径，促进传统体育事业及体育文化的规范化发展。

（四）发展壮大民族传统体育文化产业

随着人类社会的发展和文明的进步，文化产业日益成为全球新的经济增长点。目前，在西方发达国家，体育文化产业已是成熟产业，并已成为各国国民经济的一个重要支柱。我国要想实现民族传统体育的创新和发展，就必须发展壮大民族传统体育产业。

首先，培育优势产业集群。产业集群的培育需要我们对传统体育文化产业进行合理、有效的改造，并遵循减量化优先的发展原则，只有这样，才能更好地发展传统体育文化产业。

其次，发展循环经济模式。传统体育文化产业的循环经济模式的发展必须以体育消费带动体育产业发展，反过来，发展的体育产业可以更好地为体育消费服务。例如，民族旅游业可以充分带动民族体育产业的繁荣，从而更好、更有效地保护民族传统体育文化生态。同时，民族传统体育产业的发展又可以进一步刺激民族旅游业的发展。

再次，要逐步形成完备的传统文化产业发展格局，同时利用数字、网络等高新技术，以数字化、信息化带动传统体育文化产业的跨越式发展。

最后，在有条件的资源充分的地区，可以考虑将传统体育产业发展为支柱产业，同时建立传统体育文化产业资源评估体系，以便科学把握产业方向。

（五）以人为本，不断进行技术创新

当前，很多优秀的民族传统体育项目濒临消失，一个非常重要的因素就是广大人民群众对这些项目的积极性和参与度不高。必须激发起广大人民群众对这些运动项目的参与热情，才能使它们远离消亡的边缘，并且获得持续发展。发展民族传统体育要以人为本，必须要以满足广大人民群众的各种物质文化需要为目标，这样才能充分调动广大人民群众参与到民族传统体育项目运动中。

传承与发展民族传统体育文化要高度重视技术发展，不断加强自身创新，要提高我国民族传统体育文化的品位，积极打造属于中华民族特有的体育文化品牌，要以自己的文化特色走向世界和融入世界。也就是说，中国传统体育文化的发展必须要从我国的历史文化背景出发，要符合各个地方、各个民族的本土实际，要考虑到我国民族传统体育文化发展和传承中的整体性、民族性、地域性及独特性，以多元技术路线为基础，走出一条适合我国国情实际的民族传统体育技术创新和发展之路。

（六）加强交流，借鉴西方优秀体育文化发展模式

历史的经验告诉我们，国与国之间进行友好交流和合作，可以取长补短、互利互惠，从而各自获得发展。我国民族传统体育文化的传承与发展同样也不例外，必须要加强同西方体育文化的交流与合作，最终实现各自的创新和共存。世界上任何一个民族所创造的丰富多彩的传统体育文化不仅仅是本民族的文化构成，更是世界文化的重要构成部分。在经过历史的碰撞之后，多种体育文化会慢慢回归自己固有的文化特性，而经过融合之后的文化可以实现差异共存。可

以说，我国民族传统体育文化的发展取向应该是民族性同世界性的融合，因此，我国民族传统体育文化的继承必须要以民族传统体育文化为基点，将自身的精华部分同现代世界体育文化优秀成果进行借鉴和融合，只有这样才能构建起一种生命力更为强大的新型的体育文化体系。

学习与借鉴西方优秀体育文化的发展模式是保证我国民族传统体育事业及体育文化持续发展的不竭动力。学习与借鉴各民族优秀体育文化发展模式需要注意以下三点内容：首先，在继承传统的基础上，对文化模式进行合理、有效的改造和创新，取其精华，去其糟粕；其次，在保持本民族自身特色同时，对西方体育的竞技性核心精神进行吸收与借鉴，从而进行追求自身文化内涵与精神发展的价值实现；最后，借鉴现代体育发展模式和优秀成果，借鉴现代体育的组织制度和现代化传播手段宣传和发展壮大自己。

参考文献

（一）论文

柏贵喜：《“名录”制度与非物质文化遗产保护》，《贵州民族研究》2007 年第 4 期。

陈晋璋：《从文化背景和民族心理谈古代中国传统体育与西方体育演进历程的异同》，《体育文化导刊》1997 年第 6 期。

陈立基：《近年来我国关于奥林匹克运动的研究综述》，《体育科技》2004 年第 4 期。

刁振东：《民族传统体育概念界定与辨析》，《沈阳体育学院学报》2009 年第 6 期。

宫丽艳：《中国优秀传统文化教育与民族精神培育的研究》，东北林业大学硕士学位论文，2006 年。

古维秋、涂传飞：《民族传统体育文化传承与农村和谐社会建设》，《北京体育大学学报》2008 年第 10 期。

韩保全：《文化遗产的保护模式只能是〈三国志〉而非〈三国演义〉》，《文博》2006 年第 1 期。

胡小明等：《论中华民族传统体育现代化》，《武汉体育学院学报》2003 年第 7 期。

黄涛：《论民族传统体育文化的变迁、转型与未来走向》，《体育文化导刊》2006 年第 12 期。

黄文仁：《全球化背景下我国体育文化发展问题的理论思考》，

《北京体育大学学报》2005 年第 7 期。

李自然:《试谈民族传统文化的本质、特点及其保护与发展对策》,第八次全国民族理论研讨会,甘肃兰州,2004 年。

梁同福:《论 2008 年奥运会面临的文化冲突及其消除途径》,《山东体育学院学报》2006 年第 10 期。

梁自玉:《湘西凤凰县民族文化变迁机制探析——以苗族为例》,《贵州民族学院学报》2001 年第 1 期。

林淑英:《中国与前苏联东欧体育交往及其影响的研究》,《体育科学》2000 年第 6 期。

刘爱平:《民族传统体育与和谐社会建设》,《体育文化导刊》2007 年第 6 期。

刘凤虎:《从文化学的视角谈民族传统体育的传承与发展》,《体育与科学》2010 年第 5 期。

刘吉昌:《论中国少数民族传统体育的特点及功能》,《贵州民族研究》1999 年第 2 期。

刘旭东:《我国正式开展的体育项目演进机制与创新研究》,南京师范大学博士学位论文,2011 年。

芦平生等:《少数民族传统体育的传承与演进》,《成都体育学院学报》2003 年第 3 期。

孟峰年:《全球化时代中国民族传统体育文化的特征及发展趋势》,《西安体育学院学报》2005 年第 1 期。

孟峰年:《全球化时代中国民族传统体育文化的特征及发展趋势》,《西安体育学院学报》2005 年第 1 期。

倪依克、胡小明:《论民族传统体育文化遗产保护》,《体育科学》2006 年第 8 期。

宋俊华:《非物质文化遗产特征色议》,《江西社会科学》2006 年第 1 期。

宋小荣:《论全球化时代中西体育文化价值冲突的形势及意蕴》,《体育与科学》2005 年第 3 期。

孙金亮:《浅谈体育概念与体育科学的属性》,《体育科学》1983年第1期。

孙自金等:《对民族传统体育概念的思考》,《青春岁月》2012年第2期。

谭华、苏肖晴:《试论民族传统体育发展的历史趋势》,《成都体育学院学报》1992年第2期。

汤立许:《我国民族传统体育项目分层评价体系及发展战略研究》,上海体育学院博士学位论文,2011年。

唐波:《民族传统体育文化现代发展的社会动因探究》,《浙江体育科学》2003年第5期。

田祖国:《西部地区少数民族传统体育文化与节日文化研究》,《西安体育学院学报》2002年第3期。

田祖国等:《民族传统体育文化产业与旅游产业的互动发展研究》,《南京体育学院学报》(社会科学版)2002年第3期。

田祖国等:《民族传统体育文化现代变迁与发展研究》,《体育文化导刊》2003年第4期。

万义等:《民族传统体育综合创新发展观的质疑与思考》,《体育与科学》2007年第1期。

王铁新:《论中华民族传统体育文化学的研究对象及任务》,《山西师大体育学院学报》2004年第1期。

肖宁:《论我国民族传统体育文化的传承机制》,《山东体育学院学报》2008年第2期。

熊志冲:《传统体育与传统文化》,《体育文化导刊》1989年第5期。

熊志冲:《民族体育的特征、功能和传播方式》,《上海体育学院学报》1992年第1期。

徐卫:《关于我国非物质文化遗产保护工作的思考》,《南方文物》2006年第1期。

许汝霞:《中华民族传统体育在当代体育文化建设中的价值》,

《成都体育学院学报》2009 年第 1 期。

易剑东:《论体育文化的本质与特征》,《南京体育学院学报》(社会科学版)1999 年第 3 期。

张寸花:《 特色文化旅游对城市旅游的影响》,《旅游纵览》2011 年版。

张冬:《从体育人类学的角度论民族传统体育的民族性》,《体育·世界学术》2010 年第 4 期。

张国洪:《旅游文化学:研究选位与学科框架》,《旅游学刊》1999 年 第 S1 期。

张国选:《少数民族传统体育的社会历史背景及现代社会价值探析》,《体育科技文献通报》2010 年第 2 期。

张金鸽、潘军:《探析民族传统体育的社会价值》,《企业家天地》(理论版)2007 年第 12 期。

张玲:《中国民族传统体育的功能研究》,《搏击》(学术版)2005 年第 4 期。

周爱光、宋亨国:《对体育文化内涵的思考》,《体育与科学》2004 年第 4 期。

朱小丽:《广西少数民族传统体育项目的分析及其发展前景》,《安徽体育科技》2003 年第 1 期。

(二)专著

[美]爱尔乌德:《文化进化论》,钟兆麟译,世界书局出版社 1932 年版。

[美]罗伯特·麦金托什:《旅游学要素·实践·基本原理》,薄红等译,上海文化出版社 1985 年版。

[美]欧·奥尔特曼、马·切默斯:《文化与环境》,骆林生等译,东方出版社 1991 年版。

[美]爱德华·希尔斯:《论传统》,李家永译,上海人民出版社 1991 年版。

陈汉华:《中国民族传统体育博览》,人民体育出版社 2007 年版。

成都体育学院体育史研究所编:《中国近代体育史资料》,四川教育出版社1988年版。

恩格斯:《劳动在从猿到人转变过程中的作用》,《马克思恩格斯全集》第20卷,人民出版社1972年版。

方爱莲、赵晓红:《体育文化导论》,高等教育出版社2009年版。

方征:《少数民族传统体育学概论》,中央民族大学出版社2009年版。

高占祥:《中国民族节日大全》,知识出版社1993年版。

顾明远:《教育大辞典》第1卷,上海教育出版社1991年版。

胡小明:《体育人类学》,广东人民出版社2001年版。

金元浦:《跨越世纪的文化变革——中国当代文化发展研究报告》,首都师范大学出版社2001年版。

李力研:《体育的哲学宣言》,中国社会科学出版社1998年版。

李秀林等主编:《辩证唯物主义和历史唯物主义》,中国人民大学出版社1995年版。

联合国教科文组织编:《文化的多样性与人类全面发展——世界文化与发展委员会报告》,张玉国译,广东人民出版社2006年版。

林耀华:《民族学通论》,中央民族大学出版社1997年版。

卢元镇:《体育的社会文化审视》,北京体育大学出版社1988年版。

罗海麟:《开启心智的金钥匙:云南民族教育》,云南教育出版社2000年版。

马波:《现代旅游文化学》,青岛出版社1998年版。

毛礼锐:《中国古代教育史》,人民教育出版社1983年版。

牟延林等:《非物质文化遗产概论》,北京师范大学出版社2010年版。

穆赤·云登嘉措:《青海少数民族》,青海人民出版社1995年版。

饶远、刘竹:《中国少数民族体育文化通论》,人民出版社2009年版。

沈祖祥:《旅游文化概论》,福建人民出版社 1999 年版。

孙家正:《人类口头与非物质文化遗产丛书总序》,浙江人民出版社 2005 年版。

孙秋云:《文化人类学教程》,民族出版社 2004 年版。

王岗、王铁新:《民族传统体育发展的文化审视》,北京体育大学出版社 2004 年版。

王岗:《体育的文化真实》,人民体育出版社 2007 年版。

王海龙、何勇:《文化人类学历史导引》,学林出版社 1992 年版。

韦晓康、方征等:《少数民族传统体育可持续发展研究》,中央民族大学出版社 2006 年版。

席久焕主编:《体育人类学》,北京体育大学出版社 2002 年版。

牙含章:《民族问题与宗教问题》,四川民族出版社 1984 年版。

杨弢、姜付高:《中西方体育文化比较》,社会科学文献出版社 2008 年版。

杨学政:《原始宗教》,云南人民出版社 1991 年版。

曾于久、刘星亮:《民族传统体育概论》,人民体育出版社 2000 年版。

张岱年:《中国文化传统简论》,浙江人民出版社 1989 年版。

赵世林:《云南少数民族文化传承论纲》,云南民族出版社 2002 年版。

中国大百科全书总编纂委员会编:《中国大百科全书·哲学卷》,中国大百科全书出版社 1994 年版。

中华孔子学会编:《经济全球化与民族文化多元发展》,社会科学文献出版社 2003 年版。

朱红文:《人文精神与人文科学》,中共中央党校出版社 1994 年版。

后　记

民族传统体育文化研究的兴起是伴随着全球化的进程而发生的，社会和经济的快速发展，使全球化成为一个不可逆转的浪潮，极大地改变着世界政治、经济和文化的格局。这是一个人类不断跨越民族、国家地域的界限，超越制度、文化的障碍，在全球范围内相互联系和交往，互相影响和整合的历史发展过程，从而使全球经济形成一个不可分割的有机整体。作为一个拥有五千年不间断文明史的古国，我国拥有十分丰富的文化遗产，不仅构成了中华民族深厚的文化底蕴，也承载着中华民族文化渊源的基因。但令人遗憾的是，随着时代的不断进步与发展，特别是多元文化日益丰富，使得包括中秋节在内的诸多民族传统节日逐渐被人们淡忘，中国民间文化流失情况严重。一批致力于抢救民族传统文化的专家、学者发出告急和呼吁：无数珍稀罕见的民俗技艺和民间文艺伴随着老艺人的逝去而销声匿迹；改造旧城的推土机把大片大片的老城民居和附着其中的民间文化精华轰然推倒碾碎；民族传统文化典型器物大量流失海外；民间年画、皮影、傩戏等经典民间文艺随着它们生存土壤的破坏和文化生态的变迁而日渐式微——许多民俗文化和民间文化遗产，我们还没有来得及记录它们，就悄然离我们而去；许多民俗文化和民间文化遗产本可以保存、继承和发展的，也过早地被人为毁灭和抛弃。全国政协委员、中国民间文艺家协会主席冯骥才在2006年两会期间接受采访时所说“民间文化的传承人每分钟都在逝去，民间文化每一分钟都在消亡。”目前，我国非物质文化遗产的现状令人担忧，有许多中华民族流传已久的口头与非物质文化遗产正在逐渐走向消亡或者已经消亡。

在现代文明迅速席卷全球的今天，每时每刻都不知道有多少传统的、土生土长的文化在消失。诚然，一种落后的传统地方文化的消失和灭绝，没有人会感到惋惜，也不会引起注意，但当成批的这样的文化群落都在消失的时候，人们有没有想过，这是不是一种文化生态在遭到破坏？

不可否认，在现代化和全球化的时代，各民族的本土文化受到来自域外特别是强势文化的冲击是无法回避的世界性问题。对于我们这样一个封闭很久的国度，一下子突然开放，不但是经济的开放，还有文化领域的开放，这种冲击就会越发显得强烈和迅猛。民族文化作为民族特征的重要表现形式，承载着一个民族的情感和文化认同，是一个民族融入世界的身份标志，也是民族凝聚力的所在。但是，从目前的形势来看，民族传统文化在我国还没有得到应有的重视，随着现代化、工业化、城市化、商品化、旅游化对社会、文化和生活的冲击，我们大量优秀而珍贵的民间文化正在急速地涣散或消亡。

将民族传统体育文化的研究放置到科学领域，作为独立学科进行总结、研究，不仅对我们从理性上进一步深入地认识民族传统体育文化，而且在实践上对我们按科学方法挖掘、整理、承递、发扬民族传统体育文化的优秀传统，吸收先进的民族文化精华，进而促进、丰富、繁荣民族传统体育文化都是有意义的。

一个民族的文化是以其自身的民族文化的特性为精神主体，是对自身民族的独立和尊严、进步和发展的体现。如果丧失了自己在精神上的主体性，就失去了独立存在的价值，就不可能自立于世界文明之林，就会成为人家的附庸。以奥林匹克文化为例，它虽然在向世界推广的过程中不断融合其他文化、融入外来元素，但始终保持着西方的竞技精神及传统规则等因素，保持着西方体育的系统构架。

作为一名教育工作者，尤其是一名民族传统体育文化的传承者，有责任在学校通过体育的形式来传承优秀的民族传统体育文化，让这种文化形态在学校得以发扬光大。

李繁荣

2014 年 9 月